人才池

熊启明◎著

中信出版集团 | 北京

图书在版编目（CIP）数据

人才池 / 熊启明著 . -- 北京 : 中信出版社，
2020.8（2026.1重印）
ISBN 978-7-5217-2106-5

Ⅰ . ①人⋯ Ⅱ . ①熊⋯ Ⅲ . ①企业管理 - 人才培养
Ⅳ . ① F272.92

中国版本图书馆 CIP 数据核字（2020）第 143325 号

人才池

著　　者：熊启明
出版发行：中信出版集团股份有限公司
（北京市朝阳区东三环北路27号嘉铭中心　邮编　100020）
承 印 者：北京通州皇家印刷厂

开　　本：787mm×1092mm　1/16　　印　　张：18.5　　字　　数：210 千字
版　　次：2020 年 8 月第 1 版　　印　　次：2026 年 1 月第30次印刷
书　　号：ISBN 978-7-5217-2106-5
定　　价：59.00 元

目　录

推荐序一 V

推荐序二 IX

前　言 XIII

缘起：沙漠中的思考 XIII

萃取：我的经验与教训 XIV

加速：疫情下的思考 XVII

上篇　战略篇 001

第 1 章　人才即战略 003

“中国式连锁”的困境：只连不锁，无人可锁 003

希尔顿“电梯计划”：人才培育是系统工程 006

业绩是显性曲线，人才是隐性曲线 011

走出人才困境：子弟兵战略 015

中国式人才培育“四宗罪” 018

第 2 章　人才培育的本质 024

人才战略制高点：打造高绩效人才供应链 024

凑出来的商学院：从大张旗鼓到偃旗息鼓 028

人才辈出 = 人才培育 + 人才复制 031

人才池的本质：房子模型 032

10 000 倍的投入，100 倍的产出 039

第 3 章 人才培育的靶心战略 045

战略为靶，十环为心 045

老板的战略一致性与员工的能力一致性 047

靶心能力的训战模式：学—练—考—赛 049

以战定果，以赛逼考，以考促练，以练促学 062

中篇 战术篇 065

第 4 章 人才盘点：瞄准靶心人才 067

人才培育的二八法则：把 80% 的水浇在 20% 的花上 067

100 分的人才盘点，到底在盘什么 069

人才盘点就是“剥洋葱” 075

战略性岗位的梳理逻辑 078

战略性岗位的去边界化 081

人才盘点九宫格：找到关键岗位的关键人 083

备胎计划：用 1 备 2 培 3 091

自驱力：高绩效人才的核心动能 093

持续激发自驱力的四大方法 099

瞄准关键人的靶心能力 105

第 5 章 人才项目设计：训战靶心人才的作战地图 109

你缺的不是授课老师，而是人才项目设计师 109

告别马赛克式目标：强化靶心目标的颗粒度 114

“剩”者为才：从直筒逻辑到漏斗逻辑 117

六大基础岗位的分段逻辑 119

人才培育三段论：选料—培育—评价 121

一个商业样本：优衣库的超级明星店长项目 125

第 6 章　靶心训战模式之“学”篇（上）：设计学习地图　130
我的“精英班”小败局　130
HR ≠课程采购商　133
标准、标尺和标向　137
人才双划图　139
胜任力差距 = 课题　144
业务问题 = 课题　145

第 7 章　靶心训战模式之“学”篇（下）：读书会与大讲师　151
教育不是把篮子装满，而是把心点亮　151
80% 的教学成效不再来自课堂　152
读书会的新范式：三会合一　157
人才进化论：愚—知—行—果—久—反—新　161
读书会的重点不在读书，而在会　163
人才的磨刀石：大讲师　171
大讲师的落地流程　174

第 8 章　靶心训战模式之“练”篇（上）：师徒带教　178
人才梯队的底层逻辑是师徒制　178
还原真正的“师徒制”：当好苗子遇到好师傅　182
好师傅既是导航，也是导师　186
好师傅的三个标准画像　188
大手牵小手：激活师傅的角色感　191
师徒带教的 16 字方针　192

第 9 章　靶心训战模式之“练”篇（下）：打造高绩效教练　197
香格里拉的双轨制培育：一边培育员工，一边培育教练　197
“不花钱”的教练：高绩效教练就在你的企业内部　200
教练的本质：教练是人才培育的母盘　203

教练的首要基因不是口才，而是实战 204

选师：标准、渠道和机制 207

育师：从好苗子到好教练 211

评师：教练的三六九等 216

第 10 章 靶心训战模式之“赛”篇：奥运式集训 221

95% 的中小企业做的是内训，而不是集训 221

集训就是赛场，企业需要搭平台比量级 223

赛马原则：好兵是打出来的，冠军是比出来的 226

分层原则：从一刀切到分层分级分部门 230

利益原则：竞赛的游戏化设计 232

新员工集训：找到味道一样的人 235

新干部特训：从精兵到强将 238

第 11 章 回归人才项目管理的底层逻辑：从管控到运营 243

“商学院三宗罪”的根源：人力资源部门的定位偏差 243

让人力资源经理像产品经理一样思考 246

中国最完美的人才项目：中国式考驾照 249

人才项目的运营逻辑：“学—练—考—评”的闭环管理 251

下篇 战果篇 257

第 12 章 企业商学院的未来 259

从酒店行业老将到宠物行业新兵 259

用人才培育的方式破解战略转型的问题 262

无心插柳：成为宠物行业的“黄埔军校” 266

企业 = 学校：内部商学院变身“四大中心” 268

结束即开始：一条可复制的路 271

推荐序一

不确定的商业环境与确定的人才培育

在复杂多变、云谲波诡的商业环境中，人才成为企业可持续发展的压舱石。新冠肺炎疫情、中美贸易摩擦等让经济形势更加严峻，人工智能等新一代信息技术驱动新一轮技术革命和产业变革，企业面临着前所未有的机遇和挑战。

改革开放40多年来，低成本劳动力造就了世界工厂，中国经济发展突飞猛进。然而，随着“刘易斯拐点”的到来，中国人口红利逐步消退，廉价劳动力已经不能成为企业的制胜之道，企业迫切需要创新转型，迈向高质量发展之路。因此，人才作为创新的载体，成为企业竞争力的核心要素，企业之间的竞争从人力竞争向人才竞争转变，从人才培训向人才培育转变，从培育技能向培育体系转变。从战略高度来审视企业人才战略，建立完善的人才培育体系，构建高效能的人才池，成为企业基业长青的必由之路。

熊启明先生的人才培育的靶心战略理论体系，是当下企业转型升级和人才战略的“及时雨”，为企业在充满不确定性的环境里探索点燃了一盏明灯。

企业是一所大学，企业家是大学校长，发现和培育人才是企业的重要使命。建立企业大学，系统性思考企业人才培育战略，重塑组织人才培育体系，改革人才培育模式，有利于形成探索精神、创新能力和良好品质的人才池，从而打破企业创新发展中的人才约束，唤醒和激发人才的活力、智力和创造力，为企业发展注入源源不断的动力，推动企业走向卓越。该书以人才培育的靶心战略为核心，将内容分为人才战略、人才战术、人才战果三个模块，以独特的“靶心”视角刷新企业对人才培育的认识，系统性地诠释了构建高效能人才池的战略、方法和对策。

该书是基于大量企业实践经验的产物，是扎根中国、融汇中西的智慧结晶。熊启明先生曾在国际知名外企工作多年，对大型企业人才战略有亲身感受和深刻理解，汲取了先进的人才培育理念和丰富的人才培育知识。同时，他为众多中国企业家提供诊断、咨询和培训服务，深入企业一线，开展了大量的调查研究工作，洞察中国本土企业人才培育的“痛点”，为企业提供了诸多药方，解决了众多企业人才培育中的疑难杂症。扎实的实践基础，宽广的国际视野，能够产生剧烈的“化学反应”，为该书凝聚智慧的结晶。

通读该书后，我顿觉酣畅淋漓，如同打通了任督二脉，浑身通透。该书主要有如下特点：

- 系统的内容框架。该书搭建了企业人才培育的“房子”模型，从企业大学的战略、业务、运营、生态等四个层次构建了层次分明、逻辑清晰、系统全面的内容框架。最为重要的是，它在房顶上树起了一面旗帜，就是人才培育“理念”。因此，该书内容有信仰、有灵魂，以“理念”引领人才培育的整个系统。
- 严密的逻辑关系。该书逻辑清晰，各个模块之间有着密切的联系。

以靶心训战模式为例，学、练、考、赛各个环节主题清晰、环环相扣，每个环节通过大量的实际案例阐述清晰的观点，言之有物，真切生动。因此，该书内容有主干、有支撑，以“靶心训战模式”撑起人才培育的骨架。

- 丰富的实战案例。该书案例丰富，见微知著，从细微事件凝练出鲜明的观点。诸多案例中，既有企业家关于人才培育的渴求，也有一线员工对人才培育的建议。在这些鲜活的案例中，我们能够感受到企业与员工对人才培育的理解偏差，更能深刻理解人才培育的重要性和紧迫性。因此，该书内容有血肉、有内涵，以“鲜活案例”启迪人才培育的思考。

该书可读性强，通过一个个真实的场景案例娓娓道来，诠释了人才培育的精髓，是一部非常有启发性、实践性的著作。阅读此书，能够点亮人心、点燃激情、点石成金。清晰的观点、严密的逻辑、鲜活的案例，闪耀着熊启明先生智慧的光芒。

徐　鑫

上海立信会计金融学院智能金融研究中心执行主任、研究生导师

2020年7月于上海

推荐序二
用心思考，用爱传播

2015年，西贝企业大学成立，因人才培育问题与行动教育结缘。2016年年初，我们与行动教育签订咨询合同，我也由此结识了熊老师及他的团队。

彼时的场景至今仍历历在目：西贝伙伴们在熊老师团队的带领下，从自身的认知中提炼出30多个素养词汇，双方共同经历3次合计9天的系统培训，一起共识、共创、共建。在熊老师一行的引导下，西贝大学老师与企业各分部及支部的伙伴历时6个月，经过精准提炼、应用实践、检测检视，最终形成西贝员工的五大基本素养——认真、踏实、干净、勤劳、喜悦。

近日，欣闻熊老师新书《人才池》出版在即，心生欢喜，特为此书作序。

我看着密密麻麻20多万字的文稿，读着文稿中一次次的亲力亲为，感动之情油然而生。应此景，我想到一位禅师在观看完摔跤比赛后悟出的道理：

我有明珠一颗，久被尘劳关锁。

今朝尘尽光生，照破山河万朵。

这首诗告诫我们：不必为外境所困，而要坚守自己的立场，看见自己的价值，世间的毁誉得失任由他人评说。我想这也是著者最大的尽生！千锤百炼之功，经由实践的认知犹如尘尽光生的明珠，透过铅墨重重，迫不及待地想与您分享，想与每一个读书人连接。

我和熊老师一直以朋友相处，经常一起探讨与人才培育相关的话题。读完这本书，我站在一个读者的立场问了他五个问题。我把我们的对话摘录于此，以期读者能够跟我一起去了解作者的初心，发掘这本书的真谛，与著者印心，连接经年累月的能量，让彼此的经验、智慧交汇。对话原文摘录如下：

贾雨春：您写这本书的初衷是什么？能给读者带来什么？

熊老师：我想以人力资源操盘者的身份，以企业经营者的视角，梳理出人才战略和人才培育的系统逻辑，并试图把它们呈现给读者。在近20年的职业生涯中，我从执行者到管理者，从管理者到决策者，再从决策者走向教学舞台，一路上犯过很多错误，我所服务过的企业为我的个人成长、知识沉淀付出了代价。与此同时，在服务西贝等众多优秀企业的过程中，我也感受到了董事长们独特的人才主张。如果这些都能结合自己的实践用文字呈现出来，引发大家思考，那么这一定能让人力资源部门和企业经营者少走弯路，这是我内心最想做的一件事。

贾雨春：您认为这本书与其他人才培育方面的书相比，最本质的差异是什么？

熊老师：呼应企业现状，贴近企业家。书中的很多人才培育理念，都是在课堂上同企业家对话时总结出来的；书中的许多操作模型和实效方法论，都是在服务企业的实践中提炼出来的。一直以来，我们遵循一个原则：在课堂中“讲我所做”，在咨询实践中“做我所讲”。因此，本书中的经验和教训可以用四个词语来概括：有用、管用、学得会、用得上。

贾雨春：您这本书适合什么人看呢？您有什么建议？

熊老师：当打算把自己的理念和方法落笔于纸上时，我就在思考这个问题。我觉得任何关心人才发展的群体都是本书的目标读者。因此，本书的读者群可能涵盖公司总裁、总经理、业务团队领导者、人力资源负责人及相关工作者、培训工作者等。本书大致分成了三大模块——战略篇、战术篇、战果篇，不同角色的读者可以选取书中不同的章节进行阅读。公司总裁、总经理、业务团队领导者可以着重关注战略篇和战果篇，人力资源负责人及相关工作者、培训工作者等可以重点关注战术篇和战果篇。

贾雨春：您前面提到以操盘者身份写这本书，那么我们应该如何让人力资源操盘者更好地领悟书中内容？

熊老师：人才即战略，经营企业就是经营人。首先，公司人才战略的落地最重要的是思想统一。公司的人才发展不是人力资源一个部门的事，如何把人才战略升维到公司第一战略，这是人力资源操盘者最应该同公司决策者和经营者达成的共识。其次，如何构建科学的人才梯队和培训系统，这是一个战术性问题。要解决人才培育与发展的堵点，人力资源部门就需要以业务为导向去规划和设计人才培育项目，以成果为导向去运营和管理人才培育项目。只有这样，人力资源操盘者才能化被动为主动，让人才梯队建设和人才培育系统支持公司战略发展，支撑业绩改善。

贾雨春：《人才池》主要围绕“人才培育的靶心战略”而展开，请问何谓“靶心战略”？

熊老师：经过这次新冠肺炎疫情，我和众多企业家一样关注的是：什么培育模式最有效？什么培育模式最长久？企业人才体系是一个庞大的管理体系，虽然大家可能都关注人、聚焦人，但无论作为经营者还是管理者，我们都要始终围绕“人力资本投资回报率”（ROI）做思考。“靶心”就是聚焦战略和业务，提升人力资本投资回报率；“靶心战略”就是要解决如何让企业关键岗位人才“人岗匹配”、如何提升人员效率、如何加速成长关键人才梯队……

每次与熊老师接触，我总能感受到他的教育情怀和师者仁心。阅读完这本书，我深深感受到他发愿想影响和帮助更多人。祝愿此序能带给读者与著者心与心连接的生命能量，愿《人才池》带给您价值，并启发您当下的思考！

贾雨春

西贝梦想大学前校长

2020年7月于内蒙古巴彦淖尔

前　言
践行思考是一种力量

缘起：沙漠中的思考

不惑之年，我同西贝大学高管团队一起徒步进入库布齐沙漠。人对于从未有过的体验总是充满好奇，因此我对第一次沙漠徒步充满期待。

进入沙漠之前，教练在营地反复向我们强调要敬畏自然，只能在沙漠留下脚印和思考。徒步刚开始三个小时，我们便遭遇了沙漠的极端天气——天空突降大雨，一时气温骤降。体力在大雨浇灌下一点点耗尽，两根手杖越发显得冰冷。我只能麻木地踩着前人的脚印机械式地向前迈步，心跳加速，但不能停下。教练在一旁鼓励我们："用心感受路，多走一步路，就离基地近了一步。"这是三天两夜中我听到的最有力量的一句话。

一路上，西贝大学高管团队表现出来的领导力令我敬佩：行，就是修行！前行中静观眼前的茫茫大漠，我只感觉自己的脚步声和沙漠里的风声融为一体。虽然体力在消逝，我的精神却越来越干净透亮。我开始自省，过去的一周、一个月、一年、五年、十年……人生的前半段仿佛一部倒放的电影，一帧一帧地展现在我眼前。

其间，我问了自己三个问题：

我是谁？我是一粒沙砾，职业生涯的每一段都暂时停在某个沙丘。

我要去哪里？高手都在设计自己的人生。我很庆幸，自己一直从事的是企业的人才培育工作，这是我最喜欢的工作，我也愿意用一生去践行。

我想给世界带来什么？我想做一个摆渡人。如果我曾在任职过的企业留下些许有价值的人才管理体系或管理方法，如果经过我培训和辅导的企业家学员会因为我传授的理念而受到一丝冲击或做出改变，如果能继续在渡人路上直到暮年，那么一生足矣！

这段刻骨铭心的沙漠之行，给我自己按下了暂停键。徒步路上的思考，更是让我萌生了将自己近20年在企业人才培育方面的职业经历整理成一本书的念头。

萃取：我的经验与教训

念头一起，恰逢新冠肺炎疫情袭来，武汉这座城市也按下了暂停键。趁此时间，我正好将书稿悉数整理完毕。回溯过往，我的职业生涯有三个里程碑，本书体系便发端和成形于这三个阶段的职业经历。

大学毕业后，我先后服务于香格里拉酒店管理集团和美国希尔顿集团。这两家国际化集团公司成熟的人才培育体系为我的职业生涯打下了坚实的基础，也把我带入了职业发展的快车道，为我沉淀了企业人才培育体系建设方面的“第一桶金”。

香格里拉集团在坊间被誉为“酒店人才黄埔军校”。2004年前后，香格里拉在廊坊成立“香格里拉酒店管理学院”，以项目制和体系化的方式来培育集团后备人才，以满足集团未来的战略发展规划。我从一线服务员开始做起，很快晋升到培训管理岗位，从熟悉运营到接手培训管理，从“香格里拉关怀”到“管培生计划”，从“Buddy System”（师徒带教）到“Crossing Training”（交叉岗位培训），在人才培育专业角度建立了最纯正的入门认知和系统框架，这些为我的后续发展打下了坚实的根基。

离开香格里拉以后，我加入希尔顿集团，参与筹建三亚的一家度假型酒店。在此期间，我最大的感受是，希尔顿集团对人才战略的重视度和投入度给了我自由发挥的创新空间。在集团人才战略和人才体系总框架的指导下，我们从零开始搭建单体酒店人才培育体系。这段经历为我后续系统化和战略化设计人才培育体系打下了深刻的烙印。

从这两段职业经历中汲取的营养，我都如实地记录在书中，希望能引发读者如下思考：这些跨国公司成功的底层逻辑是什么？如何才能把人才培育上升到战略高度？……

2008年，我离开国际品牌酒店集团回武汉创业，筹建武汉皇家格雷斯大酒店，创始团队发愿要做一家本土的国际五星级酒店。我们在香港注册成立酒店管理公司，成立了香港格雷斯酒店管理集团，希望未来做成托管国外酒店的民族酒店品牌管理公司。在此期间，我担任武汉皇家格雷斯大酒店人力资源负责人兼武汉皇家格雷斯商学院院长。

这8年的创业经历让我领悟到“会做”和“做成”有着天壤之别。创业初期，我原封不动地照搬过去在国际品牌酒店的人才培育体系，无奈屡屡受挫，经历不少小败局，本书中也有多处记载。到了第三年，我向董事长提出辞职。董事长没有批准，让我在家休息一个月。一个月内，我看完了《曾国藩传》，写下了18页的深度反省，后来我戏称这是职业生涯的一次大洗礼。从那一刻开始，我才感觉自己开悟了，真正明白了人力资源部门是干什么的。

细数三年中走过的弯路，我深刻认识到，失败的根源在于过度依赖经验，没有因地制宜和就地取材。重新回到岗位时，我做了三个决定。一是从零开始，把自己定位成“服务员”。我既是公司人才战略的服务员，也是业务部门人才供应的服务员，还是高潜人才提升发展的服务员。二是将人力资源部改成“人才服务部”，让人力资源团队找到准确的定位：从招聘、培育、薪酬、福利到后勤管理，我们都只认“服务创造价值”，刷新了业务团队对人力资源的认知。三是主动找决策团队沟通，每周至少一次。从回避董事长的督查到主动与董事长高频次沟通，我们及时解读公司的战略方向、业务调整，讨论人才战略如何支撑公司战略，组织架构和岗位能力如何匹配业务团队。

调整思路后的四年里，公司人力资源体系不断完善，用董事长的话说，这才是有我们味道的文化和管理方式。武汉皇家格雷斯商学院以紧贴业务为导向，以人才供应为服务目标，除了向业务一线输出人才，在企业文化传承和品牌传播方面也逐见成效。

书中不少篇幅都详细记录了我在创业期间犯过的错，这些错误认知和急于求成的操作方式都是深刻教训，我不惜自曝其短，就是希望能够提醒大家少走弯路，不要重蹈我的覆辙。人才体系建设切忌只顾埋头向前冲，也就是做了很多形式上的培训却没有成就感。老板不点破不代表认可，业务部门不抵触不代表支持，因此我们需要适时停一停，放空自己，跳出人力资源和培训的框架来思考人才体系建设，想清楚为什么要做、为谁做、怎么做才能真正有产出。没有共识的开始，已然埋下了失败的种子，难逃失败的宿命。人才体系建设是人才战略的落地策略，并不是一蹴而就的事情。

也许是经历过创业，我才更加感同身受地领悟到如何用老板思维去做人才培育。当李践老师邀请我到行动教育平台为老板们传授人才培育的心得时，我发自内心地认为这是一份伟大的事业。

站上培训的讲台并不是一件容易的事情，这个过程充满了挑战，但是也充满了幸福感——看着我所服务过的企业人才体系越来越健全，企业发展越来越稳健，我比老板们还高兴。我曾经和一位朋友分享：我是一个感性的人，在过去的每一段职业生涯中，我均提出过五六次辞职申请。但是，自从站上这个讲台，无论面临的挑战多么巨大，我都从未有过辞职的念头。

加速：疫情下的思考

2020年年初新冠肺炎疫情期间，我平均每天沟通一两位企业家，我能切身地感受到他们的焦虑。为了缓解企业家的焦虑，我针对企业的人心浮动和人效不足等问题一一给出建议。疫情的阴霾下，能够通过电话远程帮助企业家排忧解难，这个过程让我备感幸福。与此同时，这个过程也激发了我进一步的思考：在极端市场环境下，如何提升人才培育的效率，快速产出高价值？

本书的第三章“人才培育的靶心战略”，就是针对疫情下企业停工停产的不利情势梳理出来的解决方案，希望能够帮助更多企业在寒冬和迷雾中找到一条新的出路。

当下，虽然国内疫情有所缓和，但是海外疫情还在肆虐，这对大部分外贸销售及外贸型生产企业造成了致命的打击。经过一场疫情，许多企业才猛然发现：越困难，越要思考人，越要投资于人。很多企业进行战略调整，收缩线下模式，从线下转战线上。直到此时，它们才发现自己没有相应的线上人才匹配组织战略转型。所以，人才培育体系要始终为战略发展服务，从决策层的战略定力到业务团队的战略分解力，再到人才体系建设团队的执行力，都必须保持战略一致性。

与此同时，人才培育要以成果为核心，解决人才培育目标的问题。在操盘人才项目和辅导企业的过程中，人才培育的成果评估一直是最大的痛点。特别是在疫情期间，很多企业人才培育项目都转入线上进行，对于如何有效保证项目运营并产出预期成果，如何保证人才培育从“做了”到“做成”，我们还需要有一套科学的人才项目运营管理体系。

本书中提出围绕战果“学—练—考—赛”的训战模式，以战定果，以赛逼考，以考促练，以练促学，从第6章到第11章，分章节详细阐述了“学—练—考—赛”模式的理念、操作方法。这些都萃取于我职业生涯的实践，一定能为企业提供一套行之有效的思考框架和实操方法。

一场疫情让更多人明白，经营企业是经营人，人的成功才能铸就企业成功，而人的成功就是能在任何环境下持续为企业创造价值。无论环境怎么变，在我们所处的市场中，如果企业拥有一套自己的人才价值链打造体系，拥有一个硬核的人才工厂——企业大学，让企业大学成为人才供应中心、业务变革中心、品牌利润中心和文化传承中心，那么它创造的价值将不可限量。

熊启明

2020年7月1日于上海

上篇

战略篇

第1章
人才即战略

“中国式连锁”的困境：只连不锁，无人可锁

回溯我20年的职业生涯，前15年，我在企业一线操盘人才培育项目；近5年，我在一线接触和辅导了规模不一的各类企业，其中不乏一些上市公司和行业佼佼者，但是接触量最大、频次最高的还是中小型民营企业。从大型外资企业到中小型民营企业，它们对人才理念会有迥然不同的认知度和投入度，这种剧烈的跳动和巨大的反差让我对人才与企业兴衰有了更深入的观察和思考。

过去40年，中国大多数企业的发展主要靠外部市场需求驱动，但是，在今天市场红利消失殆尽、低增长成为新常态的经济环境下，靠外部市场驱动的可能性越来越小，组织能力和人才队伍越来越成为决定企业成败的杠杆因素。

然而，几十年来形成的惯性思维使得许多企业家和管理者都只是把人才的重要性停留于口号上，他们更关注的是事情本身，而非人才培育。纵然有些企业家已经意识到了这一点，但他们还是缺乏一套加速人才成长的培育框架，不懂得如何建立一套培育高绩效人才的体系以助力企业

源源不断地生产人才。雪上加霜的是，越来越白热化的竞争环境迫使他们忙于应付外部竞争，把自己的眼光锁定在当下，而不是为未来布局。

不久前，我就辅导了这样一家连锁型企业。在调研企业的过程中，我发现这家企业近几年盘子越铺越大，但收入和利润却不见增长。为了快速抢占市场空间，这家企业陆续在全国各地圈了不少地盘。好不容易抢到了地盘，等到开店时却突然发现没有合格的店长，这让这家企业的老板不知所措。

面对此种情形，大多数企业的做法都如出一辙：从现有的老店调过来一名业务骨干担任新店长。让一个没有做过店长的业务骨干来担任新店长，就好比一个人从来没当过将军，你却突然让他带兵打仗，十有八九他是要打败仗的。

最后企业发现，这名业务骨干不适合当店长，新店没做起来。这时候怎么办？再把老店的店长调过来！好一番折腾，新店的业绩增长了，但老店又没有强有力的人选来顶替老店长的位置，于是老店的业绩又不行了……

你发现没有，很多连锁型企业的老板和管理者每天反复干的就是这件事。其实，之所以调来调去没有解决问题，是因为企业老板和管理者没有真正梳理清楚企业缺的是什么。企业缺的不是店址，而是人才——人没有到位。

人没有到位的原因是什么？因为经营者没有意识到，经营企业是一个系统工程，想要收入和利润翻倍，不是简单的店面数量翻倍就够了，其他一切生产要素和资源都必须翻倍。其中最重要的资源——人才资源必须翻倍，即管理者必须翻倍，店长必须翻倍，员工也必须翻倍。换句话说，企业的扩张不是开新店一件事，而是一整套动作——你不仅要选址、投入资金，更要培育你的管理者，培育你的店长，培育你的员工。

为什么你开了50家店，最后却不赢利？这背后不一定是选址的问题，不一定是客户的问题，可能是你忽略了人才培育的问题。你平时不重视、不投入，关键时刻只能临时抱佛脚，找个差不多的人顶上，最后当然难逃失败的厄运。

这就是典型的“中国式连锁”的困境——只连不锁，因为无人可锁。企业的人才在质和量上双双不足，没有合适的人，即使地盘被企业圈来了，它也锁不住业绩。

事实上，这个问题并不只是出现在中国连锁型企业身上。我观察过大部分中国中小型企业，绝大多数都面临类似的问题：业务的发展远远快于人才的发展，人才供应不足成了制约企业战略发展的瓶颈。

如果把一摊业务比作一口锅，把一个团队比作一个锅盖，那么每口锅都得配一个锅盖。而中国式连锁企业的做法，其实就是企图“用3个锅盖来配10口锅”。当业务急速膨胀的时候，它们才后知后觉地意识到一个问题：人从哪里来？尤其是中间层缺失的问题，使得高层的战略无法传导至基层，基层碰到的问题也无法快速反馈给高层。最终，由于从战略到执行这条路径走不通，所以战略落不了地，成了空架子。

之所以会出现“中国式连锁”的困境，人才的缺失还不是根本，而其根本在于我们的中小型企业从一把手到各级管理者都没有真正认识到经营的基本规律，它们的做法都有一个最致命的弱点，即所有的设计都只基于战略和业务层面的考量。但是，战略的落地、业务的运营要靠人，在公司战略的落地过程中，我们务必考虑到战略、业务与人才之间的协同关系。

为什么会有如此多的企业没有认识到人才与业务之间的协同关系呢？本质原因是，它们的底层逻辑中就缺乏正确的人才观，没有把人才问题放到战略的高度来思考。

我们不妨扪心自问：在做战略规划和业务规划时，我们有没有考虑人才战略？

我特别赞同彼得·德鲁克的一句话：战略不是我们未来做什么，而是我们做什么才有未来。如果企业在发展的过程中只追求当下的业绩，缺乏对未来的规划，那么企业不可能实现可持续发展。事实上，今天企业的快速发展，是因为你昨天做对了事情。而要想未来能够可持续发展，你必须站在未来做今天的布局，其中最重要的布局就是对人才的布局。只有这样，在未来规模扩大的时候，企业才不会面临无人可用的困境。当市场机会来临时，对手还没有准备好，而你早就练好了兵，这就是你跑赢对手的关键所在。

因此，只有用战略思维来思考人才问题，把战略、业务和人才绑定在一起考量，才能最大可能地确保战略落地。

希尔顿“电梯计划”：人才培育是系统工程

为了让大家更直观地理解怎样把人才培育放在战略的高度，我给大家分享我职业生涯中的一段经历。

> 2005年，我从老东家香格里拉集团离开，加入希尔顿集团。希尔顿集团1988年进入中国市场，当时只有一个品牌在中国试水，且在我国只有1家酒店。
>
> 到了1998年，经过10年的发展，希尔顿集团在我国仍然只有1个品牌，但是酒店的数量从1家增加到了3家。
>
> 到了2008年，希尔顿集团终于在中国入驻了2个品牌，这2个品牌一共开了7家酒店。我是2005年进入希尔顿集团的，2008年就

离开了。离开的原因很简单，作为希尔顿集团的中层管理者，我认为它发展得太慢了。

令我意外的是，又一个10年过去了，到了2018年，希尔顿集团旗下的15个品牌，其中已经有9个品牌进入了中国市场，在华开业的酒店数达到了147家，筹建中的有410家。

后来，我又从内部渠道了解到，截止到2019年9月，希尔顿集团在华品牌已经达到了10个，新开业酒店有207家，筹建中的有470家。到2025年，希尔顿集团希望在华管理规模能够达到1 000家酒店，15个品牌全部进入中国。

这就是希尔顿集团在中国的发展路径。从这组数据中，大家是否看出了什么问题？

作为希尔顿集团的中层管理者，今天我承认自己当时是短视的——我认为希尔顿集团在中国发展接近龟速，近20年才开了7家酒店。后来我才发现，2008年后的它就像被打了鸡血一样，10年的时间，在华酒店数量一下子从7家暴增到了147家。

接下来的问题是：从1988年到2008年的这20年，希尔顿集团为什么不快速扩张呢？它在干什么？答案是，它在做人才培育！

在学习这些国际品牌的经营逻辑时，我们不要学习它们的方法，而要看看它们在进入中国市场之初做了哪些动作。因为它们今天取得的成就源于它们过去做出了正确的事情。

希尔顿集团是一家典型的美国企业，它的经营套路以我彼时的见识是看不懂的。我当时虽然已经在酒店行业工作了三四年，却始终没有摸清楚高层想要干什么，总部也没有给过我们一个官方的回答。

多年以后，当我重新复盘时，我发现了几个颇有意思的时间节点：

- 2000年左右，希尔顿集团在亚太区开启人才培育计划——电梯计划。
- 2006年左右，希尔顿集团提出“本地人才培育战略”，培育从中国走出的“希尔顿人”，中国本土的总经理占比达到74%。
- 2012年左右，希尔顿集团在全国范围和350所高校、技校合作，在四川旅游学院成立全球第二所希尔顿酒店管理学院，深度校企合作，采用产教融合模式输送人才。

如果你今天入住希尔顿酒店，那么你会发现，很多酒店的总经理都是90后。实际上，这些90后早已在希尔顿工作了五年以上，他们都是希尔顿从高校里精中选精挑出来的。然后，希尔顿将他们纳入“高潜人才计划”“管培生计划”等定制培育项目进行培育，最后培育成总经理的接班人。

目前，中国每三家在建酒店中，就有一家属于希尔顿集团。根据希尔顿集团的战略规划，在中国每年新开酒店数量将保持50%以上的增长速度；在中国酒店总经理中，中国本土酒店经理比例必须超过85%。处在“快车道”上的希尔顿集团，其拥有的最大的财富之一是，它的中国总经理都是从自己国家的土壤里长出来的，带有希尔顿的文化烙印、价值信仰和标准味道。有了这笔巨大的财富，何愁不成王者！

对比希尔顿的做法，我们再来反观自己的经营逻辑：为什么我们做不成功？对比中国的大多数连锁型企业的做法与希尔顿集团的人才培育方式，我认为希尔顿的领先之道在于以下三点：

第一，运营的效率不同：希尔顿集团的发展之所以先慢后快，是因为它搭建了一个高效运营的体系。

希尔顿集团的高效表现在哪里？标准统一，系统配置。对比我所接触的中国连锁型企业，我发现很多企业的运营逻辑通常都是：有几个店，就有几个标准。连标准都不统一，还谈什么复制？

况且，这里所说的复制还不是简单的模式复制，而是全方位的复制，从人、财、物、销到管理体系，全部统一标准。这种全方位、系统性复制正是希尔顿集团高效的根本所在。

第二，人才培育的逻辑不同：人才在业务之前。

我们的企业和管理者往往更加关注业务，先考虑业务，再思考用人问题，不管人行不行，反正业务不能丢。因此，很多企业常常会犯揠苗助长的错误，不管人匹不匹配这个岗位，先用了再说。对比希尔顿集团，它是先准备好人才，再来开拓业务，它的逻辑和我们的正好相反。

从时间节点来推算，当其在华业务还没有全面拓展的时候，希尔顿集团就在2000年制订并启动了“电梯计划”。我2005年加入希尔顿集团，并入选“希尔顿度假酒店”这个品牌的高潜人才培育计划，开始进入“希尔顿网上大学”学习。

种种迹象表明，希尔顿集团是把人才放在业务之前的，在业务还没有开始之前，就开始做人才梯队的建设。另外，希尔顿集团执行的是一套具备顶层设计架构的人才培育体系，而不是零星培训那样的小打小闹。

在品牌运营的冰山之下，支撑它的是一套人才培育系统，这是很多人看不见的支撑力量。如果经营者忽略了人才培育系统的建设，那么企业的复制和扩张必然遭遇滑铁卢。这是我多年来在国际品牌酒店获得的深刻体会。

从上述案例中，我们也可以窥见：真正的经营高手一定会把人才培育放到战略高度，三五年前甚至十年前就开始滚动地培育自己的人才梯队，而不是临时抱佛脚。20多年来，希尔顿集团大中华区的CEO（首席执行官）换过人，人力资源副总裁也换过人，但是不管谁上台，企业的人才生产线——电梯计划从没有间断过，培育人才的体系持续滚滚向前。

反思我们的中小企业，它们往往是后知后觉，到了无人可用的境地时，才意识到人才培育的重要性。甚至在很多企业，当核心人才突然离开时，它们没有人才可以及时补缺，最终导致企业运营停摆的悲剧。所以，我们的大部分企业家都必须及时补上人才培育这一课，否则在未来的道路上，你们一定会感受到企业越走越难。

第三，对管理者考核的逻辑不同：出业绩更要出人才。

今天，我们考核一个分公司的总经理或分店店长用什么指标？业绩指标。但是，在希尔顿集团，不管你在哪里开酒店，总经理身上都背了两个考核指标：一是业绩指标，二是人才指标。

换句话说，希尔顿集团讲求的是出业绩者也要出人才。只有业绩和人才的双指标考核，才能保证希尔顿集团的可持续发展，因为人才和业务是配套的，今天的业绩是因为你过去培育的人才产出的绩效。作为经营者和管理者，你有没有为未来储备人才？

中国中小企业要真正摆脱人才困境，不应该停留在“重视人才”的口号上，或重仓人才招聘，抑或零星地做一些培训……这些行为治标不治本。要真正调理好企业的“体质”，实现企业的可持续发展，我们不能头痛医头脚痛医脚，而必须从上到下进行系统思考——从战略到业务，从业务到组织，从组织到人才培育，做好一条线的顶层设计。

从上到下的思考本质上是一个系统工程，需要从一把手、人力资源负责人到业务线的深度参与。我们的企业家和管理者再也不能把人才培育一股脑地推给人力资源部门，而需要从战略、业务、人才培育层面进行系统规划和系统推进，对人才培育进行系统升级。

业绩是显性曲线，人才是隐性曲线

我在人才培育领域已经浸淫了20年，有机会近距离接触和观察许多企业家和高级职业经理人。在与他们合作和交流的过程中，我脑中始终盘旋着一个问题：优秀的企业家和职业经理人在人才的价值观上究竟有什么差异呢？

前不久，我听阿里巴巴前CEO卫哲先生讲了一个小故事，深受启发。

> 2009年，马云带队阿里巴巴的管理层去美国考察，参访了一批世界一流的公司，包括苹果、谷歌、微软和星巴克等。每到一家公司，考察团队都会问同一个问题：谁是你们的竞争对手？
>
> 时任微软CEO的史蒂夫·鲍尔默在听到这个问题后，一口气讲了45分钟，自曝微软是如何与苹果、索尼、思科（Cisco）和甲骨文（Oracle）等公司竞争的，又是如何占得市场先机的。
>
> 出门以后，马云说了一句话："这哥们是'职业杀手'啊！"
>
> 在拜访谷歌时，考察团队也问了谷歌创始人拉里·佩奇同样的问题。出乎意料的是，拉里·佩奇的答案既不是微软，也不是苹果，而是美国国家航空航天局（NASA）和奥巴马政府。
>
> 于是大家都很好奇地问道："为什么呢？"
>
> 拉里·佩奇解释道："谁跟我们抢人，谁就是我们的竞争对手。与脸书和苹果争抢工程师，我们并不处于下风，我们开更高的工资，给更多的期权就好了。美国国家航空航天局的工程师年薪只有7万美元，只有我们的五分之一，可是在人才的争夺上，我们却败下阵来。为什么？我们谷歌描绘了一个很大的梦想，但美国国家航空航

天局的梦想更大——拥抱整个宇宙，做的事更好玩，把我们最优秀的工程师给挖走了。我们这儿的管理者和职业经理人，年薪多达几十万美元，结果在奥巴马上台后，美国政府意气风发，很多美国人甘愿从政了。包括谷歌的很多优秀经理人，放弃了几十万美元的年薪而接受仅有5万美元年薪的政府工作。所以，谁跟我们抢人，谁就是我们的竞争对手，而且这两个竞争对手是最难对付的。”

看到这两个截然不同的回答，我仿佛被雷电击中了一般，突然找到了前面提到的那个问题的答案。在顶尖高手眼里，决定企业未来的不是产品，不是业务，而是人才。产品会过时，唯有人才是企业的活性资源——人才是有思想、有情感、有创造力的，只有人才能为公司提供最根本的竞争优势。所以，普通的企业家和管理者关注的是业务这条显性曲线，而顶尖高手更加关注人才这条隐性曲线。

与上面这个故事形成鲜明对比的，是我在第23期“企业大学”课程现场遇到的一位企业家。这位企业家在上了我的课以后，终于找到了阻碍企业业绩增长的根本原因——人才梯队断层。

回到企业以后，他开始重新调整组织架构，启动企业人才培育项目和人才继任培育计划。但他很快就发现，他的核心高管无一响应，甚至有人明确提出反对。这位企业家感到非常苦恼，和我在微信上沟通许久。

沟通完之后，我发现，这家企业最大的发展障碍不在于如何培育人才，而是核心高管人才培育意识的集体缺失。是什么造成了这种集体缺失？正是长期以来以业绩为王的价值导向造成了公司上下只注重短期业绩增长，完全不考虑企业长期的可持续发展。

这位企业家是做销售出身的，对于企业系统化运营知之甚少，然而借着市场的东风，业绩增长很快。核心高管们秘而不宣的想法是：业绩越好，口袋越鼓，一旦培育继任者，自己的利益可能会受到影响。这种“利己主义”是企业发展最大的祸根！

很多企业之所以越走越难，就是因为公司从上到下对业绩的重视远远超过了对人才的重视。这样的管理者对于业务的理解是非常透彻的，但是他们几乎会把所有的时间都花在业务上，而忽略对人的投入。然而，从战略、业务到人才……都是浑然一体的，如果对人的投入有所偏废，那么你的战略、你的业务都是不成立的。

如果非要割裂开来讨论，只注重业务不注重人才培育，那么最终我们将看不到战略的全貌，也不可能实现公司的可持续发展。正如优衣库创始人柳井正所言：“即使经营者拥有革新的能力、赚钱的能力，但如果不具备建设团队并领导团队的能力，他也做不成什么大事。”

当管理者把所有的时间都花在业务上时，他们最后会发现什么问题？如果他们没有培育下属的意识，下属的能力得不到提升，那么下属就可能会处处捅娄子，而管理者每天的时间都将浪费在救火上。久而久之，管理者就会被各种事务缠身，更加没有时间来关注人、培育人，从而陷入恶性循环。要想打破这个魔咒，我们就必须把大部分时间花在人身上，挑选更好的苗子并精心地培育他们，把他们打造成高绩效人才。

你会发现，人对了，事就对了。当下属有能力完成更多的工作时，你就摆脱了救火队长的角色，这又会让你拥有更多的时间来培育人。归根结底，只有才源滚滚，才能带来财源滚滚，这是一个正向循环。

我们还要进一步思考，为什么这些管理者会把时间花在业务上，而不是花在人才培育上呢？追根溯源，一个人对时间所进行的分配背后，体现的是他的价值判断和工作理念，因此，把时间花在业务上，暴露出来的是管理者缺乏对人及组织能力的理解，不懂得如何有效地利用他人来实现自己的目标。所以，这样的管理者只会盯着业务曲线，而不看重人才曲线。

一旦企业发展进入快车道，这些管理者就会发现问题了：市场机会来了，但是没有足够的人才可用，他们只能眼睁睁地看着市场机会溜走。因为即使是一个中层管理者，也需要2～3年的培育周期。

通用电气前高级人力资源副总裁比尔·康纳狄（Bill Conaty）和哈佛商学院教授拉姆·查兰（Ram Charan）在两人合著的《人才管理大师》一书中强调："绩效来自人的决策和行动，人是衡量企业未来前景的先行指标。"

为什么《人才管理大师》会有如此论断？因为"从战略高度而言，所有的事情，无论是摆在眼前的还是需要总结的，都与人才相关联"。所以，领导层必须将人摆在绩效之前，只有把自己的视线从事转向人，才能把事做成，实现企业的长远发展。

海尔创始人张瑞敏在总结海尔变革的经验时也曾经说过："我始终坚持认为，管理者管的不是资产，而是人。人，才是最有价值的。资产不可能自我增值，但是你又想让它增值，这就得靠人。企业的'企'字上面的'人'去掉了，就是止步的'止'。"

所以，平庸的企业会先追求业务增长，等出现问题了再去解决人的问题。这种业绩曲线一开始会很漂亮，但是随着时间的推移，这种曲线将变得平滑甚至会有下降的趋势，因为企业的人才曲线没有支撑业绩的持续增长。而优秀的企业恰恰相反，就像希尔顿集团，它一开始先研究人的问题，做好人才战略，等到把人才曲线拉升起来，再去匹配具体的业务。这种企业的业绩曲线一开始不显山不露水，但是等到人才曲线稳定上升了，其业绩一定会迎来爆炸式的增长。

归根结底，企业没有人才辈出，就不可能有业绩倍增，而人才的成熟一般需要2～5年的酝酿，春不播种秋无粮。

在关注业务曲线之前，请先关注人才曲线，这才是正确的经营逻辑。因为人才体系不是独立的，而是与业务浑然一体的。战略再美好，如果没有人去打仗，那么战略始终只能是空中楼阁。只有把人才管理起来，不断进化企业的组织能力，才能支撑企业的业务增长，才能保证企业的战略真正落地执行！

走出人才困境：子弟兵战略

在我给企业做咨询的过程中，经常会有企业家向我直言："我们当下的问题还不是培育人，而是另外两个更严重的问题——一是招不到人，二是留不住人。"表面来看，企业最大的问题并不是"中间培育"的问题，而是"前端招"和"后端留"的问题。

如果你换一个角度来看这个问题，问题就变了。人才为什么不愿意来这家企业？他们为什么不愿意留在这家企业？从企业视角转换到个人视角，原因很简单，企业没有为人才创造价值。

如果一名员工在进入你的企业时，他的市场价值是60分，那么在你的企业待了三五年，他的市场价值有没有增加到90分，甚至120分？如果你的答案是肯定的，那么我相信你不会遭遇人才瓶颈。

那么市场价值的增加靠什么？靠的是人才培育！站在员工成长的角度来看，人才培育系统本质就是赋能系统。通过企业的这套赋能系统，让一个平凡的人变成不平凡的人，让一个"五分熟"的高潜人才变成"十分熟"的高绩效人才，这才是人才培育的本质。

说到底，企业价值和个人价值是一体的。只有个人战斗力提升了，企业的战斗力才能提升——只有为员工赋能，才能实现企业的人才辈出，最终实现企业的业绩倍增。

早在2 000多年前，《管子·霸言》就有云："夫争天下者，必先争人。明大数者得人，审小计者失人。得天下之众者王，得其半者霸。"

人才从哪里来呢？无非通过两种方式：一种是外部招聘，另一种是内部培育。通过这几年接触大量的中小企业，我发现大多数企业把精力都放在了外部人才的招聘上，尽最大可能榨取员工的剩余价值。这些企业既没有人才培育的意识，也不懂人才培育的方法。然而，如果我们只靠招人，不培育人，不对人才进行管理，那么最后招来的人一定会流失，因为他们在我们这里感觉不到自己的成长，感觉不到自己在市场上的增值。

如果一家企业只会引进人和使用人，不会培育人，那么它永远走不出企业人才的困境！当企业遭受到挑战时，同样是两家企业，如果一家拥有自己培育的子弟兵，另一家拥有的都是雇佣兵，那么请问哪家企业会发展得更好？毋庸置疑，一定是那家培育子弟兵的企业。

所以，为什么外资企业问得最多的问题是，你的接班人是谁？你的"备胎"是谁？不是因为它们有忧患意识，而是因为它们非常清楚，企业真正的人才来自内部挑选出来的高潜人才，这些高绩效人才是内部培育出来的，不是招进来的，也不是留下来的。也就是说，一个真正懂得培育人的企业，通常也会知道如何留住人才。道理很简单，培育本身就是最好的留用。

我们再从历史的角度来验证这个问题。历史上成大业者，靠的一定是自己的子弟兵。以中国近代史为例，在中国近代革命这条路上，黄埔军校的毕业生立下了赫赫战功——从1924年到1949年，黄埔军校25年间培育了近23万名军事人才，其中名将辈出。同样，在抗日战争和解放战争期间，抗日军政大学为我党培育了大量的军政人才……

企业运营也遵循同样的逻辑，阿里巴巴之所以成功，是因为马云有自己的“马家军”，而华为之所以如此伟大，也是因为培育了自己的“任家将”。所以，真正的大企业家背后一定有自己的子弟兵。

那么，我们如何来衡量一位企业家成功与否呢？最好的标准是，你有没有复制出若干位和你一样优秀的企业家。如果有，你就是一位成功的企业家。同样，如果你是一个优秀的高管，你能够带出来若干个和你一样优秀的高管，这也是成功。所以，“全球第一CEO”杰克·韦尔奇才会说：“在你成为管理者之前，成功的标准是如何使自己成长；在你成为管理者之后，成功的标准是如何使别人成长。”

日本管理学大师大前研一曾经服务于咨询巨头麦肯锡，他在对日本企业和美国企业做对比研究时，发现了一个有意思的现象：多数企业在成长过程中都会遇到瓶颈，美国企业的资产规模停滞点为1亿美元、10亿美元、100亿美元，只有过了这些坎儿，它们才能继续向上发展；而日本企业的资产规模停滞点却提前到了1 000万美元。

这是什么造成的呢？对比研究后，大前研一总结出了三点：一是人才基础不同；二是美国人力资源底子非常扎实，注重专业人才培育，而日本企业就不具备人才培育方面的逻辑；三是创业者的进取心不同。

事实上，从我在一线调研和辅导企业的实际来看，中国企业的坎儿甚至来得更早一些，许多资产规模仅有几千万元的企业，人才已经青黄不接了。

如何才能突破这个人才瓶颈？企业必须制定子弟兵战略，为自己培育一支有战斗力的队伍，培育一群死心塌地和企业一起干事业的人。这群人中的优秀分子能够沿着一条路慢慢跃迁，从士兵到将军，从将军到元帅。最终，伴随着人才的增值，企业发展也必将步入快车道。比如，信奉“宰相必起于州部，猛将必发于卒伍”的华为，干部队伍有大约12 000人。华为强调，选拔的干部必须是从基层一线开始做起的，没有基层一线成功经验的人是不能被选拔为干部的。

当然，子弟兵战略不仅仅是空洞的口号，而是要围绕子弟兵队伍建设建立一套人才培育体系，培育出企业自己的高绩效人才梯队，发育出优于竞争对手的组织能力，进而驱动企业业绩的增长。

中国式人才培育“四宗罪”

很多企业不能实现可持续发展，大多是因为企业家和管理者没有认识到人才即战略。然而，在我接触的企业家当中，还有一类人，他们认识到了人才的战略意义，也愿意投入时间和资源去关注人才，却依然会遭遇人才短缺的问题，这又是什么原因呢？问题往往出现在对“人才培育”的认知误区上。我们先来看一个真实的故事。

2018年10月，我结识了一家企业的董事长。这是一家农牧企业，主要提供与家禽相关的全产业链服务，一年的产值规模大约为20亿元。这位董事长带着一帮公司高管参加我的课程学习。

在课堂上，他问了我一个问题：“熊老师，我每年在培训方面投入的费用约200万元。去年，我去另一个城市开新厂，一切准备就绪，就差派驻一批中层管理人员过去了。当人力资源经理把派驻名单拿给我看的时候，我很不放心。为什么？第一，真正有能力的人不愿意去；第二，愿意去的人，我认为他们的能力还不够。如果说要重视人才培育，那么我做到了，我每年投入200万元给员工做培训，所有的培训我都会亲自参加。为什么在我需要人才的时候，全公司上下1 800人，我却挑不出合适的中层管理人员呢？”

我相信不少人都有同样的困惑，这是我们在做人才培育的过程中经常遇到的问题。之所以会出现这个问题，其根源在于我们对人才培育的认知是错误的。

接下来，我们先把这家企业踩中的四个雷区给排一排。如果这些错误的认知不矫正，那么企业投入再多的资源都是无效的。

误区1：培训=培育

故事中的这位董事长，一年投入200万元做培训，可谓代价不菲。但是，当我问他“这200万元是怎么花的？”时，他告诉我：“把一部分员工送出去培训，或者请一些老师到企业来上课。”

我告诉他：“你这是培训，不是培育。企业在培训上花200万元，不一定会有产出。但是，如果企业在培育上花了200万元，是一定会有产出的。”

那么，培训和培育有什么区别呢？

假设你听了我的课程，回去给管理层转训一下，那么这叫培训。假设你今天从大学招聘了一名管理培训生，你有计划地、持续地培育他，三年后他如期当上了部门经理，这就是培育。

换句话说，培训只是把课上了，是一次性的，不一定会出成果；而培育是持续性的，它围绕终极的培育目标对人才做整体的培育规划，所以最终一定会出成果。

今天，大部分企业拥有的是培训思维，而不是培育思维。因为培育思维是体系化的，是从选苗开始的：什么样的苗子能够被培育出来？苗子选好了以后，如何确保培育的可持续性？培育需要多久，分为哪几个阶段？每个阶段的培育内容是什么，培育形式是什么，谁来负责培育？……如果这些问题你都没有考虑清楚，那么我只能断定，你所做的一切动作都是培训，而不是培育。因为培育是一套科学的体系，这套体系能够保证人才产出的数量和质量。

误区2：参加=参与

第二个误区是什么？企业家或管理者没有区分参加与参与。很多企业组织的培训，员工虽然参加了，却没有真正地参与其中。

我观察到一个现象，很多培训部门负责人在汇报工作时，逻辑通常如下："上个月我们一共组织了8场培训，总参加人数为320人，总参训小时数为3 200小时，考试通关率为80%。"

老板一听，高兴坏了，感觉像挣了200万元一样。但是，我请大家认真思考一下：这些数字是老板要的吗？回归到经营的本质，企业投入是为了产出，要想跑赢竞争对手，你必须以最小的投入获得最大的产出。

这些数字能算是产出吗？不算，它们只代表了参加的过程，并不代表产出。

企业真正要的产出是什么？是高绩效人才的产出率，而不是参训率、通关率等过程指标。你如果用参训率和通关率来考核员工，就等于逼迫员工来参加培训。在高压之下，员工当然会参加，但是也仅止于参加，而不会参与。他们人到了，心没有来；身体到了，脑子里没装知识走。这样的参加还有意义吗？其背后全都是无效投入。

怎么理解参与？只有员工全身心地参与到培训中去，他才会有所收获。他要做方案、做分享、展示方案、汇报成果……总之，以成果为导向开展培训，才能让员工真正参与其中。

所以，企业要管控的不是参训的过程，而是要让员工全身心地参与培训，否则培训就变成了一场无意义的数字游戏。这场数字游戏最终伤害的不是员工，而是企业，因为最后为成本买单的是老板。

误区 3：课程 = 解药

上述这家企业把200万元的人才培育经费全部砸在了培训上，这个动作其实暴露了这位董事长犯的第三个错误：把课程等同于解药。

在我策划的一次企业访谈活动中，一位年轻人说了一段令我难忘的话。他说："熊老师，老板觉得我们执行力差，于是组织我们全员参加了一场'100%执行'的培训课程，给我们打了三天的鸡血。在培训的过程中，我们均感觉很好。但是执行力差这个问题解决了吗？并没有，一周以后，我们又被打回了原形。"

这个问题非常具有代表性。要想提升企业的执行力，你不要急着给员工下药，而首先应该扪心自问：这是不是员工的问题？如果是中层甚至高层本身出了问题，你却让基层去执行，那就是南辕北辙。沿着错误的导图执行任务，执行得越彻底，毁灭得越迅速。

所以，我曾经总结过一句话：有时候，管理者有病，却让员工吃药，并且还想通过几堂课的培训来把这个病根除掉，何其荒诞！

遗憾的是，在现实中，我发现大多数培训部门都在扮演课程采购商的角色。员工缺什么能力，培训部门就赶紧到外面去采购一门课程。最后，培训部门采购的课程五花八门，而企业的问题是独一无二的。人家都没有给你把过脉，怎么可能开出解药呢？在后文中，我们会提到，真正能给你治病的人，其实就藏在企业内部。

如果非要把课程当解药，那么除非这门课程是体系化的，它能够系统地解决企业的问题，能够辩证地分析并根据企业的现状给出针对性的解决方案，否则我们随意采购一门课程，根本不可能解除我们的病痛。

如果企业家深陷“课程=解药”这个误区不能自拔，到处听信那些能当解药的课程，甚至让不同的专家开出不同的药方，那么药会越吃越杂，会把员工吃疯，会把企业吃垮。

误区4：立即投入=立即产出

最后，我特别要提醒企业家和管理者，人才培育不能急于求成，它不是一场闪电战，而是一场持久战。也就是说，人才培育不可能达成立竿见影、吹糠见米的效果。

人才培育就像种庄稼一样，不能揠苗助长，不能用激素去催熟，否则种出来的粮食会变味。企业真正需要的是自然成熟的人才，而自然成熟是需要时间、精力、资源共同浇灌的，不可能一蹴而就。

上述案例中的董事长，他觉得很委屈，因为每年投入了200万元却没有任何产出。但是，当我去访谈他的人力资源总监时，人力资源总监也很委屈：公司第二年要开新厂，可老板仅提前5个月通知他要培育中层干部，5个月怎么可能培育出合格的中层干部呢？

那么人才培育如何才能有产出呢？只有前置性的投入才能带来可评估的产出，而救命式的投入是不可能达到预期的。假设你的战略是3～5年后要拓展到50家店，那么你5年前就要开始布局，投入资源做人才培育。

你要思考的不仅仅是资金从哪里来，选址在哪里，还要思考你的人才一梯队在哪里，二梯队在哪里，三梯队在哪里。如果你不思考这些问题，那么你的战略注定会失败。我们来看看希尔顿集团的电梯计划，它的人才投入前置了多少年？至少10年！虽然人才培育过程很缓慢，但其带来的结果却是喜人的。

通过上述企业的案例，我总结出了许多企业在人才培育上的“四宗罪”：一是把培训等于培育；二是把参加等于参与；三是把课程等于解药；四是把立即投入等于立即产出。通过我们对这四个误区的澄清，你可能已经发现了，人才培育本身就是管理的一个重要部分，它不仅仅是培训部门的事情，还是每一个管理者都必须做的事情。

在服务企业的过程中，我经常听到管理者会说这样一句话：培训是公司最大的福利。其实，这句话会严重误导员工。很多员工心里会想：既然是福利，那么我可以自由选择要或是不要；既然是福利，那最好折成现金给我！

出现这种误导现象的根源在哪里呢？就在于管理者本身对人才培育的认知出了问题。很多管理者自己都没有认识到：培育本身即管理，既然是管理，它就应该有系统、有流程、有标准……而培训也不是福利，它只是我们培育人才过程中的一个动作，一种存在的形式。

第 2 章

人才培育的本质

人才战略制高点：打造高绩效人才供应链

我讲授的课程名称叫“企业大学”，经常有企业家给出不予参加培训的如下推托理由：“我们体量还不大，暂时还没有实力建企业大学。”遇到类似的情况，我总是有些许无奈，这真是对这门课的误解。

如果要对这种言辞加以辩驳，那么我认为这门课的本质并不是教企业如何搭建一个企业大学的框架，而在于分享一套人才培育的体系。用更接地气的话来说，我希望当老板想打仗的时候，将士们已经准备好了！这才是人才培育真正的价值。

人才培育的终极目标是什么？是为了辈出高绩效人才，为了把人才和战略合二为一，为了支撑战略的达成，帮助企业建立一个高绩效人才供应链系统。从这个角度来讲，无论企业体量大小，我们都需要建立一套人才培育系统。

要打造好这套高绩效人才供应链系统，我们必须把人才培育渗透到企业战略当中，以经营者的思维和视角来看待人的问题。我们如果仅仅从人力资源专业职能的角度去思考，那么很难真正地深入到战略和业务经营的层面。所以，我所谓的“企业大学”并非指其“形”，而重在其“实”。

今天，能够打造高绩效人才供应链系统的企业多不多？屈指可数，但海底捞能算一个。2018年9月，海底捞在中国香港上市。在上市发布会现场，海底捞CEO杨丽娟女士对现场所有人宣布：“截至2018年9月，我们准备了400名优秀的储备店长，已经选址了175家店铺。”听到这个消息的时候，我不禁在想：“海底捞快速发展的底气来自哪里？”一定是来自其高绩效人才培育体系。

我经常听到很多企业家说企业缺人，但实际上，企业真正缺的不是人，而是人才。正是因为现在你拥有的不是人才，所以本来是一个萝卜一个坑，而你却要花五个萝卜去填一个坑。在发现成本太高了，想要调换萝卜的时候，你却根本没有合适的萝卜来调换，这才是企业面临的真实困境。

要解决这个困境，企业就必须打造一套人才培育体系，通过这套培育体系，我们能够让员工从小白变成高手，从店员变成店长，从主管变成经理，从士兵变成将军……这个人才辈出的过程就是打造高绩效人才供应链的过程。

那么，什么是高绩效人才？一句话总结：是以价值观为前提，同时能够持续创造高绩效的人。我们把这个概念分解为两个部分来理解。

先来看价值观。价值观没有对错，只有匹配与否，因为企业的价值观本质上就是企业内部共同遵守的游戏规则。如果愿意遵守游戏规则，你就可以留下来与企业一路同行。如果你不愿意遵守企业的游戏规则，那么无论是主动还是被动，你迟早都会离开，因为环境的选择机制是适者生存。因此，价值观匹配是培育人才的首要前提。

我经常告诫企业家和管理者：企业的持续发展来自人才的持续供应。

一个真正优秀的人力资源总监，和老板说得最多的话是："老板，你们尽管往前冲，后面的人才供应，我们跟得上。"而最糟糕的人力资源总监会找老板说："老板，招不到人，实在太难了。你看隔壁老王家工资又涨了，我们再不涨的话，恐怕人才会流失殆尽。"

打造高绩效人才供应链

如何才能打造出一个高绩效人才供应链呢？这是一个长期持续的系统工程，不可能一蹴而就。要打造好高绩效人才供应链，你至少要抓住以下三个关键点。

人才升段：人岗匹配，选对活性资本

一家企业要占据竞争优势，必须高效地使用所有能够获取的资源。而人才是其中唯一的活性资源，对人才的管理水平直接决定着企业的竞争力。

在服务企业的过程中，我发现很多企业花费大量成本把人招进来了，却任其自生自灭，没有对人才进行有效管理和运营。如何把合适的人才放在合适的岗位，并通过人才培育提升人才能级和段位，让他们发挥出最大的潜力？这对于绝大多数企业来说，都是很大的难题。

因此，人才供应链建设是从建立明确的人才标准和胜任力模型开始的，有针对性地进行人才盘点，再辅以人才培育，使其能够更好地匹配岗位，为战略补给高绩效人才，从而打造可持续的人才供应链体系。

建人才池：加快人才梯队成长速度

如何评估一家企业的未来？我认为，一个有效指标是人才池的溢出程度。

当战机来临时，考验的不是谁能先发现它，而是谁能真正派出队伍

上战场，快速取得战果。因此，真正的好企业一定会建立人才的蓄水池。优秀的企业不仅要为今天，更要为明天培育高绩效人才，提升人才的质量和深度，从而确保企业在任何时候均有合适的人才可用。如果一家企业能做到这一点，说明这家企业已经为未来做好了准备，它的人才梯队一定非常完善和丰满。

因此，要想打造好企业的人才供应链，我们还必须聚焦于如何建好企业的人才池，打造好企业的人才梯队，并且加速人才梯队的成长速度。如果一家企业缺乏人才梯队，那么其未来的增长天花板是显而易见的。

组织提效：激发潜能，提高人均劳效

如果从经营和财务的角度来考量，评估一家企业人才管理最有效的指标是人才投资回报率。据统计，中国企业人才培育（含培训）的投资回报率只有美国企业的10%～20%。

除了人才投资回报率，我们还可以利用绩效指标来评估一家企业组织能力的高下，比如考察以下问题：企业的人均销售是否超越了对手？人均利润是不是越来越高？投入产出比是不是比上一年更高？这些都可以从数据的维度来考察企业的组织能力是否越来越强，人才培育是否越来越高效。

在行动教育，我们经常用“人均产值”来直观地反映一个组织或一个部门的人效。你不妨测算一下，你所在企业的人均产值离标杆企业还有多远的距离。

最终，要想弥补这个差距，我们必须建立一套人才培育系统来提升组织效能，激发人才的潜能，提高企业的人均产值，进而保障企业的组织能力，使得人才成为优于对手的底层竞争优势。这也是高绩效人才供应链必须解决的核心问题之一。

凑出来的商学院：从大张旗鼓到偃旗息鼓

在听我讲完人才培育的本质后，许多企业家会向我敞开心扉。曾经有企业家直言不讳地说：“多年前我们企业就建立了商学院，但是实实在在的落地内容却是少之又少，培训的内容体系基本上是凑出来的，随便搞几堂课……”

从他的话语中，我抓住了一个关键字——凑。其实，这位企业家讲的是大实话，非常形象地描述出当下大多数企业商学院的现状，只是很多老板都不好意思讲出来。

在认识到人才培育的必要性后，老板一定会大张旗鼓地兴建企业商学院或企业大学，但人才培育不是一个花架子，而是一项科学的系统工程。如果只是凑出来的商学院，过不了多久，老板就会发现没什么效果，同时凑出来的商学院很快就会偃旗息鼓。所以，从大张旗鼓到偃旗息鼓，这几乎成为国内许多企业商学院的宿命。

每每遇到类似的企业，我一定会问老板一个看似“简单”的问题：你为什么需要培育人才？这个问题看似老生常谈，但是我深入一线与许多企业家交流得知，至少有50%以上的人没有想清楚这个问题。

作为经营者，其每一份伟大的事业背后都有一份伟大的初心。很多时候，走着走着，我们就把初心给忘了，事情干不下去了。因此，做任何事情，我们都要有始有终。如果没有清晰的目标，那么在遇到困难时，你就会允许自己放弃，这才是最致命的。所以归根结底，只有想清楚才能坚持住，否则你将缺乏持续行动的动力。

那么，到底我们为什么要培育人才呢？

首先，基于战略的持续发展，人才取势。

为什么是基于战略的持续发展？也许你的企业目前发展得还不错，

但是，当你意识到你的总监们都已经五六十岁时，恐怕你晚上很难入眠，因为你很难依靠这帮人来达成你的战略目标。

战略持续发展要靠什么？人才取势。

《孙子兵法》有云："善战者，求之于势，不责于人，故能择人而任势。"这句话的意思是说，善于用兵打仗的人，总会努力寻求有利的态势，而不会对下属求全责备，并且能够选择人才去创造有利的态势。如果引申到企业经营层面，企业的战略要持续发展，那么你的势是一个风口吗？是一个好产品、一个好的商业模式吗？是，也不是。因为这一切都有一个前提，你要选择一个对的人去做这件事。

我经常问一些企业家：你们为什么要培育人才？听得最多的答案类似于：明年我打算开50家店，我的店长不够了。表面上这是一个需求，但是站在战略型企业家的角度来看，这是一个错误的需求。因为明年要开50家店，今年才想起来培育人才，已经为时晚矣。我即便有灵丹妙药，也不能保证明年你开50家门店的目标能达成。

人才培育是一个战略思维。所谓十年树木，百年树人，即使我们培育人才要不了100年，也不可能几个月就搞定。所以，当你觉得人才供给成为公司的短板时，说明你对公司战略的持续发展没有深度思考。实际上，今天你要思考的问题应该是三五年后甚至十年后的人才培育。这样，你才能称得上是一名真正的战略型企业家。

其次，基于企业的传承，成就员工。

你发现没有，很多企业家的逻辑是从自己的需求出发的——为什么要培育人才？因为我要开新门店，我缺人，所以我要培育人才。

真正优秀的企业家不是这样思考问题的。他们的思路是：企业要持续发展，核心动力源自哪里？不是外界强加给你的，而是内部自下往上的力量，即员工推动了企业的持续发展。所以，为了企业的持续发展，首先你必须思考如何在这个平台上成就你的员工。

我服务过西贝餐饮集团，西贝的创始人贾国龙先生把“成就人”当成西贝的事业理论。贾国龙先生曾说：“西贝的产品不是菜，是人！我是拿每一个员工当产品来思考的。每个人来到西贝后的样子都将大为改观，西贝就是要把每个原本普通的产品塑造成精品。”

可能你有所发现，通过成就别人，贾国龙先生也成就了自己。当西贝搭建好了这样一个成就员工的平台时，它再也不需要到外面去招人了，而且许多国际连锁餐饮集团的人才都蜂拥而至。

为什么会出现这种现象？因为大家都知道，贾总在行业内有口皆碑，他是一个愿意成就别人的人。

这让我想起《道德经》里的一句话：“天之道，利而不害；圣人之道，为而不争。”也就是说，如果我们发自肺腑地想要成就员工，让每个人都能够在这个平台上持续成长，让每个人都能够在这个平台上实现自己的梦想，那么这样的企业不太可能缺人。而且，唯有如此，企业的基因和文化才能传承且生生不息。

有些老板心里不免有些犯难：“我成就了他，万一他走了怎么办？”遇到这样的老板，我会反问他一个问题：“如果你不培育他，不成就他，他不走，那么你该怎么办？”

今天的很多企业就遭遇着这样的困境：老板不想成就员工、培育员工，却还教育员工要忠诚于企业；员工忠诚了，却也不出业绩了，你怎么办？

关于这种困境，我非常赞同维珍集团创始人理查德·布兰森（Richard Branson）的一句话：“栽培员工，让他们强大到足以离开；对他们好，好到让他们想留下来。”这也许是最朴素的解决之道。

最后，基于商业路径，谋人成事。

在本书的第1章，我们就讲到了希尔顿集团的人才运营逻辑。希尔顿集团是如何实现在华的爆炸式增长的呢？它的底层逻辑就是谋人成事。实际上，它把人才培育当成是打通和实现战略目标的商业路径。

最近，我在学习《道德经》，其中有句话让我深有感悟："道生之，德蓄之，物形之，势成之。是以万物莫不尊道而贵德。道之尊，德之贵，夫莫之命而常自然。"这句话表明，万物的生长，是顺应客观存在的自然规律的，是适应自己所处的具体环境的。企业经营也是一样的逻辑，希尔顿集团之所以能持续稳定地发展，靠的是遵循了经营的自然规律。要想打通商业路径，最简单的方法是谋人成事——找到对的人，培育人才，成就事业。

那么企业为什么要持续培育人才呢？综上所述，这不仅仅是因为业务发展需要人，更是因为人才培育这件事情上接战略，下承员工的成长，中间更是需要打通商业路径。只有明晰了人才培育背后的上中下逻辑，我们才会明白人才培育这件事即便千难万阻，也不可半途而废。

人才辈出 = 人才培育 + 人才复制

人才辈出这个词承载了无数企业家的梦想。然而诡异的是，大部分企业未能实现人才辈出，而且人才质量还一茬不如一茬。

为什么会出现这种情况呢？其根源在于，我们没有找到人才辈出的逻辑。

真正的人才辈出是分为两个阶段的：第一个阶段是把人才能级从0.5拔高到1，这是人才培育；第二个阶段是人才复制，即复制能级为1的人才。所以，一套标准的人才培育体系至少要解决两方面的问题：第一，企业的培育体系是什么？第二，企业的复制体系又是什么？这是两码事，也是两条路径。

如果你没有弄清楚这个逻辑，跳过了人才培育的第一阶段，直接复制能级为0.5的人才，最后企业培育出来的人才就会一茬不如一茬——复制的结果往往是N个能级0.5的人，甚至有的能级会低于0.5。

今天的企业不要贸然谈人才复制，尤其是当企业的人才培育体系还没有建立起来的时候，因为直接进行人才复制，最终的效果一定会很差。

人才池的本质：房子模型

在服务企业的过程中，我发现，让企业家和管理者认识到人才培育的重要性是比较容易的。因为人才培育能直击他们经营企业中的痛点，很容易引发他们的共鸣。因此，认知的改变是不难的。但是，回到企业实践中，他们又苦于没有一套搭建人才培育系统的成体系的框架。

2019年4月，行动教育安排所有导师和高管去英国游学访问。我们参访的第一站是剑桥大学，这是我第一次去剑桥大学。我本以为，剑桥大学应该像中国大学一样，是一个被围墙围起来的校园，然后有个正儿八经的大门。但是，当到达剑桥大学后，我才发现那里到处都是门，好像走到哪里都是剑桥大学。

后来我们请教导游才知道，剑桥大学实际上是由30多所大学合并组成的，因为这些学校都在剑桥镇上，所以它们被统称为剑桥大学。那一刻，我心中闪过一个念头：这不就是我梦想中的企业大学吗？

真正的企业大学，也应该是一所没有围墙的大学。它可能只有一间教室，只能培育一种人，比如服装销售，但是，如果它能够培育出全球一流的服装销售，它不就是世界一流的企业大学吗？所以，真正的大学不在于形式，不在于体量，不在于硬件投入，不在于大学的架构，而在于拥有大学的逻辑，以及能否系统地生产出匹配企业的高绩效人才。

今天，中国企业的人才培育水平与世界级企业还有很大的差距，其中最大的差距在于体系化——我们缺乏企业大学的逻辑，缺乏有效的框架来搭建一个高绩效人才培育系统。为了解决这个问题，我根据多年的实践经验，提炼出了一个"房子"模型（见图2-1）。我相信，这个房子模型能够助力企业家和管理者快速建立一个人才培育的基本框架。

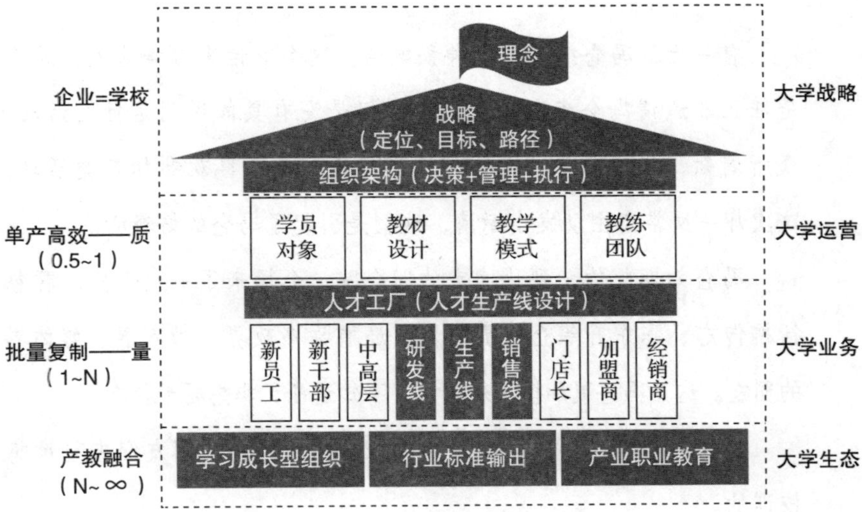

图2-1　人才培育的"房子"模型

接下来，我们从上往下来解剖这所房子的结构。

旗帜：使命、愿景、价值观和校训

首先，房子的顶部树起了一面旗帜。这面旗帜代表什么？企业大学的理念。

彼得·德鲁克把企业比喻为社会的器官，认为企业是为社会解决某方面问题的。那么，你的企业大学想解决的社会问题是什么？你要把它找出来，即使别人不走进你的大学，他们看见这面飘扬的旗帜，也知道你要去往哪里。

具体来说，这面旗帜包括企业大学“四件套”——使命、愿景、价值观和校训。使命、愿景、价值观，大家都耳熟能详，我就不再赘述了，这里我想着重强调一下校训。校训是指导师生行为的准则和标准。说起校训，我想起冯仑曾经讲过的一个关于任正非的故事。

有一天，冯仑接到一个神秘电话。这个电话来自华为人，原来是任正非邀请冯仑参加一个活动，但是没有具体说明是什么活动。众所周知，任正非是一个非常低调的人，最不喜欢参加各类活动，这次却一反常态主动发出邀请，这倒是引起了冯仑的好奇心。

冯仑如期赴约，到达约定的四合院。会场来了一众大佬，既包括柳传志、陈东升等企业界大佬，还有许多政界、教育界、媒体界的朋友。这让冯仑更加摸不着头脑，不知道任正非想要干什么。

过了一会儿，谜底揭晓了。原来，任正非是请朋友们来帮忙想校训的。

任正非的母校都匀一中是一所老学校，他的父亲曾经在这所学校当过校长。现任校长希望任正非能够给母校捐款，任正非一口答应下来，但有一个前提，要求校长说出校训是什么。校长答不上来，因为从来没人在意过这件事。

任正非对校长说：“如果你不把校训搞清楚，不讲清楚为什么要办学校、怎么样办学校、办成什么样的学校，那么我是不会捐款的。”

校长还是答不上来。最后，任正非决定亲自出马，邀请了各界好友一起来想校训。在现场，任正非认真地记录了每个人的意见，最后告诉大家，自己要回去跟学校再研究研究。又过了一段时间，任正非给所有参会的朋友反馈了定下的校训：立志、崇实、担当。

为什么任正非要声势浩大地干这么一件“小事”呢？冯仑事后总结道，任正非的行为确实有道理，因为“一件事的价值往往不在于钱，不在于理，不在于事，而在于它的起源和初心”。

听着这个小故事，我感触不已。对照我们的企业，在做人才培育的过程中，我们有没有把使命、愿景、价值观和校训当作一件严肃而认真的“大事”在抓？这个过程其实是梳理自己初心的过程。初心是原点，没有这个原点，你后面做的一切都是枉然。

屋顶：定位、目标和路径

旗帜解释清楚了，紧接着我们来看屋顶。屋顶代表企业大学的战略，它能够解决两个问题：你是做什么的？具体怎么做？实质上，这所房子的屋顶就是完整的、细化的战略体系，包括企业大学的定位、目标和路径。

如何描述企业大学的定位？我们通常从三个维度来描述它：影响力范围、标准和属性。比如，我所服务的一家电气公司，它把自己的企业大学定位为“电气领域世界级企业大学”。其中的世界级，既指影响力范围，也指标准，而电气领域是它的行业属性。

有了定位以后，我们得设定具体的目标：我们的长、中、短期目标分别是什么？10年、5年、1年分别要达成什么成果？在成果的维度，我们的描述要紧密围绕四个方面：名师、名课、名项目、名体系。

另外，要实现目标，我们应该规划具体的实施路径。

主梁：组织架构

理念和战略都属于企业大学的战略体系。接下来，我们还要把战略体系拆分为业务体系。业务体系是这所“房子”的主梁，是企业大学的组织架构。

组织架构主要用于解决三个问题：谁来决策？谁来管理？谁来执行？这三个问题回答好了，企业大学的组织架构就搭建出来了。

在这里，我要特别强调，这三者一定是有角色分工的。如果老板一个人把决策、管理和执行全包了，这所大学就变成了老板一个人的企业大学。我也看到，更多的企业会走向另外一个极端，它们把决策、执行和管理全部交给人力资源部门。同样，这样的企业大学即使办起来了，也是一个没有战略高度的空架子，不会是老板真正想要的。

四间房：对象、教材、教学、教练构成的人才培育运营体系

从组织架构的搭建到人才培育的落地，靠的是我们的人才培育运营体系。人才培育必须以“质”取胜，“绩效产出”就是我们评估质的标准。如果想要产出高绩效，我们必须做好四个运营要素，这就是我们所谓的“四间房”。

第一间房是“对的人”：学员对象。高绩效人才首先是选出来的。产出高绩效，是从选择对的、合适的、高潜力的人开始的。

第二间房是“对的内容”：教材设计。高绩效人才的培育不能大水漫灌，而要聚焦于关键能力的培育。因此，我们要把能力标准、关键动作、核心障碍等汇编为教材，该教材就是未来我们培育高绩效人才需要用到的教科书。

第三间房是“对的方式”：教学模式。高绩效人才的培育不能靠填鸭式教学，而需要创新和变革我们的教学模式，以训战人才的靶心能力，让员工真正具备上战场的实力。

第四间房是“对的老师”：教练团队。所谓名师出高徒，我们要寻找高绩效冠军背后的冠军，他们就是我们的教练。教练从哪里来？如何培育他们成为高绩效教练？这是教练团队要解决的问题。

没有这四大基础运营体系，就相当于我们的人才培育没有心脏，更不用苛求产出高绩效人才。本书的大部分篇幅着力于解决的就是人才培育的四大运营体系的问题，因为这是至关重要的问题，直接关系到人才培育品质的高低。

核心立柱：人才生产线

业务系统的下层是一根根支撑房子的立柱，这就是企业的一条条人才生产线：新员工是一条人才生产线，新干部是一条人才生产线，中高层是一条人才生产线，甚至连经销商也可能是一条人才生产线……

一家企业应该有哪些生产线？这些立柱具体该如何设计？我们不能一概而论，而要根据自己企业的战略需要来设计属于自己的人才生产线。

每搭建一条人才生产线，就意味着我们要设计出来一个人才项目。

地基：人才生态体系

最后，我们还必须打牢地基，提升企业人才培育土壤的“肥力”，为人才成长营造最佳生态体系。

《荀子·劝学》篇中有言：“蓬生麻中，不扶而直，白沙在涅，与之俱黑。”这句话的意思是，人的成长受到环境的影响，只有生活在好的环境里，一个人才能健康成长。那么，企业如何才能为人才打造出好的环境体系呢？它至少包含以下三个层面：

- 第一层：打造学习成长型组织。人才成长生态环境是人才培育的一个重要推手。作为领导者，我们必须成为一名优秀的人才成长生态环境设计师。一旦企业营造出人才成长氛围，将会有效地促进员工发愤图强。我们经常说“读万卷书不如行万里路，行万里路不如阅人无数，阅人无数不如名师指路，经师易得，人师难求”，这本质上是一种急功近利的成长论调。事实上，人才成长是“和风甘露，润物无声”的过程，没有读万卷书的认知积累，行万里路也只是个邮差；不拓宽视野，阅人无数也是盲人摸象——你看不透别人，反而会被别人看透你的无知；没有人生阅历和学识积累，遇到再好的大师点拨，你也无法开悟。因此，一堂名师名课培育不出人才，仅靠蛮干不能领悟新知，没有思考，纵然行万里路也是徒劳。在企业的人才培育过程中，我们需要抛弃急功近利的心理，同时坚持四管齐下，营造出企业“读万卷书+行万里路+阅人无数+名师指路”的沉浸式成长氛围。
- 第二层：输出标准，扩大行业影响力。把企业打造成学习成长型组织，不是企业大学的终极目标。我们的终极目标是，通过人才项目的方式，向行业输出我们的人才标准，进而让我们企业大学的品牌影响力辐射到整个行业，成为行业标杆，甚至形成市场化，成为企业的赢利中心。只有做到这一点，我们才能为企业大学的发展提供一个更加良好的生态。
- 第三层：发展产业职业教育。在向行业输出标准之后，企业大学还可以扩展自己的生态圈。当前，国家鼓励企业参与高等职业教育改革，无论是申报“产教融合型企业”，还是申报“现代学徒制企业”，企业都会获得国家的政策扶持。因此，企业要充分吃透政策红利，基于企业大学完善的人才项目运营体系，来对接高等教育资源，共同推动产业职业教育为行业服务，实现招生等于招工，入学等于就业，从源头解决人才招选难的问题。发展产业职业教育是关乎产业职业高素质人才持续供应的长远大计，也是企业大学建设的高远目标。

综上所述，从战略体系到业务体系，再到运营体系和生态体系，它们是浑然一体的，一个也不能少。一个房子，如果没有房顶，就是残垣断壁，如果没有地基，就是空中楼阁。当然，这里我们只是把“房子”模型的基本轮廓先勾勒出来，帮助大家搭建一个有效的人才培育框架。至于具体每个部分应该如何操作，我们还会在后文中详述其中的原理、逻辑及实操方法。

10 000倍的投入，100倍的产出

很多企业家看到这个“房子”模型后，对于人才培育的整体框架颇有感觉，迫不及待地想要大干一场。但是，如果他们把这件事情交给人力资源部门去推动，那么最终的结局已经可以预见，通常是无疾而终。

如何才能保证落地效果呢？企业要有10 000倍的投入，才能创造100倍的产出。这个10 000倍的投入，不是指资金投入，而是指全员的全身心投入，包括时间和注意力等方面的合理分配。具体来说，在落地“房

子”模型之前，我们首先要做以下两件事。

第一件事：统一思想

近几年，我陆续辅导了近30家企业建立商学院。我进企业的第一件事情不是着手干活，而是统一思想。因为老板自己上过课以后会很兴奋，而高管团队对于人才培育的认知还没有跟上来，如果我们不解决思想统一和认知对齐的问题，那么人才培育这件事情最终是无法落地的。

如何统一思想呢？我们要让所有管理层对下面的两句话入心。

第一句话是：人才是企业利润最高的产品，所以管理者既要出业绩也要出人才。

一个领导者最大的成绩是什么？是把一个毛坯引进来以后，通过三五年的培育，最后将其打造成企业的核心骨干甚至高绩效管理者，即让一个人从半成品成为企业利润最高的产品。毕竟，没有什么其他产品能比一个高绩效人才的溢价能力更高。

既然企业利润最高的产品是人才，那么管理者的绩效考核逻辑也要改变：在考核业绩的同时，还要考核人才培育能力。

两个销售部门的领导，虽然都带领团队完成了1 000万元的销售业绩，但是A的团队为了完成业绩，耗尽了气力，来年的业绩毫无保障。A拍拍屁股走人了，最后谁来买单？公司。而B在完成业绩的同时，还培育了好几个储备主管。A和B，谁的管理绩效更高？高下立见。

另一句话是：管理者要把员工培育成为自己，甚至超过自己。

如何才能让企业人才辈出？最简单的办法是，你要把员工培育成自己，甚至超过自己。

这是最朴素的一句话，说起来容易，做到却很难。难在哪里？作为老板的你不妨试试回答以下问题：你敢让你的副总裁的资源和能力超过你吗？你怕不怕副总裁出去开一家公司跟你对着干？如果你自己都跨不过这个坎儿，你怎么就能指望你的高管跨出去呢？在接触企业的过程中，我发现很多老板一开始根本没有培育接班人的意识。现实中的大多数情况是，他们会在退休前的最后6个月物色合适的接班人。这还来得及吗？

马云曾经打过一个形象的比方：不要等到80岁的时候再去生孩子，因为那时的你已经没有精力了，已经不知道怎么管孩子了。而年轻的时候生孩子则不一样，因为那时的你精力十足，能够尽一切力量去满足孩子的合理需求。所以，生孩子一定要在年轻力壮的时候生，培育人才也一样。唯有把下属培育成自己，甚至超过自己，你才有更多的时间和精力站在企业的制高点来全盘把控企业的战略目标。

因此，从企业一把手到中层干部，如果他们不接受上述两个理念，那么推动任何培训都没有用。

第二件事：角色分工

统一思想之后，我们紧接着就要思考：要想高绩效人才辈出，谁来负责这件事？这就涉及角色分工的问题。如果这个问题没有解决好，那么企业最后也是培育不出人才的。

在人才培育这件事上，到底谁才是第一责任人？我通过对一线企业的观察得知，至少有80%的老板和管理者理所当然地把人才培育当成是人力资源部门的事情。然而，如果我们把人才培育上升到战略高度，那么它一定是一把手工程。因为一把手代表企业对这件事情的重视程度，同时也代表着最大的资源调动能力。如果没有一把手的支持，人才培育要想成功，无异于白日做梦。

怎么来理解一把手？我们不能狭隘地把一把手等同于董事长或总经理。这里的一把手，包括企业决策一把手，也就是董事长、总经理和总裁；同时也包括业务部门的一把手，包括营销、研发、财务等部门负责人；还包括专业一把手，例如某业务领域的技术标杆。

一把手需要做什么呢？首先，他们需要思考的是搭班子，要把企业大学建起来。对此，我总结了一套搭班子的原则——“一套班子，两块牌子”。我们无须再聘请企业大学的校长，因为决策一把手可兼任校长，副总裁就是副校长，而培训经理就是首席学习官，业务一把手和专业一把手就是教练。所以，企业大学并不需要再搭一套班子，只需一套班子挂两块牌子即可。一把手们既要管理业务，也要负责人才培育。

其次，一把手要给资源。这个资源指的不是钱，而是时间。我最怕老板对人力资源部门说：“明年我给你××预算，你必须把企业大学给我建起来。”这样的老板是不可能真正改变企业人才短缺的现状的，因为这不是真正的重视。真正的重视是，一把手敢于把花在业务上的时间转移一部分到人才培育上来。

我们不妨对标一下，看看被誉为“人才制造工厂”的通用电气是如何对人才培育投入资源的。

早在1956年，通用电气就成立了企业大学——克罗顿维尔学院。当年，通用电气就投入了4 000万美元用于管理人才的教育培训。对于当时的4 000万美元，你可能没什么概念，以下说法可能更形象：这笔钱占到通用电气当年税前收入的10%。这还只是开始，随着“全球第一CEO”杰克·韦尔奇接任通用电气CEO后，这个数字后来增长到每年超过10亿美元。这就是克罗顿维尔学院被《财富》杂志称为“美国企业界的哈佛”，以及先后为世界500强企业贡献了超过137位CEO的根源所在。

克罗顿维尔学院80%的导师都是来自通用电气的高级管理人员，比如教授高级主管课程的导师有公司的CFO（首席财务官）、总法律顾问、CIO（首席信息官）、人力主管、业务发展主管、各大业务部门领导以及公司的CEO。他们都并非走走过场，而是每人每月必须去上一次课，每次上课时间为两三个小时。另外，导师们必须做好充分准备，因为学员还会对他们的表现进行评估。

从通用电气这样的标杆企业身上，我们看到了这些优秀的一把手是如何以身作则地投入时间到人才培育上的。为了方便大家量化评估自己的投入度是否达标，我给出三个指标以供大家参考：一把手每周花在人才选择和人才培育上的时间不得少于一天；每月至少要在企业大学亲自授课一次；每年参加与人才战略发展相关的会议不低于10次。如果企业一把手的这三个指标都达标了，员工就会真正感觉到企业重视人才发展，而不会认为企业只是喊喊口号。

一把手在搭好班子、给了资源后，还要做第三件事情——定机制。

这件事情他可以做，也会做，但是他就是不做。面对此种情形，作为一把手的你该怎么办？必须依靠机制的作用。从某种角度来说，人的行为是机制的产物，一个好的机制能够调动人性的善，规避人性的恶。做过管理的人都知道，许多事情的推动都是考核机制对人的激励使然，所以我们要学会用机制去营造一个向“善”的环境。

具体到人才培育上，我们可以把机制设计聚焦在两个关键指标上。

一是人才培育指标，这个指标是下发给业务部门的。无论你是销售总监还是研发总监，只要你是挂管理岗的，每年除了扛业绩指标，还要扛人才指标，比如你每年要为部门培育多少潜在人才。

二是人才梯队建设指标，这个指标是下发给人力资源部门的。我常常告诫企业家和人力资源部门的负责人，一个优秀的人力资源经理的工作重点不在于谈工资、定绩效、做招聘（这些都是他的分内事），他最核心的工作应该是人才梯队的建设。

只有这两个指标都得到落实，企业的人才培育才能真正做出成效。

第3章 人才培育的靶心战略

战略为靶，十环为心

就在我写这本书的当下，一位老客户给我打了一通电话。在电话中，他告诉我："熊老师，我的商学院成立一年了，我是商学院创始人并担任一把手。除此以外，我还有五位全职老师、三位业务线兼职老师，大家一起在运营这个商学院，但是我感到非常困惑。"

我问他："是什么困惑？"

他告诉我："我的这些老师工资都不低，我还给了部分老师股权激励。但现在遇到的问题是，他们没有活力和激情了，他们觉得自己做的人才培育工作根本没有价值。我应该继续做下去还是把它停掉呢？说实话，我感到很迷茫。"

我相信这个问题不是个案。很多企业都想培育人才，都想打造自己的冠军团队。那么，冠军团队需要具备什么样的能力？如何才能快速地让员工获得这些能力，快速产出高绩效？这些都是非常现实的问题。

针对这位老客户提出来的问题，我和他沟通了一个多小时，最后我分析出了他感到困惑的原因。原因在哪里？不是老师们信心不足，也不是做商学院这件事情不靠谱，而是这位客户在人才培育方面犯了三个非常典型的错误。

首先，他的战略目标不清晰。他究竟为什么要成立商学院？他的培育对象是什么样的人？他自己的认知是模糊的。其次，在了解相关培育的细节后，我发现这家企业所有的培育都是大水漫灌——培训做了很多，课程上了很多，但是产出的结果乏善可陈。最后，他的眼睛没有盯住最终目标——产出高绩效人才这个关键。

作为企业家，我们在经营企业的过程中追求的是高效，而不是形式。怎样才能够高效？三个字就可以概括：精、准、狠。

要做到精、准、狠，我们必须找到高绩效的源头在哪里。

20年的人才培育实践告诉我，企业在人才培育上要产出高绩效，必须坚持人才培育的靶心战略，把所有的时间和资源都聚焦于靶心能力的培育，集结全部力量去攻打一个城墙口。也就是说，在人才培育这件事情上，我们不能全面撒网，而抓主要矛盾、抓重点问题才是真正的科学决策。只有以靶心能力为导向的人才培育，才是真正有效的培育。

什么是人才培育的靶心战略？我们先来定义“靶心”。

说到靶心，大家最容易联想到的就是射箭和打靶。这两项体育运动的规则告诉我们，要想获得最好的成绩，你必须射向靶心，因为只有击中靶心，你才能拿到十环的战果。

当我们把这个概念移植到人才培育上时，人才培育的“靶”在哪里呢？这个靶其实就是我们的战场，这个岗位的战场在哪里，靶就在哪里。靶（战场）变了，靶心能力也会跟着变。就像沙滩排球比赛是一个战场，室内排球比赛是另外一个战场，即使同样是打排球，运动员所要具备的靶心能力也是不一样的。

过去，很多传统型企业做的是线下业务，未来的方向是转线上，请问它们的靶（战场）是不是变了？如果这个靶（战场）变了，那么我们的能力匹配这个方向吗？我们的人才培育方向与之相符吗？

归根结底，“靶”就是指企业的战略方向。

那靶心的“心”是什么？从一环到十环，只有十环才是靶心。从产出绩效的角度来看，我们做人才培育，拿到十环就是我们的战果，这个战果就是在人才培育过程中产出的价值。

最后，我们来总结一下：靶心就是以战略为靶，以十环为心；而靶心能力，指的是我们能在指定战场持续赢得十环的能力；靶就是我们的战略方向，心就是我们要产出的价值。

回到上述案例，老师们之所以没有活力和激情，是因为该企业的人才培育根本没有打在靶心上，这件事情没有产出价值。

老板的战略一致性与员工的能力一致性

在厘清了靶心能力的定义后，接下来，我们还要解决一个问题：靶心能力源于哪里？它一定不是我们凭空想象出来的，我们一定可以通过某个路径获得靶心能力。

要回答靶心能力的来源问题，我们必须回到人才培育的终极目标上——获得高绩效人才。要想拿到高绩效，我们得扪心自问：企业的战略定位是什么？我们是做什么的？这个战略定位一旦选准了，十年甚至一百年都不会变。

接下来，基于这个战略定位，我们的中短期业务目标是什么？为了达成这些业务目标，我们采取的策略是什么？是通过线上还是线下来做，是采取直营模式还是加盟模式？……这些都是达成业务目标需要考虑的模式策略。

在确定了模式策略后，我们还需要找到企业的关键岗位。这个关键岗位并不难找。

在找到关键岗位后，我们还要知道这个关键岗位所需的靶心能力是什么。此时，靶心能力才千呼万唤始出来。

因此，靶心能力不是我们凭空想象出来的，而是要经过一条长长的路径：战略定位—业务目标—模式策略—关键岗位—靶心能力。这是一条贯穿始终的路径。假设我们的战略定位变了，那么相应的业务目标也会调整，模式策略也会调整，紧接着组织架构中的关键岗位也会调整，我们的靶心能力也要随之改变。

为了让大家更好地理解这个逻辑，我给大家分享一个新鲜出炉的案例。

在我服务的客户当中，有一家生产美容化妆品的企业。这家企业的战略定位是，要成为细分行业龙头。2019年年底，该企业已经清晰地制定了2020年的业务目标。但是，一场突如其来的新冠肺炎疫情打乱了该企业原有的目标和计划。按照原定计划，它的业务模式应该是先招商，然后扶持代理商的门店。但是，疫情来了以后，这个模式已经走不通了，因为线下没有人了。

这时候该怎么办？这家企业应变非常迅速，马上调整了自己的模式策略。既然线下走不通了，它就开始在线上发力，把模式策略调整为线上的“轻店模式”。

什么是“轻店模式”？简单来说，一部手机就是一个门店，一个直播间就是一个门店，每一次直播就是在接触客户。

模式策略发生了变化，关键岗位相应地也发生了变化——过去的关键岗位是门店店长和门店导购，因为他们才是直接接触客户的人；现在的关键岗位变成了线上主播，因为只有主播才能真正接触到客户。

关键岗位变了，靶心能力也随之变了——过去的店长和导购需要具备的靶心能力是线下服务客户的能力，而主播的靶心能力是线上引流、客户裂变和消费转化。所以，我们如果要让这家企业的人才培育产出高绩效，就不能再遵循过往的人才培育方式，而要围绕新的靶心能力来培育。

这就点出了靶心能力的本质，即老板的战略一致性与员工的能力一致性要匹配，它们是一脉相传的。离开了这种一致性，人才培育就很难有成效。如果老板只调整战略，不匹配模式，不匹配岗位，不匹配员工的能力，那么这个战略就等于白调整了——企业一转型就会扭到腰，因为各方面的配套设施都跟不上来。

同样，站在员工的角度，当公司的方向变了，你就要保持忧患意识：如果我没有调整自己的靶心能力，不能发育出新的靶心能力，不能与公司战略保持一致，我就会被淘汰，因为我已经没办法为公司创造价值了。

当下公司最需要的是什么？其中之一便是快速应变的能力，从而匹配战略定位和模式策略的调整。我们需要快速整合现有学习资源，聚焦一切力量，专注于对靶心能力的培育。

为什么我们必须瞄准靶心能力，而不能全面开花？因为我们的资源不够，时间不够。我们要把有限的资源和精力聚焦于靶心能力的培育，让员工的能力培育与公司战略始终保持一致，这样才能做到精、准、狠。

靶心能力的训战模式：学—练—考—赛

如何才能快速地把靶心能力赋能给员工呢？这就牵涉到人才培育的模式问题。

我一直坚持这样一个观点：战场是检验绩效能力的最佳场所。而在战场上产出高绩效的战果又源于哪里呢？训战。20年的职业生涯告诉我一件事：真正的人才往往不是培训出来的，也不是上课上出来的，而是通过训战成长起来的。训战是我们提升员工靶心能力的最有效的方法。

“训战”一词最早是由华为提出的。华为在人才培育上强调训战结合、边训边战，在培训中贯穿实战案例，在工作中又用实战来检验培训效果。培训是手段，战胜是目的。

对于华为的训战模式，我高度认同。回顾我20年的职业生涯，我将真正用于实战的一套方法论总结为人才培育的训战模式。

如何来理解这个训战模式？我们回到企业的靶心战略：企业要以战略为靶，以战果为心。要达到这个目的，我们的人才培育就要围绕战果来进行学、练、考、赛。这四个步骤是一个闭环，训战就是在这个闭环中优化员工的能力，最终培育出员工的靶心能力（见图3–1）。

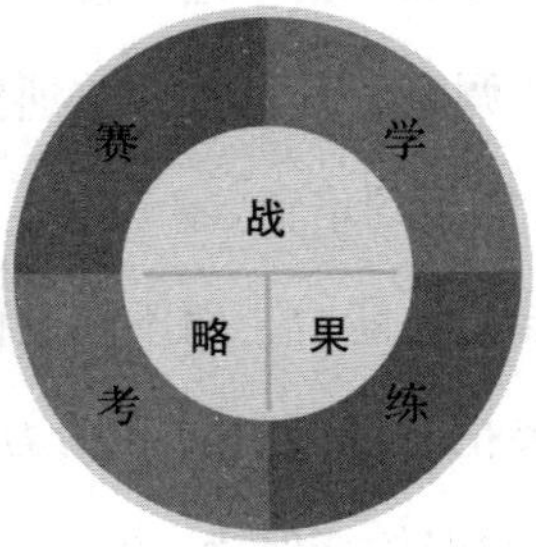

图3–1　靶心能力的训战模式

学：不能大水漫灌，而要求极度精准

在与企业沟通的过程中，关于“学”，我发现普遍存在的最大问题就是，企业及员工经常会陷入泛学习状态。随着知识的获取越来越简单，大家普遍认为，学要越多越好，越广越好。

如今是一个信息爆炸的时代，面对全方位的信息轰炸，许多信息对于我们而言不是营养，而是噪声污染。

我们学习的目标必须直击靶心，而真正能用于工作岗位的知识是什么呢？只有回归工作场景，我们的所学才能真正产出高绩效。所以，在学的过程中，我们一定不能大水漫灌，而要求极度精准。

我曾经问过一个90后："你们学的方式是什么？"他告诉我："当对一个东西不了解的时候，我们的第一动作是去问'度娘'、问知乎，再不清楚去问专家、问高手，最后才是等企业来培训。"这说明什么？我们往往低估了员工的自学能力。

对于企业来讲，通识类的认知无须老师教学，而应该让员工自学，只有这样，我们才能把时间和资源聚焦于靶心。我们要教给员工的，绝对不是随处可见的通识，而是网络上学不到且只能在企业里学到的知识，这样才能达到极度精准。

那么，为了达到极度精准，我们还需要注意哪些方面？结合自己的实践经历和辅导经验，我认为有三个方面是最值得企业关注的。

一要回归工作场景。

就像前文中提到的那家美容化妆品生产企业，过去它依赖门店店员做销售，接下来它要转型到依靠线上直播，那么直播就是一个典型的工作场景。于是企业就要去梳理，到底在这个工作场景里，主播要具备的能力是什么？我们把主播需要具备的能力称为岗位标准。最后，我们还要把这些标准全部汇编成册，并将它们发给员工去自学。

假设我们要考驾照，那么它的场景是什么？回到你开车的场景，你要学习道路法规、交通法规和文明驾驶。为了掌握这些知识，交管部门有没有安排老师为你上课？并没有，还是靠你自学，但是驾校会发放一本书，这本书就是一本驾驶员岗位的标准手册。

二要聚焦关键动作。

在工作岗位当中，我们要胜任各种工作，这种胜任能力被称为应会能力。这种能力来不得半点含糊，会就是会，不会就是不会。在这个过程中，我们可以梳理一些关键动作。比如，在主播这个岗位上，你要做五个关键动作，那么每个动作的标准是什么？找到对应的标准，我们就可以把这些关键动作整理为标准流程。

三要关注核心障碍。

在工作过程中，员工知道了岗位标准，熟悉了工作流程，但在执行时还是会遇到各种各样的麻烦事。那些重复出现的麻烦事就是这个岗位的核心障碍，也是员工要去学的内容。我们可以把这些核心障碍整理出来，把前人解决这些障碍的方法提炼出来，以工具、表格、话术等形式加以呈现。这些落地方法都是解决障碍最好的工具包。

在今天的移动互联网时代，利用在线学习，我们时刻都可以进行即时分享。对于上述三个方面的大部分内容，我们都可以将其固化为标准手册，让员工去自学。需要提醒的是，学不是一劳永逸的，而是一项永远都不会完结的任务，因为市场是瞬息万变的，我们的岗位标准、动作流程和工具包也应该随之升级。

对于这些更新的部分，我们可以采用直播的方式来“打补丁”，也可以组织业务标杆实时在线分享。比如在行动教育，“夜校分享”每周都会在一个固定时间把标杆的经验、话术、工具表单通过直播分享给全国各地的小伙伴。

所以，在学习方向上，我们必须抓住关键——企业的重心不要放在课堂培训上，而要放在标准梳理上。在学习内容上，我们也不能大水漫灌，贪大求多，而要聚焦靶心能力，回归工作岗位，把岗位的能力标准、关键动作和核心障碍找出来，编辑成标准手册、工具包等供学员参考和借鉴。在学习形式上，企业不要做主导，而要以“考”和“练”的方式逼迫员工自学。

练：不是自嗨式苦练，而是对标标杆精准训练

训战模式的第二个环节是“练”。我们所提倡的“练”，不是自嗨式苦练。自嗨式苦练就好比练肌肉，如果没有掌握核心方法，即使做无数次俯卧撑，你也不可能练出肌肉来。

怎么练才能练出效果呢？方法其实很简单，对标标杆。每个冠军的背后一定有一位优秀的教练。教练最大的价值是什么？他知道该练什么、练到什么程度、练的标准是什么。

对于企业中的任何一个岗位，为了进行精准训练，我们首先必须找到标杆。标杆是我们的参照系，只有看到自己和标杆之间具体的差距，我们才能找准训练的方向。而更直接有效的方法是，把标杆变成我们的教练，让教练直接教我们怎么练。

找到了标杆以后，更重要的一个步骤是分解动作。为什么很多时候我们把标准流程走完了，却没有产出成果呢？因为我们还没有把流程背后的关键动作做到位。

以考驾照为例，为什么驾考中设置的科目二必考五个动作？因为那五个动作就是掌握驾驶技术的关键动作，它们是你在开车过程中使用频率最高的或者说风险最大的五个动作。因此，教练会帮助你把这五个关键动作分解出来，让你逐个加以练习，最后实现各个击破。当把时间都花在五个关键动作的练习上时，我们就会熟能生巧，最终掌握开车技

能。也就是说，对于每个动作，我们既要有数量的标准，也要有质量的标准。

前文提到的那家美容化妆品生产企业，在练的环节，就把主播的核心动作分解出来了：如何做自我介绍，如何引流，如何跟粉丝互动，如何让粉丝裂变……即使是一个最简单的自我介绍，它也要做出好几个版本——5秒钟的、10秒钟的、30秒钟的，最后让员工按照定好的标准去训练。只有这样，我们才能真正地把我们的所学转化成自身能力。

所以，我们一定要重新定义“练”：“练”就是训，通过对标标杆，分解标杆的核心动作，找到核心动作的数量标准和质量标准，然后让员工有针对性地加以练习，最终真正把靶心能力赋予到员工身上。

但是，这里还有一个核心问题没有解决：如何才能找到关键岗位的关键动作呢？一位从事推拿行业的老板问了我这个问题。他经营企业至今已经有30年了，企业的关键岗位也很明确，就是前台接待。那么，针对前台接待这个岗位，如何提炼出它的关键动作呢？

前文曾反复强调，在训战靶心能力的过程中，我们一定要找到命中十环的关键动作。如果你做了10个动作都没有命中靶心，那么它们都不叫关键动作，而针对那10个动作的培训纯属浪费资源。所以，要加强训战能力，动作不在于多，而在于找到最精准的关键动作。那么，前台接待的靶心是什么呢？

我认为只有一个，那就是服务创造价值。

围绕前台接待这个岗位，哪些关键动作能提升服务价值呢？针对靶心能力提炼关键动作，我们还是要回到“精、准、狠”这三个字上。

“精”表现在哪里？对于前台接待每天所做的事情，我们可以将其加以汇总，然后找到关键事情。

假设前台接待的关键事情是打电话，那么接下来我们还要求“准”：

在打电话这件事情中，我们的关键动作是什么？不是一天打100通电话，而是希望通过这100通电话达到创造价值的目的。

在打电话这件事情中，创造更大价值的关键动作有三个：一是通过电话回访让客户续费；二是通过电话回访得知客户体验良好，努力促成其答应转介新客户；三是通过电话回访，让客户下次再来店消费。这些才是我们要做的关键动作，而不是拼命地打电话。如果没达到目的，即使打了200通电话，也等于做无用功。

“狠”是什么？要保证关键动作的高品质。优秀的人往往会抓住关键动作，练习10 000次，使效率提升100倍。所以，我们还必须把关键动作的品质标准整理出来。比如，对于打电话回访这个动作，在客户消费完三天后，我们打电话时该说些什么？一个星期后，我们该说些什么？客户一个月没有回来消费，我们又该说些什么？如果我们能把这种“371”话术给整理出来，那么你说这个动作狠不狠？

按照精、准、狠的逻辑提炼出来的标准动作，能够助力我们事半功倍。最后，我们再进一步把这个逻辑落地为一张可管理的表格——关键动作跟进表。我们要先找到靶心岗位目标是什么：如果要打到十环，关键事情是什么？关键事情的关键动作是什么？这个动作的频次和标准是什么，完成时间是什么？我相信，只要企业能整理出这样一张表格来，它们管理起来就会得心应手。

以前台接待为例，我针对表格的填写提供了一个模板（见表3-1）。前台岗位的靶心目标是什么？通过服务把业绩提升20%。对于这个靶心目标，我们千万不要隐晦，一定要形成具体的数据，比如把业绩提升20%。

表3-1 前台接待关键动作跟进表

靶心目标	关键事情	关键动作	量化标准	完成时间
通过服务把业绩提升20%	顾客预约	预约精准消费	客户、技师、项目、时间	前一天
	顾客接待	满意度续点钟	超出顾客预期期望1+1点钟	服务当天
	顾客回访	复购和转介绍	续单95% 转介绍80%	“371”

这个岗位的关键事情是什么呢？包括三件事情：一是顾客预约，二是顾客接待，三是顾客回访。其中顾客预约和顾客回访可能都是通过打电话这个动作来实现的。由于关键事情不一样，前台接待打电话的内容、标准也会不一样：顾客预约是为了实现客户的精准消费，而顾客回访是为了实现顾客复购和转介绍，它们的动作和量化标准是完全不同的。

我们以顾客预约这件关键事情为例，预约的目的是让所有的技师都不要闲着，所以它要保证的是预约准确，预约了就不要取消；其次，预约还要确定客户消费哪些项目，预约哪个技师，客户充值卡需不需要充值……这一系列的动作就是为了精准匹配客户、技师、项目和时间。假设前台接待能把这四个要素都确定下来，那么他们便做到了精、准、狠。

如果企业能够把每个岗位的核心动作按照表3-1的逻辑梳理出来，那么管理者便会轻松许多。员工会很开心，因为他们不会像无头苍蝇一样乱撞，知道做了什么动作，业绩就会有保障；管理者也会很开心，因为他们只需要针对这个表格中的各项要求做督导检查即可。

考：不是拿满分，而是找差距

“考”是什么？“考”是针对我们的“学”和“练”做最后的扎口袋。

只有通过“考”，我们才能检测“练”得是否到位，“学”得是否扎实。

所以，在整个人才培育的过程中，“考”相当于一个督察官的角色。

过去的人力资源部门对“考”的理解相当肤浅，往往局限于培训后的一个随堂考试。这种考试有没有必要？有，但是随堂考试只能对基础认知进行检测。

现在，我们的“考”要围绕靶心能力来开展，要检测的不仅仅是学员的基础认知，还要考核学员能不能击中靶心和拿到战果。所以，在“考”这个流程上，我们不仅仅要考认知，更关键的是要考实战能力。通过对实战能力的检测，找到个人能力与靶心能力之间的差距以及影响个人能力提升的障碍，然后再回到“学”和“练”的环节针对性地进行查缺补漏，这才是“考”的目的。

因此，“考”本质上不是为了拿满分，而是要找到与靶心能力之间的差距，然后针对差距再回头去学、去练。

具体来说，我们应该考核哪些方面，用什么方式去考核呢？

根据实践经验，我认为最好的考核方式是模拟通关考核。请注意，模拟通关考核不等同于考试，考试只是针对“学”，而模拟通关考核针对的是“学”和“练”这两个环节。

模拟通关考核的内容涉及动作和场景两个维度，即针对一个人在某个场景下应该做什么事情进行考核。比如：针对销售来模拟真实的销售场景，这叫模拟通关；模拟完成一个完整的作品、一次试讲、一次推拿服务……这些都可以算作模拟通关。

模拟通关考核结束以后，我们还要进行点评打分，这个动作太重要了。只有通过点评打分，学员才能找到自己的能力差距。找到差距以后，分析核心障碍在哪里，你才能有针对性地去解除障碍和弥补差距。我相信没有人愿意一错再错，之所以一错再错，是因为人们不知道问题出在哪里（在这种情况下，再怎么勤学苦练也没有用）。只有通过“考”检测出差距，分析其中的核心障碍所在，我们才能进行针对性的学和练——这是一个以考促学、以考促练的过程。

因此，“考”不是为了要考100分，因为考试成绩只能够反映一个人“学”的成果。要想员工真正获得靶心能力，我们还要检测他“练”的能力，而这个能力只能通过模拟通关来考核。只有通过“考”，我们才能够发现问题出在哪里，障碍点在哪里，谁是值得我们培育的有潜力的对象，谁在“考”的过程中一直都没办法把问题解决掉。只有这样，我们才能够找到关键人才，真正训练出关键人才所要具备的靶心能力。

曾经有一位从事美容行业的老板向我阐述了他的困惑：由于行业特点，他的企业中绝大部分员工都是年轻女性，而且文化程度偏低，那么对于美容技师这个岗位，他们该如何设计模拟通关模式呢？

在回答这个问题之前，我先向这位老板了解了一下这家企业过去是怎么来考的。果然不出我所料，这家企业过去的考试形式都是普通笔试。老板自己也抱怨，即使员工考了100分，等到了一线，其能力还是不尽如人意。

这个问题非常具有代表性。首先我要说明的是，这位老板归因不对，不是员工学历低就培育不出来，而是我们没有找到正确的培育方法。回到考这个环节，我们必须对这家企业的考核形式做一个矫正。

美容技师的模拟通关内容应该包含两个方面：一是认知，包括产品、价格、政策等基础认知，它们通过笔试就可以检查和考核出来；二是动作标准，这是笔试考不出来的——你的动作到没到位，只有内行才能看得出来，外行是看不出门道的。

针对美容行业，我认为最好的模拟通关考核维度是顾客体验，也就是员工要亲临“战场”，接受顾客的评定。但是，由于考核的方向不同，我们就必须安排不同的顾客来体验。通过盘点，我认为至少有三种人可以来当这个顾客。

老板和管理者可以当这个顾客。老板和管理者主要考核员工哪些方面呢？一是对产品的认知：咱们这个季度主推哪些产品？每个产品是什么价格？如果员工回答起来磕磕巴巴，这说明其在认知方面还有所欠缺。二是检测技能：当一名技师为你做美容的时候，你能够对他的技能做出基本的判断。三是检查技师接待客户的能力，比如，你可以扮演客户要求充值，看看技师如何应对。最后，你还可以提出一些刁难的问题，看技师如何应答。如果你每个月能够到每个门店走一圈，你很快就能对不同技师的技能水平了然于胸。

除了老板和管理者，谁还可以当顾客呢？内部专家。我们还可以用专家交叉的方法来考核员工。

什么叫专家交叉？例如，你可以调A门店的技师去考核B门店的技师，专家看专家，他们一眼就能看透对方的动作标不标准。再加上两个人是同行，往往考核的标准会更加严格。所以，专家交叉侧重于考核专业技能，这种专业技能的考核会比管理者考核更加精准。

第三种人是真正的陌生顾客。过去，我们在外资企业考核员工，经常会用到“陌生拜访”这一招。在通常情况下，员工并不知道这是公司指派过来体验的顾客，所以这时候员工是毫无防备的，而我们观察到的就是真正的顾客体验。我们也可以借鉴这一招，邀请一些陌生顾客免费体验服务。但是，免费的前提是，顾客必须在体验之后的一天内将服务评分的表格反馈给公司。所以，在通关考核之前，我们还要制定好通关评分表格，想清楚我们要从哪几个维度去考核，最后把评分标准制定出来，让顾客能够按照标准来评分。

我相信，如果这家企业能把这三招用起来，其创造的价值将远远超过普通笔试。

紧接着，我们还要对员工做点评：通过上周的服务体验，我们综合评定下来，你在 ×× 方面做得很好，而在 ×× 方面是需要改进的。千万要记住，我们考的目的不是为难员工，而是帮助他们找到差距和分析不足。只有这样，员工才会感受到自己与企业在共同成长。同时，通过考的过程，员工自己也能感觉到专业技能有没有提升。在通关的过程中，员工也会对照标杆去找差距：为什么业务标杆的客户转介绍更多呢？经过通关考核和点评，员工还会发现自己的障碍点，从而驱动自己主动学习。

考完以后，我们还需要做最后一个动作：定级定薪。你考核出来的是优等的，那么他匹配的薪酬是多少？定级定薪这个动作解决了人性的根本问题——在多数情况下，人们只有看到了好处才会提升自己。所以，我们要把考核的成果与薪资甚至职位挂钩。

如果还要加一个动作，那就是定期考核，例如每半年进行一次技术大练兵。只有循环往复，让所有的技师在战斗的过程中通关，他们的能级才能不知不觉地得到提升。

赛：要的不是比赛形式，而是赛出冠军，比出量级

“赛”是什么？有了“考”不就可以了吗，我们为什么还要“赛”？

别忘了，我们最终要的是员工具备命中靶心的能力，要的是战果。“赛”就是要把真正能拿到前三名的靶心人才挑选出来。所以，“赛”是用来检测我们成果的，即所谓的“以赛逼考”。

其实，今天许多企业都会举行各种各样的比赛，然而大多数企业的比赛只是形式上的比赛，一旦比赛结束，一切就都结束了。以赛逼考要

的不是比赛的形式，而是通过比赛拿到成果，比出人才的量级。所以，“赛”不仅仅是一种形式主义。

企业如何才能“赛”出成果呢？我建议企业采用“两赛”+“两法”。

第一种叫作淘汰赛，这是最直接的做法，即经过“学”“练”“考”三关后，我们最后来“赛”。对于考试通关的人，我们可以让他们通过终极对决来一较高下。淘汰赛能够把我们不需要的人挡在门外，留下的都是具备靶心能力的人才。在第10章中，我们还会展开讲奥运式集训，它在本质上可谓把“赛”字用到了极致。

第二种叫作技能赛。通过技能赛，我们可以挑到优秀的技能标杆和技术能手。

“两赛”的形式多种多样，比如奥运式集训、员工竞赛等等。不要小看比赛的价值，这是驱动员工最好的方法。为了能够在大赛中脱颖而出，真正有抱负的人才必会回到前端去学、练、考，最终实现以赛逼考。

接下来，我们还要推行“两法”。第一个方法是积分排位法，这是一个持续性的过程。我们每个季度都要进行排位，因为排位能够促进企业内部形成你追我赶的氛围，从而真正产出成果。第二种方法是奖励激励法，即我们要用奖励的方式让员工赛出成果。

不管是淘汰赛还是技能赛，不管是积分排位法还是奖励激励法，都是为了让“赛”的机制能够持续下去。

最后你会发现，学什么、考什么、练什么、赛什么，它们永远都离不开靶心能力——围绕战略，围绕我们要的战果，以战导学，以战促练，以战训考，以战促赛。所有的一切都围绕靶心和靶心能力，只有这样，我们的人才培育才不会跑偏。“学”“练”“考”“赛”的目的就在于以战略靶心、战略成果为导向，形成一套训战模式，最终拿到高绩效的战果。

以战定果，以赛逼考，以考促练，以练促学

现在，我们再回到本章开篇案例。这家企业付出了不小的代价，为什么最后却没有培育出人才呢？根源还是在于这家企业在人才培育上缺乏战略意识，缺乏顶层设计。

真正的人才培育一定是以战定果的。企业的战略是什么？我们进行人才培育，是为了拿到什么战略成果？如果企业对靶心和靶心能力没有清晰的认知，人才培育便有可能脱靶，最终所有的投入（时间和资源等）都不能产出成果。

那么，我们该如何围绕靶心能力来做人才培育呢？我的答案是针对靶心能力开展训战模式，即围绕战果进行学、练、考、赛。

我们的调研结果显示，今天大部分企业把80%以上的时间和资源都花在了“学”上，而且学的方式也非常传统和单一——大多采取课堂教学的方式。上几堂课就能培育出靶心能力吗？显然不可能。所以，企业的这80%的时间和资源的投入几乎都是无效的。相反，我们应该把大部分的时间和资源花在练、考和赛上。

即使在“学”这个环节，我们的重心也不要放在课堂教学上，而要转向梳理岗位标准、关键动作及流程，应对核心障碍的方案及工具包上。在确定“学”的重心以后，我们还需通过后续的练和考倒逼员工去自学。

接下来，我们要把重点放在“练”上。因为“学”到的只是认知，而“练”却能把认知转变成能力。同时，我们也不能沉迷于自嗨式苦练，因为这种方式不仅无效，而且浪费公司资源。真正高效的“练”必须对准标杆，把标杆的关键核心动作拆解，然后对照标准做好量化训练。量化训练的颗粒度一定要细，即要对逐个动作和逐条标准进行潜心研究和细细打磨。

“练”得差不多了，接下来我们还要“考”。“考”不是简简单单的笔试，即使笔试拿了100分也没有用，因为我们要考的不是认知，而是能力。你是否具备上战场打仗的能力？对此，我们要通过模拟通关、情景演练等方式，找到差距和障碍，以考倒逼学员回过头去学、去练。

我们的最后一关是赛，只有通过赛才能真正拿到战果，比赛的前三名、前十名才是我们需要的靶心人才。

所以，整个靶心战略的逻辑环环相扣，我们要围绕靶心能力进行学、练、考、赛。一言以蔽之，以战定果，以赛逼考，以考促练，以练促学。

战既是我们的战略方向，也是我们的战果。只有通过战，我们才能够看出来有没有成果。这就是以战定果。

赛是比赛、竞赛，赛能赛出成绩，赛出差距。在赛的过程中，如果你败下阵来，说明你在考的环节有所疏漏，这将倒逼你去反思考的环节。这就是以赛逼考。

在考的过程中，当发现有那么多障碍没有解决时，你会反思自己是不是练得不够，为此你将加倍训练。这就是以考促练。

通过练，你又会发现，你仍有做得不到位的地方，你对标准和流程仍然一知半解，你对话术工具仍然似懂非懂……这些又将倒逼你以练促学。

最终，在围绕战果的学—练—考—赛训战模式中，既有顺循环，也有逆循环。在这个循环反复的训战模式中不断优化能力，你才能最终精准地训战出关键人才的靶心能力，打造出企业持续稳定的人才供应链。

中篇

战术篇

第 4 章
人才盘点：瞄准靶心人才

人才培育的二八法则：把 80% 的水浇在 20% 的花上

三年前，我服务了一家红木家具企业。这家企业的销售模式是会销，即先把顾客引流到会场，然后现场进行交易，这个逻辑很好理解。

在进驻这家企业以后，我们的团队开始调研这家企业过去是如何做人才培育的。很快，我们了解到，就在几个月前，老板刚刚在公司组织了三天的全员培训。培训的主题是什么呢？税务改革。上课的第二天，参训的员工跑了一半。老板非常生气，自己花重金请了这么好的专家来给大家做培训，结果员工却不买账。

调研结束后没几天，又有客户向该老板反馈员工不懂接待礼仪。他听说我过去在五星级酒店做过管理工作，赶紧打电话向我求助。

我问他：“你希望我怎么帮你？”

他回答我说：“给全员做一场礼仪培训。”

你发现没有，这家企业培育的对象是谁？全员，这是一个很大的坑。

每个老板都有一个美好的憧憬，希望所有的员工都能招之即来，来之能战，战之能胜。但我需要说明的是，这是美好的期望，老板不可能让所有员工都成为高绩效员工——有的人能冲锋打仗，有的人注定只能在后台做卫生兵。

因此，当发现人才培育的效果不尽如人意的时候，你可能需要追本溯源：我们的培育对象有没有问题？是不是摊子铺得太大了？

人才培育的最终目标是让高绩效人才辈出，那么如何才能产出高绩效人才呢？我们要做的第一件事情是进行取舍。现实中的大部分企业在人才培育上喜欢做加法，总希望培育的员工越多越好，还不停地拓宽员工的学习领域，恨不得把每个员工都培育成全才。

但是，要把人才培育这件事情做好，我们恰恰需要做减法。这似乎是有违直觉的。然而，正因为人才培育体系涉及方方面面，如果你面面俱到，你的时间、精力和资源就会被摊薄，你就不可能产出高绩效。

帕累托的二八法则告诉我们，真正创造高绩效的只有20%的员工。而企业的时间和资源是有限的，我们要把80%的水浇到20%的花上。因此，在做人才培育之前，我们第一步要做好人才盘点，找出值得培育的20%的员工。

如果你忽略了培育对象这个问题，那么你的方向很可能会跑偏。你培育了一个不值得培育的人，怎么可能产出高绩效呢？这个问题看起来比较简单，但在我服务企业的过程中，我发现能把这一点想透并做对的企业家和管理者并不多。杰克·韦尔奇就曾经指出很多管理者在时间和精力分配上存在的误区：很多管理者并没有把大部分时间花在创造价值的20%的人身上，而是把大量的时间和精力聚焦于创造价值最少甚至不能创造价值的人。

在通用电气的克罗顿维尔学院，其培训课程的受训对象上至资深领导者，下到一线管理者。通用电气有30多万名员工，但每年只有1 000人能够通过审核参加培训，公司会通过重要的“C会议”议程选出学员，确认这些人值得公司“重金投入”。

即便像通用电气这样的超大型企业，也是把资源用在了极少数关键人才身上。反观我们自己，企业规模越小，资源越有限，就越需要做好战略选择，挑出最重要的那部分，然后重仓投入。只有把时间和资源花在刀刃上，才能用最小的资源撬动最大的回报，让企业的资源配置效率达到最优。

因此，要想在人才培育上获得最大的回报，企业就一定要聚焦创造最大价值的20%高潜力人才，而不能在非战略点上消耗自己的资源，只有这样才有可能事半功倍。

接下来的问题是：这20%该怎么找出来呢？我们要按照什么逻辑来锁定培育对象？找到培育对象以后，我们要如何培育他们，才能保证投资回报最大化？这些问题都是人才盘点必须解决的。

100分的人才盘点，到底在盘什么

近年来，人才盘点仿佛已经成为一个老生常谈的话题。那么，人才盘点到底要盘什么呢？通过观察，我发现大部分企业是不清楚这一点的。

要回答这个问题，我们先要回到房子模型。你还记得房子模型中的一根根支撑房子的立柱吗？那些立柱就是我们的一条条人才生产线。那么，这些人才生产线是随便设计的吗？是不是按照新员工、老员工、新干部、总监的职级简单进行划分的呢？都不是，这些人才生产线是根据企业的战略和业务来进行个性化设计的。在不同的企业，它们所设计和关注的重点人才生产线也会有所不同。

比如，阿里巴巴的人才培育体系是非常完善的，它把哪一条生产线作为重中之重呢？许多人可能想不到，阿里巴巴是把新员工培训当作关键人才生产线的。阿里巴巴认为，新员工需要经历一个刻模子的阶段，如果前端入模出了问题，那么员工的成长之路将异常艰难。

几年前，我辅导过一家家居行业的上市公司，这家公司有一个关键的人才项目——“独角兽特训营”。从名字上看，我们可能猜不到这个项目的培育对象。这是一家上市公司，在整合产业链的过程中，它收购了许多公司，而这个人才项目就是要把被收购企业的老板培育成合伙人。

我举这两个例子想说明什么？没有任何一个人才项目是随随便便产生的，每根立柱的背后都隐藏着一个逻辑，这个逻辑就是人才盘点。只有根据人才盘点的结果来设计人才项目，我们才能从经营的视角去理解人才供应链。

人才培育的靶心策略要落地，第一步一定是人才盘点。只有找到了靶心人才，把企业的资源倾斜在靶心人才的培育上，企业的人才培育才能获得最大的投资回报。

我职业生涯的第一份工作是就职于香格里拉集团。在香格里拉工作的三年时间里，我感悟最深的就是“盘”这个字。我经常会告诉别人，我就是被香格里拉“盘”出来的。后面我还会详细地讲解我是如何被盘出来的，这里暂且按下不表。

盘，是当下一个挺时髦的词，想让一个人成长的最好方式是——“盘他”。可是，为什么要做人才盘点？人才盘点到底盘什么？如果企业没有深入思考这些根本性的问题，那么企业的人才盘点只能流于形式，如同邯郸学步。

人才盘点的四个维度

人才盘点到底盘什么呢？总结下来，我们至少要从四个维度来考量。

盘数量

很多企业把人才盘点当成了财务上的库存盘点，仅盘点人才的数量，这种理解太肤浅了。实际上，盘数量只是人才盘点的一个顺带的结果。

盘质量

有些企业走得更远一些，除了盘数量，还会对人才的质量进行盘点，把人才分为A、B、C三类。说实话，能做到这一层的企业，已经算是不错的了。

盘潜力

更优秀的企业可能想得更长远一些：哪些是有潜力的人才？这些有潜力的人才是企业未来的领导者。通过观察，我发现能做到盘潜力的企业不多。

盘空缺

人才盘点本质上是针对企业的人才供需关系进行梳理。如果目前的供给难以支撑未来战略的人才需求，那么我们必须对人才培育计划进行相应的决策调整。

我相信有不少企业都经历过类似的窘境：企业总感觉战略机遇很好，一心埋头往前跑，跑着跑着就会发现问题很大——企业战略摆在眼前，人才储备跟不上。尤其是在企业的战略调整期和转型期，业务已经发生了变化，但是人才储备计划却没有进行相应的调整，以致企业经常面临人才不足的问题。

最近，我关注了国内一家服装企业——报喜鸟集团，它当下的主要工作是在微信小程序里推广量身定制。这家企业过去的经营模式是批量生产，并不是定制。基于量身定制的战略转型，这家企业的关键岗位发生了变化。要推行量身定制，首先它必须储备大量上门给客户量体的量体师，这个岗位在过去是没有的。如果它不开始准备量体师这条人才生产线，那么战略一定是无法转型的。这是盘空缺背后的逻辑。

在调研企业的过程中，我发现，很多企业做了人才盘点的动作，但是没有做到位，很少企业能把它做到100分。大多数企业只盘点了人才的数量和质量，对于人才的潜力和空缺缺乏全方位的考量。这是我们企业在人才盘点中必须予以重视的问题。

人才盘点的作用

通过四个维度的人才盘点，我们能解决什么问题呢？

检视人才标准

在业务繁忙时期，企业的人岗匹配决策往往会比较草率——有人就先用着，而人才盘点是检视人才标准、优化人岗匹配的最好手段。

2017年，我们“企业大学”研究中心团队招聘了一位专家老师。按照公司规定，专家到岗三个月后必须转正。但是，这位专家已经来了六个月，一直没有转正。有一次，在听完这位专家的工作汇报后，董事长把这个人定性为“有价值观，但能力不匹配”。

会议结束后，董事长询问项目组负责人和人力资源部门：“为什么这个人来了六个月还没有转正？”

我们回答说：“因为他没有出成果。这位专家来了六个月，一没有销售业绩，二没有交付业绩，三没有上过课。”

董事长追问道：“那这个人是怎么进来的呢？”

分管领导和人力资源负责人同时回应道：“按照我们的专家画像招进来的啊！”

董事长提醒我们：“那是不是说明我们应该重新去检视当初的人才画像？它是否适应变化了的业务需求？”

我相信，很多企业都遇到过类似的情况，这是企业很容易忽略的问题。往往在前端招人时，我们确实是按照标准执行的，但是人才招进来以后呢？我们往往对他们就没有要求了，即使他们没有产出价值，我们也会继续用。

我们忽略了什么？在实际的工作岗位上，用人的标准会根据客户的需求而变化。如果我们不通过人才盘点及时优化和升级我们的标准，那么招聘到的员工往往是不适合公司要求的，因为人岗很难匹配。

最后，我们开诚布公地与这位专家面谈，既然六个月绩效不达标，双方就不要再彼此耽误了。经历这个小插曲后，我们也顺势升级了自己的人才标准，在过去的标准上加码了一条新标准：任何项目组专家三个月内要么能够授课，要么能够独立交付项目，要么能够做销售。

在企业经营的过程中，我们经常遇见的问题是：市场变了，企业对于人才基因的需求也变了，但企业的人才标准却没有更新。这个问题只能通过人才盘点暴露出来，人才盘点的作用可见一斑。

盘清能级现状

在和企业家交流的过程中，我经常会问的一个问题是："员工的能级情况如何？"

我最怕听到的回答是："还行。"

什么叫还行？到底是能胜任还是不能胜任呢？不明确。在人才盘点中，我们要求企业对个人的综合能级进行盘点，盘点结果可以分为高、中、低三个级别。具体如何来盘点综合能级呢？这里暂且先不展开，后文中我们会详细阐述。

盘清能力差距

在盘清能级现状时，我们只能大概评估员工的能力在高、中、低哪个阶段。但是，这个判断过于粗线条，对于指导人才培育还缺乏针对性。

因此，除了盘清能级，我们还要盘清能力差距到底有多大，差距主要体现在哪些方面，是态度不行、知识不够，还是技能不足。

只有明确了差距，我们接下来的人才培育才能更加具有针对性。如果差距找不出来，那么人才培育只能是乱枪打鸟，而不是精准打击。这背后的资源投入和成果产出都不可同日而语。

盘活人才池

我发现，很多人力资源部门都有一种倾向：眼睛总是盯着外面的资源，而忽略了企业内部的资源。但实际上，企业最大的资源不是外部资源，而是企业里的员工。假设你的企业有100个人，那么你要思考的是怎么把这100个人激活，最大幅度地提升他们的生产力和人均效能。

怎么把这100个人激活呢？我们可以借鉴通用电气的“271法则”。通用电气对员工的业绩表现进行了排名，把排名前20%的人才定性为企业的优秀人才，中间的70%是合格的，末位的10%是需要强制淘汰的。“271法则”体现了企业的“活力曲线”。这条活力曲线会让企业员工保持一种紧张感，否则，在没有淘汰机制的情形下，公司的“老油条”会越来越多，这是所有企业都承受不起的。

当然，活力曲线并不是固定形状的，比如华为每年淘汰的员工比例是5%，你也可以根据自己企业的实际情况进行微调。

比例定出来了，接下来我们该怎么盘活人才池？其实无非就是做以下6个动作：升职、调岗、调薪、培训、降级、优化。哪些人可以升职？哪些人需要调岗？哪些人有调薪的机会？哪些人能力不足必须接受培训？哪些人需要降级？这里着重强调一点，尤其是干部，一定要能上能下。最后，哪些人需要优化？我们要让不适合的人赶紧下车。

真正考察一个人力资源总监优秀与否的标准，不在于其招聘人才的能力，而在于其经营人才池的能力。

人才盘点就是“剥洋葱”

截至目前，我们已经讲清楚了做人才盘点的重心和价值，那么具体该如何进行人才盘点才能保证产出高绩效人才呢？接下来，我将给大家梳理出人才盘点的逻辑。

在本章开篇，我们就点出了关键：在人才培育上，企业不能广撒网，不能面面俱到，而要聚焦。那么，聚焦的逻辑是什么呢？我们可以把人才盘点的过程比喻为剥洋葱，只有一层一层往里剥，最终才能找到洋葱心。

第 1 层：锁定战略性岗位

剥洋葱的第一步，我们要把决定企业成败的战略性岗位找出来，这个岗位一定是因企而异的。我们必须结合企业战略、业务模式和关键策略进行思考。

假设你是一家营销型企业，那么你的关键岗位一定是销售团队，这些在战场上打仗的士兵直接关乎你的产出；假设你是一家连锁型门店企业，那么你的关键岗位是店长，因为店长直接关系到这家企业的产出……

所以，关键岗位该如何界定呢？一是支撑企业战略的岗位，如果没有这些关键岗位，那么你的战略布局会受到影响；二是这类关键岗位能够直接关乎业绩的产出。所以，关键岗位是围绕两个因素来考虑的：一是它能否支撑企业战略，二是它能否达成业绩目标。如果找不到关键岗位而开展全员培训，那么企业打出去的任何招式都是没有杀伤力的。

回到我们这一章开篇讲到的那家红木家具公司，该公司是一家会销型公司，其最关键的岗位只有两个：第一个岗位是一线销售人员，他们的关键性体现在销售成交率上；第二个岗位是我提醒老板重点关注的负责引流的市场推广团队。

彼时，这家企业的营销方式还非常传统——通过电视广告来引流。我提醒老板要关注新媒体，而不要把全部资金重仓电视广告。如果这家企业能够建立一支新媒体的引流团队，那么一线销售人员便有用武之地了。

果不其然，2018年年底，这位老板跟我反馈说，过往的电视推广行不通了，投再多的钱也吸引不了顾客。然而，等到反应过来再去培育新媒体引流团队时，他已经错失先机了，因为同行已经捷足先登了。所以，这家企业最后真正败下阵来的原因是，老板自己的思维没有跟上来。

通过这个案例，我想提醒大家，业务部门和人力资源部门必须坐下来共同商讨企业中的关键岗位到底是什么。只有先把这个关键岗位找出来，我们的人才培育才能够有的放矢。当然，这并不是告诉老板和管理者，非关键岗位可有可无，而是在资源有限的情况下，我们至少要把80%以上的时间和资源投放到关键岗位上。

第2层：锁定战略岗位中的关键人才

假设你的关键岗位有1 000人，那么是不是这1 000人都需要培育呢？别忘了，我们要培育的是高绩效人才。

高绩效人才需要围绕两个方向去思考：一是价值观，二是价值创造。

价值观没有最好，也没有最差，我们要的是员工与公司的价值观相匹配。所以，在培育对象的选择上，我们千万不能只盯着业绩和能力而忽略了价值观，因为价值观是前提。只有价值观一致了，价值判断才会一致。只有价值判断一致了，才能保持内心的一致性，而内心的一致性又决定了行为的一致性。所以，如果人才的价值观和公司的相冲突，那么他的行为往往也会与公司的理念产生冲突。这样的人迟早都会离开，要么被动淘汰，要么主动离开。

至于价值创造，就有高低之分了。我们最终要的是高绩效人才，而高绩效人才大体上可以分为两类：一类是今天已经百分之百成熟的高绩效人才；另一类是有潜力的半成品，当下他的能级值只有0.5，如果我们能够把他的能级从0.5拔高到1，他就会变成高绩效人才。相较于成熟的高绩效人才，有潜力的半成品在企业内部更多。企业一定要瞄准关键岗位的这两类人才，因为这两类人才就可以帮助你解决80%的绩效问题。

令人惋惜的是，大部分企业的人才培育都不是这么干的，它们没有聚焦关键岗位的关键人才，而是一窝蜂地组织全员培训，甚至连培训内容都没有分级——有的人可能一点就通，有的人可能学了20遍还是一窍不通。因此，我们培育人才却没有产出高绩效的一个原因便浮出水面了——我们培育了不该培育的人。

做人才培育，首先一定要做对象取舍，否则，打出的拳法是没有力量的。

第3层：瞄准关键人才的靶心能力

经常有企业家和管理者问我："熊老师，这个人是我精挑细选的，为什么我花了很长时间，这个人就是培育不出来？"

这时候，我就会提醒他们检查一下培育面是不是太宽了。

如果你正在培育一个川菜厨师，想让他在三个月后独当一面，那么这往往很难实现。但是，如果你想让他在三个月内出成果，那么还是有办法的。

根据这个人的特点，我们只专注培育其某一项专业能力，比如刀工，甚至还可以再聚焦到切黄瓜等具体能力上。我敢保证，只要肯努力，三个月下来，他一定可以成为一个切黄瓜的高手。

同样的道理，即使找到了关键人才，我们也不能奢望把他培育成全能型人才。实际上，任何关键人才拥有的关键能力不过三五种，如果我们把时间和资源全部投入到这三五种能力的培育上，那么他们怎么可能不成才呢？

因此，我经常告诫企业家和管理者，企业不要刻意追求高而上、大而全、多而广的培训课程，而要针对关键岗位关键人才的靶心能力因材施教，这样培育效果一定会更好，培育速度一定会更加短平快。

所以，人才盘点只有像剥洋葱一样，越剥越小，越剥越指向内核，才能保证企业在人才培育上的资源投入最高效。

战略性岗位的梳理逻辑

现在，我们先来介绍剥第一层洋葱的方法论：如何才能找到企业的战略性岗位呢？

下面，我用一个我辅导过的真实案例来帮助大家理解战略性岗位的梳理逻辑。

2017年的某一天，一家在中部省份做连锁便利店的企业找到我，希望我能辅导其建立人才培育系统。这家企业所在的区域市场，其格局非常微妙。经过20多年的发展，这家企业已经在这个区域打下了半壁江山，整个市场被它和一家本土竞争对手瓜分了，就连各大国际知名的连锁品牌也插不进去。

接到这家企业邀请后，我首先了解了它的业务模式。这家企业的主要产业是连锁便利店，其在当地有近2 000家便利店，采用的业务模式是加盟店模式；与此同时，它还开发了一个新业务板块——烘焙店。烘焙店采用的是自营模式，彼时已经拓展到了100家，未来的业务目标是开到300家。

在调研开始之前，这家企业老板告诉我说："熊老师，我们的战略性岗位非常简单，就是店长和督导。"对于将店长作为战略性岗位，我们很容易理解。但是，老板为什么会把督导作为战略性岗位呢？了解下来，我发现，原来这个老板定的关键策略之一是，通过督导来巡店，每个督导负责巡视200多家店。在调研了督导的工作流程以后，我简单做了一个测算：如果一个督导负责巡视200多家店，那就意味着对于每家店，每名督导每年只能巡店2次。显然，这个频次太低了。

在访谈的过程中，我还发现了一个异常的数据：这家企业的拓店成功率比本土的竞争对手至少高出了10个百分点。看到这个数据的时候，我非常兴奋，隐约觉得这可能是这个项目取得突破的关键点。

事不宜迟，我赶紧访谈了负责拓店的拓展团队。这个团队规模并不大，一共只有13个拓展员。这13个拓展员当年拓展的门店数超过了300家，新开门店的存活率在85%以上。熟悉零售行业的人都知道，要完成这个指标是非常有难度的。

对于零售行业而言，选址其实就已经决定了70%的命运。但是，为什么老板没有把拓展员定位为关键岗位呢？因为在我们的潜意识里，拓展员这个岗位就好比老中医，他们开药凭的是感觉，这种技能没办法量化和复制。但是，在认真访谈和研究了这13个拓展员以后，我发现他们所在团队就是一个典型的特种兵团队，他们每个人身上都有一套自己的绝活。

最后，我找到这13个人背后的拓展总监。在与这位拓展总监交流的过程中，我得知这位拓展总监过去服务过国际知名连锁品牌，他的身上沉淀了一整套拓店方法论。了解这些之后，我就直截了当地问这位拓展总监："拓展岗位有没有可能做复制？"

这位拓展总监的回答给我吃了一颗定心丸，他告诉我："可以做。因为过去这13个拓展员也不是特种兵，他们每个人都是我亲自带出来的，我根据他们每个人身上的差异化能力，打造出了他们各自的关键能力。所以，实际上这13个人组合起来就是一本教材！"

访谈进行到这里，我赶紧找到这家企业的董事长，建议他把人才培育的方向调整一下：我们先不要去培育督导，而应先培育拓展员。我告诉董事长："现在我们只有13个拓展员，一年拓店300家，如果我们能够通过人才培育，产出30个拓展员，那一年拓店就远远不止300家了。更何况，这个岗位就决定了门店业绩的70%！"

关键岗位找出来了，人才培育的脉络就清晰了。接下来，这家企业想要扩大加盟连锁，可以分为三步走：一是建立标准，二是输出标准，三是复制标准。这三个环节其实正好对应了三个关键岗位——店长、拓展员、督导。

在整个运营体系中，什么是标准？那些实现盈利的单店，它们的运营模式就是标准。而建立标准的关键岗位是什么？店长。

大多数企业卡在第二步——对于总部建立的标准，不知道如何输出。我们可以利用拓展员这个岗位，通过选址把总部的标准加以输出。

最后，复制标准靠谁？督导。但是，我们要知道，仅靠巡店这个管理动作来复制标准，根本不太现实。要解决这个问题，公司必须依靠总部统一的管理机构和数据化平台来远程监督和辅导。因此，对于督导这个岗位，我们要培育的不是其巡店能力，而是数据管理能力。

通过这个案例，大家有没有找到我们梳理战略性岗位的逻辑？我们的逻辑就是：战略定位—业务目标—业务模式—关键策略—关键岗位。人才培育要回到原点，即战略定位上，而战略定位是用来解决我们的方向性问题的。接下来，我们需要确定的是：短期的业务目标是什么？要实现业务目标，我们的业务模式什么？基于这个业务模式，我们的关键策略是什么？要完成这个关键策略，由谁去执行？我们将这些问题厘清之后，关键岗位自然就出现了。

大家不妨参照这个逻辑，来梳理出自己企业的关键岗位到底有哪些。

战略性岗位的去边界化

说起战略性岗位，我们往往会着眼于企业内部，但是在服务企业的过程中，我发现也有不少企业的战略性岗位并不在企业内部。虽然你不给这些岗位发工资，但是这些岗位却能直接影响你的战略是否能够达成。

广东佛山南庄镇被誉为“中国建陶第一镇”，这个镇上主要生产一种产品——瓷砖。这个小镇拥有大大小小的瓷砖企业2 000多家，其中规模比较大的有40余家。这些企业大多是产销一体化企业，业务模式是通过代理商和经销商进行分销，分销商再把产品铺到建材市场的终端门店，最后再由门店直接销售给客户。

这是一个大家都熟知的传统营销逻辑。但是，今天的市场发生了结构性的变化，许多地产商只销售精装修的房子，所以购房者不再去建材市场买瓷砖了。今天，如果你去逛逛建材市场，你就会发现，今天的建材市场门可罗雀，买货的比卖货的还要少。

许多厂家还没有意识到这种结构性变化，它们依然按照传统模式拼命地找代理商，最后货是出厂了，但库存只是从厂家转移到了代理商手里。最后，代理商和厂家将双双走进死胡同。

怎么办？要想解决这个问题，我们必须给经销商和代理商赋能，让他们能够把货卖出去。否则，经销商、代理商没有活路，厂家倒闭也是迟早的事情。所以，要想让这条产业链条通畅，我们不应该按照传统模式去招代理商，而要认真地扶持和培育这些代理商和经销商。通常来讲，这些经销商大多具备小老板思维，所以我们要去提升他们的格局。也就是说，在做好内部管理的同时，我们还要花大量的时间去服务经销商和代理商。

找我做咨询的这家企业的董事长，早在2017年就上过我的课。当他来找我辅导他的企业做商学院的时候，我其实也挺诧异的。因为这家企业总部员工只有170人，而且其中大部分都是一线生产工人。他们建商学院，难道是要培育技术工人吗？

最后，这位董事长打消了我的疑虑："熊老师，你误会了，我不是要培育自己的员工，而是要请你来帮助我们培育经销商。我们在全国有200多个核心经销商，假设每家年产值能达到1 000万元，那么我的收入就是20亿元。所以，在商学院搭建起来以后，我们所有的力量都将集中于经销商的培育上面……"

所以，在市场进入寒冬的当下，这位企业家已经发现了信号，并提前开始布局，希望能够通过培育经销商的渠道能力，完成自己的企业转型。他通过这种方式，把自己和经销商做了深度捆绑，在培育经销商的过程中深化、锁紧了双方的合作关系。从招商到育商，从销货到扶持，这不仅是经销模式的变革，而且是更高维的战略举措。

至少，这家企业比竞争对手提前迈出了一步，未来它就更有可能抢占市场先机。

人才盘点九宫格：找到关键岗位的关键人

在找到战略性岗位后，我们已经把人才培育范围缩小了很多，但是这还远远不够。以行动教育为例，我们的战略性岗位是营销线。可是，我们的营销线有800人，难道所有人都要培育吗？不是，我们还要再找到关键岗位上的关键人。

这个关键人该怎么找呢？我给大家介绍一个工具——人才盘点九宫格。人才盘点九宫格最开始发源于通用电气，通用电气将人才盘点分成绩效表现和价值观两个维度九个方面。后来，阿里巴巴等诸多企业也引入并借鉴了通用电气的这套盘点方法。

我在原版九宫格基础上，根据自己多年的从业经验和咨询经验，也对这个工具做了一些本土化的改良，希望能够为企业人才盘点提供一个可参考的工具抓手。

要做人才盘点，我们先得建一个人才坐标系：横坐标轴代表员工的综合能级，纵坐标轴代表员工的绩效表现。这两个维度分别按照高、中、低三个等级排列出来，就形成了一个九宫格。

为什么要选择这两个维度来建立九宫格呢？首先，绩效是一张入场券，一个没有绩效的员工不可能是人才，这个无须赘言。但是，企业如果只考虑绩效表现，就有可能让自己掉入另一个陷阱。

这个陷阱是什么呢？在服务企业的过程中，我发现在许多企业的人才管理中，但凡业绩表现好的员工，都能升职到管理岗位。其中有些人干管理还不错，但是有些人真的不适合带团队——你交给他10个人，最后他给你剩下1个人。最后你会左右为难：这个人做管理不行，再回去做业绩也不太合适。就这样，你把一个高绩效人才给废掉了。

所以，要做人才盘点，除了评估业绩表现，我们还要评估综合能级。

业绩表现可以量化，那么综合能级如何评估呢？我们可以参考香格里拉集团的评价逻辑。

前文已有提及，我是被香格里拉“盘”出来的。香格里拉在每个季度末，都要做一次综合能级的盘点。那么，它是按照什么标准来盘点我的呢？它采用了一个法则——ASK法则。

所谓ASK法则，其实是三个英语单词的缩写：A代表attitude（态度），S代表skills（技能），K代表knowledge（知识）。香格里拉是如何总结出这个法则的，我不得而知，我只知道该法则已经沿用了多年。

作为香格里拉集团的管培生，我经历的第一个岗位是餐厅服务员。每个季度，我的上司都会要求我就这ASK三个方面共九个细分条款做自评，分数范围是1～5分：5分代表优秀，4分代表良好，3分代表一般，2分代表较差，1分代表很差。

有一次，我给自己全部打了4分。紧接着是主管复核。主管在给我做成长面谈时告诉我：某一项你不能打4分，只能打3分，因为某年某月某日，你做的某一件事与这个分数是不匹配的，你认可吗？如果你认可的话，你要签字确认，最后算一下总分，看看你的综合能级在高、中、低哪一档。

至此，人才盘点流程并没有结束，主管还要帮助你做成长规划。他会把我单独叫到一个“小黑屋”里，拿出我上个季度的测评。然后他会告诉我：你上个季度表现不错，但是根据你的个人表现，你在××方面还有不足，接下来我们会为你安排××培训……说实话，直到今天我都特别感激当年的那些主管，一年4次的盘点，助力我练好了自己的基本功，为我后来的职业生涯打下了坚实的基础。

我从事人才培育近20年，曾学习和参访多家企业的人才盘点流程。迄今为止，我仍然认为香格里拉的这套方法是最有效的，也很容易上手。

它的逻辑很简单，分为四步：

- 定标准。对标态度、知识、技能，将岗位细分为三个方面共九个细分条款。
- 个人自评。不要小看自评，一方面，它能有效地检测员工的价值观，例如：某员工在所有条款上都给自己打5分，显然他的价值观是有缺陷的。另一方面，它能够让员工自省。自评是根据评价标准对自己某一方面的系统反省，并从中寻找差距，进而在下一个评价周期做出持续改进。
- 成长面谈。主管帮你确认问题，让你认清能力差距。
- 成长规划。在主管确认问题以后，部门经理或总监会和你沟通成长规划事宜。

四个步骤环环相扣，最终形成了一个成长闭环。当然，每个企业的行业属性和业务属性都有所不同，我们不一定非要运用ASK这个法则，但是逻辑是相似的：找到企业所需人才的核心基因，提炼出三条标准，切忌标准过多；接下来，再把三条核心标准细化为九条可评估的细则，千万不要弄得过于复杂。

根据绩效表现和综合能级得分，我们最终可以得到如图4–1所示的九宫格。

在画出九宫格以后，我们该怎么来盘人才呢？假设我们把每个格子里的人按照数字排列出来，那么到底哪些格子里的人是值得企业培育的关键人呢？

我曾经就这个问题问过许多企业家，只有极少数人能给出正确答案。很多企业之所以在人才培育上花了很多精力却收效甚微，就是因为没有做对这道题目。接下来，我们来逐一分析每个格子。

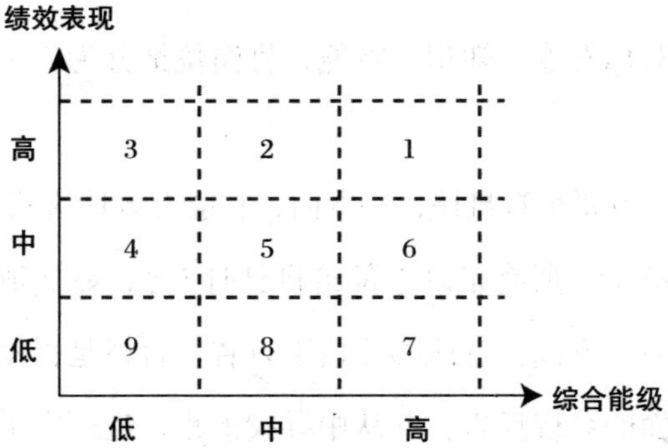

图4-1 人才盘点九宫格

1→∞：企业的A+型人才，培育是最好的留用

1是高绩效、高能级的A+型人才，他们至少可以为企业创造80%的业绩。对于每家企业来说，它们都希望自己能够有一个拥挤的“右上角”。但是，我在课堂上做过多次调研，结果显示：至少有70%以上的人都不会选择培育1。

为什么？因为大家都错误地以为，1的能力已经足够强了，并不需要培育。这就大错特错了。如果不培育1，你知道接下来会发生什么事情吗？

你不培育他，就一定会拼命地用他，因为1最好用。很多老板告诉我：“这个1是我花重金聘请的，我不能让企业吃亏，一定要物尽其用。”然而，这个1可不是傻子，时间长了，他便会认为：“老板用重金把我请过来，就是想把我的血榨干。算了！血放得差不多了，我也得给自己留一条后路。”而此时，对1垂涎已久的隔壁老王，一番花言巧语就能把1给撬走。

因此，对于1，我们正确的态度应该是培育式地使用。培育其实就是最好的留用。你不要以为1的绩效和能级已经到顶了，因为这个九宫格并不是封闭的，而是可以无限延伸的。当1只会做业绩的时候，你可以培育他的管理能力；当1只会做基层管理时，你可以培育他的战略思维，甚至把他培育得超过你。

我一直认为，真正的培育其实等于“陪养”。

怎么“陪”？你要对1高度关注：什么时候浇水？该浇多少水？早了、晚了、多了、少了都不行，这个分寸感的拿捏是一门艺术。

怎么“养”？你不要把他放到温室里，而要用任务去磨砺他，大胆地让他试错。一个优秀的苗子不挑担子、不栽跟头，是无法成为抗击打的战将的。

如果他是你的左膀右臂，你要天天带他出去见世面。当你给别人介绍“这是我们新来的副总裁”时，他会感觉到自己的存在感和价值感。长此以往，他会对你死心塌地。

相反，如果你不培育1，那么你一定会为此付出代价。我自己是人力资源总监出身，在我做人力资源总监的前5年，我和大家的选择是一样的：我谁都培育，就是不培育1。最后我发现，我带出来的最好的学生都去同行那里当高管了，他们回过头告诉我：“熊老师，你的问题在于，只知道用我们，不给我们机会，不给我们平台。”

所以，我们一定要培育1，这是我用真金白银换回来的教训。

6、2→1

接下来我们应该培育谁？解题思路很简单，既然我们最终想要的是1，那么我们就要瞄准1这个靶心。谁离1最近？当然是6和2。

这个答案本身没有问题，大多数人都会选择6和2来培育，但有一个问题：如果你不培育1，那么即使你培育了6和2，最后你也留不住他们。

为什么？因为1把位置卡得太死了，6和2看不到自己的未来，所以他们成长以后，也会选择离开。等到6和2离开了，某一天1突然被老王撬走时，你会发现天都要塌了，因为你的头和腰杆子都没了！

相反，如果你认真地培育了1，那么你会发现6和2并不需要公司投入过多的资源来培育，因为1是他们的上司，也是他们的师傅，当1的境界和能力上去了，6和2的能力自然会跟着提升，这是水到渠成的事情。

最后，1、6和2形成了一个非常稳固的三角形，1会告诉6和2："明年我有可能会得到提拔，未来我会在你们之间选一个人接替我的位置。"

细心的读者会发现，我一直刻意把6放在2之前。我为什么要这么做？我先请大家来想象一个场景：假设有一天，老板必须在6和2之间做一个抉择，他会选择培育谁？

我的建议是选6。可能用抽象的数字来表达，难以加深你的印象，那么我们不妨还原一下2和6的画像。

2是谁？2是那个从创业开始就跟着你的骨干，他的业务能力已经非常成熟了，但先天基因不足——当年跟着你打江山时，他只有中专学历，到今天依然如此。如果你未来想让他做高管，那么你会发现他始终打不开格局。

6是谁？他可能只跟了你一两年，但他的成长速度非常快，他研究生毕业，属于典型的高潜力人才。通常，当你和6接触得比较多时，2会有些吃醋，他经常会怀旧一下，说比较怀念创业打天下时的那段经历。

现在你该清楚，我为什么会选择6了吧！今天的互联网企业之所以能快速发展，就因为它们能够轻装上阵，它们手里的6远远多于2。而在传统企业中，2远远多于6。所以，企业家和管理者一定要厘清这个逻辑，把更多的精力花在6身上。当然，这也不代表我们不培育2，只是我们需要花更多的时间和资源才能够提升2的业绩表现和综合能级。

3、5、7→6、2

再往下看，相距1需要跳2步的，分别是3、5、7。3、5、7是我们的后备基层力量，培育方向应该是成为6和2，这个不需要做过多的解释。

4、8、9淘汰

通常来说，4、8、9属于当初人力资源看走眼的那部分人。对于4、8、9，我们要快刀斩乱麻，不能让这群人在企业里待上一年半载，否则人才盘点的价值将体现不出来。

我经常告诫企业家：招才选将是指我们要把对的人请上车，人才盘点是要把不对的人请下车，而人才培育是要把合适的人培育成为高绩效的老司机。所以，淘汰4、8、9是人才盘点必须做的一件事情。

我在一线给企业做辅导，最怕遇到那种“家文化”特别浓烈的企业。老板经常挂在嘴上的是：一个都不能少、不抛弃、不放弃……过去，我也曾信仰忠诚文化，毕竟员工忠诚于企业，对于老板来说也是非常重要的。

后来我才慢慢明白，真正的忠诚不仅仅是忠于价值观，更要忠于价值创造。否则，最后留下来的都是那些有价值观但不能创造价值的人。这些人都抱着你的大腿，让你举步维艰。从企业经营的角度来讲，经营企业必须考虑投资回报率。因为你的资源是有限的，当你把资源投入在没有回报的人身上时，你的企业将被拖垮，而这对那些高绩效人才是最大的不公。

我们再转换一个角度来看，从4、8、9本身来讲，当他们的能力与企业发展不配套时，我们要放过他们，让他们去更适合自己的地方。否则，他们只会虚度光阴。从长远角度来讲，你的当下“善良”——继续留用他们，对他们其实是一种伤害。

这样梳理下来，你有没有发现人才盘点的层次感？我们的人才梯队出来了。

专业的人力资源经理经常会说一句话：我们要做人才梯队建设。实际上，通过人才盘点，企业的人才梯队已经出来了：我们首选的培育对象是1，他们是企业的A+型人才，包括高绩效创造者、高潜力储备管理者、团队高绩效教练，放弃对1的培育是最失败的策略；次选的培育对象是6和2，6是企业的高潜力人才，2是企业的骨干员工，他们是高绩效人才的接班人，培育成才的速度比较快；最后一级的培育对象是3、5、7，他们分别是企业的老黄牛、普通员工和储备人才，他们是后备力量，必须量大，必须广招、慎选、严进（见图4–2）。

图4–2　人才盘点九宫格之人才梯队建设

备胎计划：用1备2培3

在制作出人才盘点九宫格以后，我会建议企业马上启动一个计划——备胎计划。

什么叫备胎？就是那个随时可以替换自己的人。企业如果不启动备胎计划，会给自己带来什么恶果呢？我们课堂上的一位女企业家真真切切地尝过这个滋味。

这位女企业家在西部的一个四线城市做某著名家居品牌的代理。在一个四线城市，她的企业年销售业绩能达到8 000万元以上，这个成绩很不简单。在企业发展的过程中，她把企业经营的重心都托付给了一个外聘的门店运营总监。当然，对于这样的决策，她自己也隐隐感觉到不安。因为已经有不少迹象表明，这位运营总监可能有自己的想法。

上完我的课以后，她回家立马启动了备胎计划。按照“用1备2培3”的原则，这个总监至少要准备2个备胎。就在提出备胎计划不久，她突然打电话告诉我：“熊老师，我的运营总监走了，他伙同另外一个家居品牌商成立了一家公司，并且还带走了几个资深的门店店长，基本上算是釜底抽薪。刚好年底又是生意旺季，我真的是损失惨重。”

确实，启动备胎计划不仅仅是一个认知问题，还是企业必须做的一个落地动作。经常有企业家向我抱怨没人可用，我会反问他们一个问题：“你自己所在的岗位目前有备胎吗？”基本上80%以上的人都会对我摇摇头。

我为什么会问这个问题？这源于我自己在外资企业做管理的经历。多年前，我从香格里拉集团离开，入职希尔顿集团。一个星期后，人力资源负责人跑过来问我：“你已经入职希尔顿一个星期了，你的备胎选好了吗？”

当时我心里咯噔一下，心想："为什么要选备胎？难道他们认为我不能胜任？"后来，我才知道，在希尔顿的文化里，做到了部门副经理以上级别的管理者，必须有备胎，而且是2个备胎。不过，我当时不懂，只好如实地回答："没有！"

人力资源负责人郑重地告诉我："你必须给自己找到备胎！"

我不理解地反驳道："可是我手底下一共也就3个人！"

他肯定地点点头说："对，即使只有3个人，你也得找到2个备胎。"

多年以后，我才明白，我之所以在希尔顿比同级别的同事升职快，是因为我更早地培育好了备胎。今天我见过的大部分民营企业家基本上没考虑过备胎的事情，他们一直要干到自己干不动为止。但是，外资企业可不这么想，它们认为：你干得越优秀，越需要准备好备胎；你越年富力强，你准备的备胎就得越多。

事实上，但凡人才辈出的企业，一定是有备胎计划的。比如，针对干部梯队的搭建，阿里巴巴推出了"M0计划"。所谓"M0计划"，就是寻找一些潜在的管理者，建立接班人机制——每个业务团队的主管，都必须给自己找到继任者，否则将得不到晋升。

为什么人才梯队必须从备胎计划开始落地？如果1想要往上升，那么他必须培育6和2做备胎；同样，如果6和2想要升职，他们就必须培育3、5、7做备胎。对于挂职管理岗的，企业都必须强行其找到备胎。只有这样，企业才能保持人才梯队不断层，才能保证基层源源不断地为企业输送高绩效人才，才能增强企业内部的人才造血能力。

那么，对于一些规模较小的企业，它们是否适用于启动备胎计划呢？曾经有一位深圳的企业家咨询我："我的企业一共也就几十个人，不大可能大批量地进行培训，但是我又急需人才，我该如何解决这个问题呢？"

我给她出了一个主意，验证下来效果还不错："多设几个董事长特别助理。比如，过去生产部的主管只负责生产，而你想锻炼他的谈判能力，那么你可以给他加一个董事长特别助理的头衔，相关的项目让他负责跟进，他如果搞不定，你再接手。如此反复几次，这个人就能被打磨出来。"我说完以后，这位企业家若有所思地走了。

几个月后，我又见到了这位企业家。她兴奋地告诉我："我现在有5个特别助理，这些特别助理都是我的备胎！"

自驱力：高绩效人才的核心动能

经常有企业家问我："熊老师，我们部门有几个人业绩和综合能力都差不多，那么我应该选择谁做备胎呢？"这个问题本质上还是人才的挑选标准问题。

在辅导企业的过程中，我发现：很多企业一招来员工就对他们开展培训，培训完了就让他们走向工作岗位；最后，这些员工的能力却常常达不到企业的要求，于是领导将责任归咎于培训部门，认为是培训出了问题。实际上，在这个过程中，我们陷入了两个误区。

一是不选种子。我小时候生长在农村，农民伯伯在种庄稼的时候，做的第一件事情不是锄地，不是播种，而是选种。如果你不选种子，最后很可能颗粒无收。企业要培育高绩效人才，也需要选种。

选种的标准是什么呢？我观察过很多高绩效人才，发现他们身上都有一种力量，这种力量叫作自驱力。自驱力是高绩效人才的原动力和底层动力。在人才培育的过程中，我们不要试图去叫醒那些装睡的人。这些人天天喊成长，而等到你要他们有所担当的时候，他们却装睡了。真正的成长，不是嘴上喊出来的，而是通过切切实实的行动展现出来的。

二是不挑基因。是不是选好种子就万事大吉了？不是。在我们企业的土壤里面，有些种子会长成参天大树，有些种子却不能成材。所以，选完了种子，我们还要筛选其基因，假设其基因与我们的企业不匹配，那么与别人家亩产千斤的产量相比，我们的产量可能只有每亩两三百斤。最后的结果是，不挑种子便徒劳，不挑基因就低效。

这个基因应该怎么挑呢？一是看基因跟企业价值观是否匹配。如果基因不匹配，那么人才越有自驱力，其变异就会越快，他与企业价值观就会背离得越远。二是看基因是否具有高潜力。很多管理者很迷惑：假设我们企业挑选的是应届生，这些应届生都是没有工作经验的小白，那么如何才能判断小白们能不能被培育成将军呢？对此，我给大家分享一段我做人力资源总监时的经历。

2008年，我离开国际品牌酒店集团，回到武汉参与一家酒店的筹建。由于之前我做的就是人才培育，所以我明白，高绩效人才的培育要提前下功夫。因此，在酒店刚开始筹建时，我们决定招收一批管培生。在管培生招录进来之前，我们认真地挑选了种子——一个班里我们只挑几个学生，最后挑了十来个人。

在这些管培生被分到部门之前，我亲自给他们做企业文化培训。培训完了以后，我给所有人布置了一项作业：假设你要代表公司回到母校给学弟学妹们宣讲，请你制作一份宣讲PPT（演示文稿）。

作业布置完了以后，其中有70%的人都问我类似的问题：老师，有模板吗？有参考材料吗？能发一点图片给我们吗？能不能给我们发一份过去的PPT参考一下？……对于提出类似需求的学员，我当时在心里就下了结论，他们不是我要的种子。

在这批管培生里面，有一位小姑娘后来成了我的接班人。她是怎么做到的呢？

其实，在一开始培训时，这个小姑娘也并没有表现得比其他同学出色。但是，在最后的宣讲方案环节，她脱颖而出，她不仅认真做了一个PPT，甚至还原创了一个小视频。无论是小视频还是PPT所使用的文字、图片等素材，都不是找我要的，而是她自己的发现、感悟和原创。

最后，我给了她全场最高分。后来，通过和她的一次深聊，我才知道她的自驱力来自哪里。我问她："你未来想做什么？"她告诉我："未来我想坐您的位置。"听到这句话的时候，我内心感受到的不是恐惧，而是欣喜。我在心里告诉自己："太好了，我未来有接班人了，这是一棵好苗子。"紧接着我追问她："你要坐到我这个位置，后续有什么计划？"

她说："您的部门未来要不要扩编？我想当您的助手。"

我当场并没有答复她，因为我知道，如果让她直接来当我的助手，那么未来她顶多只是我的翻版，不可能超越我。其实，我在心里已经为她规划好了，未来让她走培训经理的路线。但是，到了真正分配岗位时，我把她分配到了前厅做前台接待员。

当时跟她宣布这个消息的另有其人。听到消息以后，她哭着跑来找我，说不想去前台，因为前台可能会熬夜。我问她："你的目标是什么？"她回答说："坐您的位置。"

我问她："你坚定吗？"她含着眼泪点头说："是。"

我接着说："熊老师是干过一线的，是从端盘子干起来的。"她一听明白了，当即说："好，我明天去前台！"

为什么我要让她去一线？因为只有去一线，她才能明白一线人员面对的问题。这些问题的解决方案是任何书本和商学院都没办法教她的，只能靠她自己去体悟。

她在前台干了一年多的时间。在此期间，我又空降了一个人担任我的助理，我以为她会因此来找我，但是她没有来。过了一段时间，她反而向我提出一个颇让我意外的要求：她想再去餐厅待一年。我答应了她的请求，她又踏踏实实地在餐厅待了一年。

一年后，当需要一个人接替我做培训时，我毫不犹豫地选择了她。再后来，我离开了这家企业，而她很顺利地成了我的接班人，据说她后来的表现并不亚于我，甚至在某些方面超越了我。

我讲这个故事想证明什么？一个真正优秀的人才首先不是培育出来的，而是选择出来的。选出来以后，经过各式各样的折腾，最后留下来的才是真正的人才。他们为什么能够经受住千锤百炼呢？一定来自他们内心的自驱力。

所以，高绩效人才最核心的动能是什么？自驱力。

自驱力就是一个人的核心内动力，如果这个人没有自驱力，那么我们做再多的培育也是枉然。日本社会学家横山宁夫先生曾经提出过一个“横山法则”，其核心主张是：自发的才是最有效的，好的管理是触发被管理者的自发管理，自觉性引发积极性。从上述案例中，我相信大家都感受到了：一个拥有自驱力的人，其身上拥有着强烈的目标感、强烈的学习欲、强大的抗挫力、强大的自律性等基因。

强烈的目标感

一次偶然的机会，我从这个小姑娘的大学老师那里了解到，从进大学开始，她的目标就是做老师。没想到企业内部也有老师，于是她萌生了当培训讲师的想法。一个拥有强烈目标感的人，会为了达到自己的目标而付出非凡的努力。

因此，在筛选种子时，我们首先要搞清楚的一定是他的目标：他要什么？他要去哪里？一个不清楚自己目标的人，再多的灯塔都无法给他导航。我们不要让员工成为我们希望中的他，而要让员工成为他想成为的他。所以，我经常建议管理者多和下属聊聊天，多问一句“你未来想干什么”。

强烈的学习欲

拥有自驱力的人具备的第二种基因就是，拥有强烈的学习欲。为了达到某个目标，他必须自我提升。这个自我提升不是外力使然，而是他自我规划的。我回想了一下，这个小姑娘每次来找我，永远都会多问一句：“老师，最近有什么书可以推荐给我？”

一个有自驱力的人，他的学习力一定来自自己的主动规划。尤其在今天的移动互联网时代，技术的加持使得知识的获取渠道多种多样。如果一个人已经知道自己缺失哪方面的能力，却还在被动等待外力输入，那么这个人离成才还有很长的路要走。

强大的抗挫力

大部分种子选手可能都会拥有目标感和学习欲，但是第三种基因却可能是他们的短板，那就是强大的抗挫力。就像案例中的小姑娘，当第一次被分配到一线时，她选择了一线；第二次在我空降了一个新助理后，她没有来找我，反而选择去餐饮部历练。这种挫败感不是一般人可以承受的。

我们为什么要反复摔打这些种子选手？因为人内在的本质只有通过时间或现实的洗礼才能被检测出来。当我们在他们的目标前设置障碍和挫折时，扛过去的是大才，扛不过去的就会败下阵来。我相信很多管理者在人才培育过程中都会有同感：最困扰你的不是这个人能力不行，而是他的心态出了问题。

所以，真正的人才必须能够在“熔炉”中成长。在《极客与怪杰：领导是怎样炼成的》一书中，作者沃伦·本尼斯（Warren G. Bennis）和罗伯特·托马斯（Robert J. Thomas）在研究不同领导者的成功秘诀时，提出了“熔炉”（crucibles）的概念，他们把熔炉划分为三类：新领域、逆境和停滞。

熔炉本身没有任何意义，只有当人们在熔炉中持续不断地获得成长时，它才有了意义。对于越是想要委以重任的人才，我们越要看他们是否能够经受“熔炉”的考验。因为市场如战场，光喝几碗鸡汤上不了沙场，金刚骨是经历无数次的跌倒和磨炼而长成的。

强大的自律性

一个要达到目标的人，首先必须是一个极度自律的人，他会自我约束，自我要求，自我学习，自我反省。如果一个人过一段时间就需要来一针鸡血，过一段时间又缺乏斗志了，那么这样的人不能成为你的备胎。

虽然要同时满足这四个条件的备胎很难找寻，但是一旦找到了，那么你为了培育他所做的每一件事情都是在做加法。所以，这个过程是值得我们花大力气去做的。

持续激发自驱力的四大方法

企业中还存在另外一种比较普遍的现象：我们好不容易挑到了拥有这四种基因的人，但是在实现目标的路途中，他的自驱力渐渐不足了。如何才能让他保持十足的自驱力呢？要回答这个问题，我们必须再深入一步，回溯到自驱力的源头。

在现实生活中，玩游戏就是一个典型的自驱动行为。在打怪升级的过程中，我们一定会遇到很多阻碍，但是我们不会抱怨，而会反复琢磨如何才能通关。那么，玩游戏是如何让一个人的自驱力持续下去的呢？这背后是有一套逻辑的。

首先，玩家有非常强的目标感。你知道你要打到多少分才能够升级，这是游戏的规则。作为一名玩家，你为什么不会去破坏规则呢？因为你心中有一个明确的目标。有了明确的目标，在目标达成之前，你的自驱力就不会衰竭。假设你发现你的游戏名次在所有玩家中排在1 000多名，那么这个排名往往会激发你继续向前，因为人性中固有一种不服输的基因。

其次，游戏中有实时反馈机制。反馈机制会清晰地告诉你有几次机会，游戏积分达到多少分你就可以晋级下一关。也就是说，游戏玩家非常清楚自己要达到什么能力才能过关。对比企业运营机制，在人才培育的过程中，你有没有明确这一点：要达到什么能力，员工就能“打怪升级到下一关”？如果有，员工一定非常兴奋；如果没有，员工一定是混沌的。

最后，在你通关之后，系统会马上兑现承诺。所有玩过“水果消消乐”的人都知道：当系统反馈给你一个amazing（惊艳）的时候，你得到的分数最高；当系统说excellent（棒极了）时，你的分数次之；等你按照要求完成任务时（无论你操作了几步），你就会立马通关升级。在这个过程中，你不知不觉地就刷到了存在感，找到了成就感。从这个逻辑来看，游戏完美地赋予了玩家持续的自驱力。

回到企业管理中，我们能不能把培训改成游戏，把管理改成游戏？这个难度太大了，因为我们不知道如何设计。但是，我们知道游戏背后的设计逻辑，因此我们可以参考游戏的规则，在管理中使用游戏逻辑去激发员工的自驱力。

目标规划

一个人要想拥有自驱力，首先要有目标。但是，如何去达成这个目标呢？很多时候，员工是不知道的，他们可能只有一颗初心：想要成长、想要赚钱、想要成为管理者。而管理者的职责是什么？使得这个目标成为一个可操作的目标。

很多企业的人力资源部门在招聘的时候，通常会给应聘者一句承诺：我们会提供专业的人才成长职业规划。但是，我们不妨扪心自问：我们真的能做到吗？

所以，员工持续的自驱力不仅源于目标，还来自谁在协助他规划达标的关键路径。因为只有拆解出了关键路径，员工才会有方向感，才会真正行动起来。

每到年底，行动教育董事长李践老师都会问我："熊老师，你明年想挣多少钱？"这个目标非常实际，我也会坦诚地告诉他我所期望的收入。他会说："非常棒！接下来，我们来看看达成这个目标需要做些什么。"最后我们会共同规划出1、2、3、4、5条达标路径。这下我清楚了，只要我做到了1、2、3、4、5，我明年的收入目标就能达成了。

因此，管理者千万不能忽略引导员工，否则员工很可能没有清晰的路径，很可能会走很多弯路，而这些弯路都是企业的成本。

共启愿景

经常有老板问我："和我一起创业多年的高管，跟了我十几年，财富、地位都有了，自驱力却衰竭了。我该怎么激发他们的自驱力呢？"

我首先会反问老板："你有没有将公司的愿景告诉他们？当你的愿景越大、梦想越大时，你就越需要别人和你一起去做这个梦。如果你想要做行业第一，但是你的高管不想做行业第一，你的员工不想做行业第一，那么你一个人怎么可能成功？"

美国作家丹尼尔·平克（Daniel H. Pink）在《驱动力》一书中，把人的动力归纳为三大类：低维驱动力满足基本生理需要；中维驱动力把外部反馈作为动力，即做好了有奖励，做不好受惩罚；高维驱动力是因内在的兴趣、使命感而存在的。

我们要培育高绩效员工，最关键的就是找到员工的内在驱动源，只有基于驱动源进行激发与培育，员工才愿意付出全身心的努力。其实，人生来渴望不平凡，渴望人生过得有意义，那么如何才能获得更多意义呢？哲学家和心理学家都赞同：为生活增加意义的最佳途径就是，把自己的日常行动与一项宏伟事业联系起来。

所以，从本质上看，人都渴望成为宏伟事业的一分子。但是，这种渴望通常会被现实封印在内心深处，需要受到外界的激发才能表现出来。作为老板和管理者，我们要去充当这个激发者，在规划下属个人目标的同时，更要共启团队的愿景。

我曾经告诉我的管培生助理："为什么我们要从国际品牌离开？既然

外国人能够创造一个管理品牌到中国来管理酒店，且30年过去了，经久而不衰，难道中国人就不能创造一个国内的管理品牌去托管外国人的酒店吗？”她说：“当然可以。”我接着问她：“你有没有想过，你未来有可能成为北美地区的人力资源副总裁？”

我在做什么？共启愿景。

最可怕的是，老板一个人拼命往前冲，而下属完全意识不到：你的这个愿景跟我有什么关系？如果老板和下属之间不能共启愿景，那么自驱力是没办法持续的。

标杆驱动

拥有这些还不够，要想让自驱力持续下去，我们始终要与竞争对手比拼（像玩游戏一样），在比拼的过程中激发我们的斗志。

攀比是人性，我们要顺应人性，用人性来激发人的自驱力。

在激发自驱力的所有要素中，我们行动教育用得最成熟的当属标杆驱动法。可能很多企业家和管理者也会在企业内部倡导标杆、表扬标杆、学习标杆，但是他们往往止步于喊喊口号。这是不够的，我们不仅要把这些事情做实，还要把它们做深做透。

如何才能把标杆驱动法做深做透呢？我们可以参考国家层面的做法。众所周知，中国每年都会颁发“感动中国十大人物”奖，这是国家在精神层面最大的激励之一。但是，颁完奖就结束了吗？并没有。“感动中国十大人物”还会去往全国各地做宣讲报告，用背后的故事感动更多的人，传播正能量，激发各个领域冒出更多的道德模范。

因此，标杆驱动法的关键不在于标杆，而在于驱动。如何驱动？找到标杆以后，我们要分析标杆，看看他们成为标杆的路径是什么；我们还要对标杆进行全方位的挖潜，让他们通过谈感悟、写文章、做报告等多种方式把背后的逻辑和路径分享出来。

紧接着，我们要号召全员学习标杆。如果你也想成为标杆，那么你还要打造差异化能力。拥有标杆身上的素质只是你成为标杆的基础条件，只有具备了差异化能力，你才能做出超越标杆的动作，才能弯道超车。这就好比教练用视频回放来分析某个冠军球队：冠军之所以成为冠军，是因为它做到了1、2、3、4。在下一场比赛中，如果我们同样做到1、2、3、4，那么这是不够的，我们还必须找到冠军的弱点，然后有针对性地加以练习。只有这样，我们才有可能成为新科冠军。

当你把自己的绝招练到极致，同时又能博采众长时，你就可能成为新的标杆。作为新的标杆，你又会被分析、学习，最后被别人超越，新一轮的标杆驱动又开始了。这就形成了一个完整的标杆驱动闭环。

如此一来，企业的自驱动成长体系是不是形成了正循环，形成了自己的增强回路？

从我们行动教育的实践来看，这种标杆驱动文化一定会激发企业不断冒出新秀。相反，如果一家企业连续10年的销售冠军都是同一个人，那么只有两种可能：一种是这个人真的可以封神；另一种可能性更大，其他人才的自驱力没有得到充分挖掘。所以，我们千万不要把标杆捧成神，而要倡导“标杆学得会，标杆可复制，标杆可超越”的观念，否则员工只会为标杆鼓掌，不会去学习他、超越他。我们真正要打造的是员工复制标杆的能力，然后鼓励员工寻找自己的差异化能力，使其成为新的标杆。

标杆驱动法背后的逻辑是比、学、赶、帮、超，经营企业就是要树立标杆、分析标杆、学习标杆、复制标杆和超越标杆。在这个循环中，企业内部的人才才会源源不断地冒出来，一个比一个强。标杆会倒逼整个团队勇往直前，落后者会因此而蒙羞，要么奋进，要么离开。当一个标杆追赶另一个标杆时，整个企业的紧张感将被带动起来，团队活力也会被带动起来。因此，标杆驱动是员工自驱动成长体系里的一个最重要的落地方法。

任务驱动

自驱动还来自什么？培育的育。育是什么？是让员工不停地试错，不停地接受挑战。

我在外资企业工作了7年，复盘自己成长最快的阶段，不是我能级已经达到了100%再去干这件事情的阶段，而是我的能级只有60%～70%，就被拉出去操练了。这个过程中收获最大的是我自己，干着干着我就会了。这种培育方法就叫任务驱动法。

外资企业喜欢做的事是：当你的能级只适合做一个优秀员工的时候，它会让你去做主管；当你适合做主管的时候，它非要让你去尝试副经理的角色……也就是说，在你接下这些任务的时候，你的能力只有六七成，剩下的三四成能力是在做这些事情的过程中，通过不断试错来获得的。

我的第一个岗位是在餐饮部门做服务员，没过多久，公司把我从餐饮部门调到人力资源部门做培训讲师，后来又把我调回餐饮部门负责一个项目的运营。说实话，对于做培训讲师和负责项目运营，我当时心里真的没底，但老板给我打了一剂强心针：你尽管上，我们相信你的实力。

后来，我离开外资企业回到武汉。面对只做过培训经理的我，董事长说："人力资源总监这个位置我们不空降了，你上！大不了在你摔倒的时候，我扶你起来！"几年后，我真的在那个位置上做得风生水起。很多时候，你已经没有任何退路了，因为任务压在你身上，驱动着你必须往前冲。

在人才培育的过程中，很多企业往往不敢做这些动作，因为它们怕犯错。但是，人不仅仅是在成功中成长的，更是在试错中成长的。当然，试错也有三个前提：第一，你可以犯错，但是你不能不承认错误；第二，你可以犯错，但是你不能犯同一个错误；第三，你可以犯错，但是你不能错上加错。

瞄准关键人的靶心能力

通过人才盘点，我们找到了关键岗位的关键人，又从自驱力的角度分析了哪些人是值得培育的高潜力人才。苗子找到了，接下来，你如何培育这些苗子呢？其实，上一章已经回答了这个问题：我们必须瞄准关键人的靶心能力来做人才培育，这才是最高效的人才培育方式。

我们还是以行动教育为例来还原人才培育背后的推演逻辑，把人才盘点的整条逻辑线给连起来。

要瞄准靶心能力，我们必须先从战略入手。行动教育的战略定位是世界级的实效商学院，短期业务目标是2021年实现年产值20亿元。我们采用的是“总校+分校”的业务模式。

要实现2021年的战略目标，我们的关键策略是什么呢？首先，我们对于行动教育的增长路线图做了一个梳理：2017年，销售规模不到8亿元，当时一共有30支销售团队；2018年，销售规模超过8亿元，一共有50支销售团队；2019年，我们的销售目标是10亿元，团队规模在2018年的基础上翻一倍。所以，在2019年年初，我们提出了“百团大战”计划，这就是我们达成战略目标的关键策略。

要落实这个关键策略，整条营销线就是我们的关键岗位。这个关键岗位上的关键人包括哪些？我们需要做一个人才盘点。

首先是我们的1，也就是我们的A+型人才。在行动教育，我们挑选各分公司销售业绩前三名的，将他们作为公司未来的储备管理者。我们的目标是把他们培育成为“百团大战”中的团长（领兵打仗的“大将”）。

因此，在2019年，我们最重要的一个人才项目“大将营”出炉了——从年初到年底，我们必须产出60个销售总监（加上在岗的50个销售总监，2020年我们将拥有110位大将）。

对于这些未来的储备管理者，我们不可能面面俱到地铺开大而全的课程，而会着重培育他们的靶心能力。这些人已经是业务线的高手，未来要转型做管理者，那么我们要培育的靶心能力就有两项：团队绩效和团队管理。

按照同样的逻辑，我们来考虑人才的第二梯队：如何培育6和2？6和2本质上就是行动教育的精兵，未来要去往的目的地是1。在行动教育，我们要把这群人培育成为少将，也就是教练。所以，我们把培育6和2 的人才项目称为“少将营”。他们虽然目前不挂管理职级，但也相当于一个小组长。对于这些小组长，我们要培育他们什么能力？业务能力和个人综合能力。

最后是3、5、7，这群人几乎都是新兵蛋子，他们的价值观与公司基本保持一致。经过了三个月的考核，他们已经转正了。在培育这群新兵蛋子时，我们不能跳级，而要把他们培育成6和2。对于3、5、7，公司要把他们培育成精兵，因此，这个人才培育项目被称为“精兵连”。精兵连培育的靶心能力是员工的业务作战能力。

当然，为了有足够的3、5、7，人才梯队的最底层必须有足够多的新人。所以，在行动教育，招聘永远没有淡季。只有源源不断地向上输送

3、5、7，才能保证整个人才梯队不断层，就像一个人才火箭头（见图4-3）一样，能够向上游源源不断地输送人才。

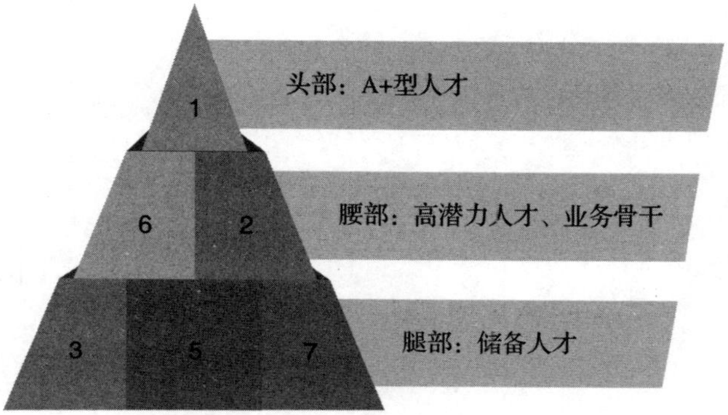

图4-3　人才火箭头

你发现没有，从1到6、2，再到3、5、7，人才培育的层次逐渐清晰。同时，针对不同的培育对象，我们的培育目标不同，选择培育的靶心能力也完全不同。与此同时，针对关键岗位的各个层级，我们也分层设计了不同的人才项目。

这里需要再次强调的是，每个岗位的靶心能力并非一成不变的，它们必须与战略保持一致。比如，对一个从18岁就开始担任高速公路收费员的员工，我相信他一开始是具备靶心能力的，他能胜任这个岗位。然而，在他48岁时，公司却突然告诉他不需要收费员了。他执行的还是和过去一样的服务流程、一样的服务标准，甚至做得更娴熟，为什么会被淘汰呢？原因很简单，靶变了——以前都是人工收费，现在流行ETC（电子不停车收费系统）了。

在这种情况下，我要反问一句：是因为员工没有去训练靶心能力，还是企业根本没有预知未来的形势而忽略了培育员工的靶心能力？因此，靶心能力背后的本质在于保持一致性——必须让员工的能力培育与公司的战略需要保持一致。这是一以贯之的事情，牵一发而动全身。

在本章的最后，我请大家结合自身企业的实际情况，按照人才盘点的逻辑，找出你们企业中最关键的人才培育项目——独一无二的生产线。

第5章
人才项目设计：训战靶心人才的作战地图

你缺的不是授课老师，而是人才项目设计师

在上一章中，我们通过人才盘点找到了企业的关键人才项目。人才项目确定了，靶心人才找到了，靶心能力也锁定了，接下来我们的任务是做好人才项目的设计，把训战靶心人才的作战地图给画出来。

在做咨询的过程中，我常常会感慨：在今天的中国，企业缺少的不是能够上课的导师，而是人才项目的设计师。我接触的大部分企业的人力资源总监都不知道如何去设计一个人才项目。这一设计能力的缺失，是导致企业人才培育难以有产出的一个核心问题。

在讲解这个问题之前，我先以一个亲历者的身份，来复盘一下多年前一家国际品牌酒店的总经理培育计划的设计逻辑，让大家直观地感受一下一个成熟的人才项目设计是如何操作的。彼时，作为一个参与者，我并没有觉察到该计划背后严密的逻辑。多年以后跳出来复盘，我才从更加宏观的角度感受到这家国际品牌酒店在人才培育上的专业度和成熟度。

首先，如何挑选高潜人才作为培育对象？这家国际品牌酒店给出的

标准是“三高”。第一高是高学历，所有入选的高潜人才学员必须是大专以上学历，最好毕业于旅游酒店管理专业；第二高是高阅历，入选者必须有2~3年国际品牌酒店的工作经历；第三高是高潜力，当时集团测评高潜力的一个标准是入选者必须擅长一门外语并能将其作为工作语言。

毫无疑问，即使在国际品牌酒店的基层管理人员队伍中，能够满足这“三高”标准的人也不多。当时我还非常年轻，对于自己的未来也没什么清晰的规划，总是被部门总监逼着往前走。部门总监对我说：“我替你报名了。”最后我竟顺利入选。

人选定了以后，接下来是正式培育阶段。

这家国际品牌酒店是不是像现在的许多企业一样，马上把我们这群人拉过去集训呢？并不是。入选之后，公司只给了我们两样东西：集团网上大学登录账号和登录密码。当我把账号密码输入电脑之后，我的详细档案都跳出来了，包括我过去的工作经历、获得过哪些证书……下面还有一行字——“开启你的学习之旅”。

学习的第一阶段，网上自学20门课，其中包括这家国际品牌酒店的理念、文化、价值观等非常基础的课程。这20门课都是以全英文文档的形式呈现的，学员必须在6个月内自学完成。每一门课学完以后我们都需要考试。考试通过了，我们才可以得到这门课的证书。换句话说，6个月内，我们必须拿到所有20门课的通关证书。

当时，这个自学过程并没有给人压迫感，反而让我们觉得很好玩，就好像今天的年轻人玩“王者荣耀”一样。很快，我就完成了第一阶段的学习，成功获得了20门课的通关证书。

在第一阶段课程结束以后，第二阶段的课程自动弹出来了。第二阶段课程分为两个模块：第一个模块叫通用管理，指的是通用的管理技巧，包括沟通技巧、时间管理、组织效率等；另一个模块叫专业管理，是与我们所在岗位的专业相匹配的管理课程。由于我当时的岗位是培训副经理，因此，我要学习的课程大多与人才招聘、人才选拔、人才培育等相关。学习模式还是和第一阶段一样，全靠自学。

但是，与第一阶段不一样的地方是，第二阶段的课程增加到了40门，这40门课同样必须在6个月之内完成。自学课程的任务加倍了，许多人在这个环节败下阵来，被淘汰掉了。

我还算勤勉，认真地完成了这40门课程，拿到了进入第三阶段的资格。遗憾的是，由于个人原因，我选择从这家企业离开，回到武汉与女友结婚。

但是，我有不少同事坚持到了第三阶段。第三阶段不再是自学，而要去做任务支持。什么叫任务支持？简单地说，就是去新开业的酒店观摩。由于当时国内没有足够多的新开酒店，大部分人都被派往了海外，包括印度尼西亚、马来西亚……在那里一待就是6个月。在这6个月中，他们需要仔细观摩并服务于新开业酒店，从中领略操盘的奥妙。最后，部门经理和新开酒店总经理会对他们的表现给予评估。如果评估合格，他们就可以进入第四阶段；如果评估不合格，他们就会被淘汰。

从第四阶段开始，学员就要独立操盘了。但是，这个时候你还不能操大盘，而只能选择一个岗位进行独立操盘。当然，考虑你只做过观摩，还没有独立操盘的经验，集团会给你安排一个师傅。这就好像新手司机上路一样，需要一个老司机陪驾。师傅的任务不是干活，而是站在旁边监督，如果你跑偏了，师傅会帮助你纠偏。这个过程会持续6~12个月。最后，由这家新开业酒店的总经理和带教你的师傅来对你进行评估，如果他们认为你的实战能力没有问题，那么你可以继续往下走。

第五阶段叫作交叉培训。过去，你只操盘一个专业领域，可能还不了解其他部门。接下来，集团会安排你到其他运营部门全部轮岗一遍。

在这家国际品牌酒店，除了工程部和保安部不需要轮岗外，其他运营部门都必须轮岗。轮岗一圈下来，12个月过去了，此时再由每个运营部门的主管和酒店总经理对你进行评估。走到第五阶段，基本上只剩下一小部分人了。然而，培育计划并没有结束。

通过第五关的人会接着进入第六阶段：参加集团总部的新晋总经理认证考试。据说这个考试的难度不亚于今天考律师资格证。这个考试的考场不设在中国，而是在集团总部，整个考试过程是在线完成的。你可以自由选择什么时候考试，关键是一定要拿到考试通关的资格证书。

只有拿到这个资格证书，你才能到达总经理培育计划的第七阶段——担任新开业酒店的实习总经理，负责这家酒店的运营。考核时间依然是12个月，最后由总部来对你评估。假设这一关你也通过了，那么未来你才能被真正定岗为总经理。

这七个阶段下来，需要花费四五年的时间。完成总经理培育计划全程，最后真正成为总经理的通关者不到入选人数的10%。

我不禁要问上一句：如果你的企业是以这样的方式来培育人才的，那么你敢不敢用他们?

从这家企业的总经理培育计划来看，人才项目的设计绝不是简单地上两堂课。你发现没有，这家企业的整个培育过程几乎没有上课。但最终它却保证了人才产出的质量。之所以能够保证人才产出的质量，是因为其背后有一套人才培育的逻辑，按部就班地做好这四五年的培育规划。

我可以理解，企业在人才培育上总希望见效快。但是，我们必须认识到，真正的高质量人才确实需要花时间打磨，需要做系统长远的规划。这个总经理培育计划是由区域最高人力资源负责人持续跟进的，几年间，人力资源负责人换了几茬，但是这个培育计划从未间断，因为他们都知道，这是为未来5~10年培育管理人才，所以必须做系统规划。

这个系统规划背后的设计逻辑是什么呢？我认为大体上可以归纳为三个关键的里程碑。

明确目标

哪怕最后只有不到10%的人闯关成功，这家企业也不会改变筛选的力度。因为它知道，这个项目要培育的是总经理。他不是一个只经过培训的总经理，而是能够经得起市场考验的总经理。

所以，我们做人才培育始终要围绕培育目标：未来我们希望这个人才项目拿到的战果是什么？我们要围绕战果来进行培育，这个培育一定不是简单的培训就可以解决的。因此，在总经理培育计划中，没有一个阶段是坐在教室里上课，理论知识全靠自学，实践知识来自观摩和操盘。这也再一次证明，培训不等于培育，培训只是培育的手段之一。

划分阶段

这家企业培育一个总经理并不是一蹴而就的，而是把整个培育过程划分为7个阶段，每个阶段历时6~18个月不等。从挑人到培育出人才，总共需要四五年的时间。另外，这7个阶段不是随意划分的，而是围绕靶心能力精心设计并按照难度级别循序渐进的。

规划路径

划分好阶段以后，在每个阶段，我们的小目标是什么？围绕这个要达成的阶段性小目标，我们应该学习什么内容？用什么方式学习？学习时间多长？谁来教？如何评估最终是否达成了阶段性目标？……

这些问题的答案，就是这个人才培育项目的路线图。要让这个项目最终产出成果，我们在作战之前就必须把人才培育的作战地图完整地画出来。

下面，我们将专注于这三个关键里程碑，详细阐述人才项目设计的框架和逻辑。

告别马赛克式目标：强化靶心目标的颗粒度

在辅导企业的过程中，我经常会问老板和管理者：你们的人才项目的培育目标是什么？

这个问题听起来很简单，但是能回答清楚的企业寥寥无几，95%以上的中小企业的人才培育项目都是无的放矢。我们常常听到的培育目标大多是类似的套话：为了支持公司战略发展，快速培育梯队人才……

你发现没有，这样的目标就好像被打上了马赛克，听起来言之凿凿，实则言之无物。你可以琢磨一下：这样的目标描述是不是套在任何一家企业都适用，无论你是卖衣服的还是卖软件的？前文中我反复强调，人才项目是根据公司战略盘点出来的，人才项目的目标怎么可能都是一样的呢？

所以，这样的目标显然是非常模糊的、不合格的，我们把它称为“马赛克式目标”。

企业如果没有清晰的目标，就意味着没有方向，这就好比GPS（全球定位系统）导航，你不输入目的地，导航软件即使再智能，也没法给你规划出一条清晰的路线。你只能走到哪儿算哪儿，即便最终到达目的地，那也是误打误撞的。在“撞”的过程中，你一定会走很多弯路，造成很多资源的浪费。因此，在目标没想清楚之前，我们千万不能蛮干，因为干了可能也是做无用功。

不可否认的是，这个道理虽然很简单，却又是许多人力资源部门的通病，甚至连我自己都犯过类似的错误。

在我辅导行动教育的“精兵连”人才培育项目时，董事长对于我们做的好几个版本的目标描述都不满意。最后董事长提醒我们：“从三个方向来看，现在这个项目的目标都是不清晰的。第一，这些被你拉进来的学员知道通过这个项目的培育，他们将来能干什么吗？他们不知道。第二，这些学员的部门领导把员工交给你们，对于你们要培育出什么样的员工，他们也不知道。第三，作为公司的董事长，对于你们要把这群人培育成什么样，我也不知道。”

这一番话可谓醍醐灌顶。我们重新围绕这三个问题来思考，最后把项目培育目标改成了“每人每月成交一个赢利模式团单6.98万元”。你看，这样一个目标是不是就完美地回应了上面的三个问题呢？

对于参与“精兵连”的小伙伴来说，他们马上会算账：如果每月成交一个6.98万元的团单，那么我一年的收入会是多少？他们如果对这个收入感到满意，自然就乐意参与这样的人才培育项目。同样，部门领导也会算账：假设我的部门有30名这样的员工，那么他们一年能为我带来多少产出？最后，董事长也会算账：这笔培训经费将带来多少产出？

最后，通过这样一个目标梳理，我们把这个人才项目的所有利益相关者真正充分地调动起来。无论是这个人才项目的操盘者还是参与者，为了达成“每人每月成交一个赢利模式团单6.98万元”目标，都会力出一孔，围绕靶心目标去提升学员的能力。

那么，如何才能保证我们的靶心目标能够调动所有参与者的利益呢？我们要从三个维度来强化靶心目标的颗粒度。

首先，我们要围绕成果来描述培育目标。

人才培育的目标是产出高绩效人才。以终为始来看，这个高绩效人才可以从两个方向来拆解。一是实现了能力提升，比如，通过人才项目的培育，过去的金牌员工拿到了店长的任职资格。这就好像我们考驾照一样，拿到驾照就可以算作实现了能力提升。二是更直观地改善了绩效：过去一个月的业绩只有2万元，现在可以持续做到6.98万元。通过人才培育，你的业绩每年都能实现增长，这就是战果。人才项目设计的本质就是，基于如何获得预期的战果来拆分实现的路径。

其次，在描述成果的过程中，尽量使用动词和数词。

动词就是命令，它帮我们明确了要做哪些动作。而数词的优势是什么？一方面能够保证上下理解一致，另一方面也能让我们的培育目标清晰可衡量。因此，我们在描述靶心目标时，务必简单直接，尽量使用动词和数词。

最后，根据我个人经验，一个好的目标一定可以用一句话说清楚。

如何把人才培育的核心目标浓缩成一句话？这是考验人才项目设计师的第一关。

我们还可以用管理学中的SMART原则来检验一下自己的目标是否合格。S代表specific，即目标一定要具体；M代表measurable，即目标必须可衡量、可量化；A代表attainable，即目标虽有挑战性，但一定是可达成的；R代表relevant，即设定的目标要和岗位职责相关联；T代表time bounding，即目标务必在规定时间内达成。

如果你充分理解了上面三个目标设定的维度和一个目标的检验标准，那么我相信你一定可以告别马赛克式目标，同时强化目标的颗粒度，设计出一个高清晰度的人才培育目标。而只有一个高清晰度目标，才能牵引所有人上下一心，左右协同，力出一孔，集中所有力量直击靶心。

“剩”者为才：从直筒逻辑到漏斗逻辑

几年前，我们团队应邀去一家企业做调研。调研结束以后，该企业的董事长告诉我：“熊老师，其实在我们的企业，人力资源的培训也是有套路的。我们年初的时候就开了一个培养班，这个培养班是专门培养储备总监的。人力资源部选了36个人参加这个培养班，每个月上一次课。到了年底，这36个人全部毕业了。作为公司的董事长，我要去给这些毕业生颁发毕业证。但是，颁发毕业证的时候，我的心里特别发虚。为什么？因为这36个人，我看有3个人能当总监就不错了！”

说实话，这家企业在人才培育上已经做得比较规范了，至少有针对性的人才项目。可是，董事长为什么会心虚呢？因为其人才项目的设计模型是有问题的。该企业的人才培育过程并不像前文所述的国际品牌酒店的总经理培育计划——通过不断地加码人才筛选的标准，让人才过五关斩六将，最后“剩”者为才。所以，我们项目组入企以后，首先对其人才项目的设计模型做了一个调整：过去是典型的直筒逻辑，36人进去，36人出来；现在，围绕销售总监的靶心能力，我们要把直筒逻辑变成漏斗逻辑（见图5-1）。我们把整个人才项目分为四个阶段：

- 第一阶段，培养销售能力，36人进去，淘汰6人，剩下30人；
- 第二阶段，培养团队管理能力，30人参加，淘汰6人，剩下24人；
- 第三阶段，培养市场营销能力，24人参加，淘汰6人，剩下18人；
- 第四阶段，终极通关认证，18个人参加，淘汰6人，最后产出12人。

千万不要误以为最后产出的数字是一开始就设定好的，我们只是为了方便理解，预估了一组数字来体现模型的变化。至于最终这个项目能产出多少人，取决于前端培育对象的挑选质量，最后产出12个人是正常的，产出6个人也是正常的。

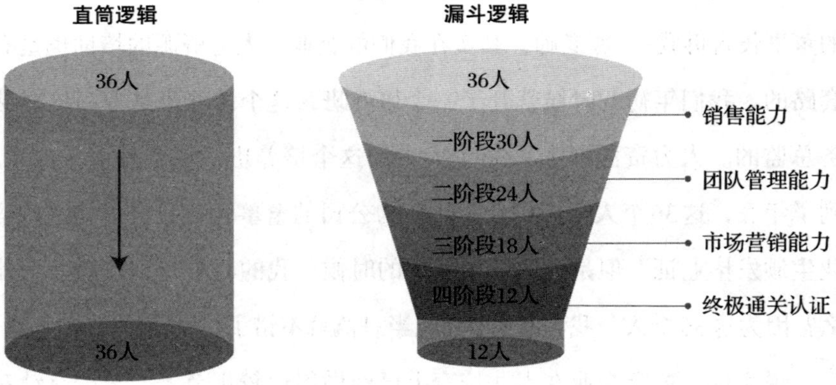

图5-1　从直筒逻辑到漏斗逻辑

近年来，随着企业对人才培育的重视程度不断提高，很多企业都设计了各类“培训班”“特训营”。这些所谓的训练营有没有培育出高绩效人才呢？从客户的反馈来看，效果不尽如人意，主要原因就在于其选拔逻辑没有从直筒型转变为漏斗型。

因为真正的高绩效人才不是培训出来的，而是选拔和折腾出来的，是在系统折腾的过程中用漏斗筛选出来的。最后通过层层选拔、步步通关筛选出的那些“存活者”，才是训练营淘出的“金子”，才是企业要的高绩效人才。

从本质上说，直筒逻辑的背后只是间歇性的培训，而漏斗逻辑的背后是人才的持续性培育和选拔。在漏斗逻辑的每个阶段，我们都要拿筛子去筛出符合标准的人，而且越往后走，筛子的孔要越密，筛选的标准要越高。

六大基础岗位的分段逻辑

漏斗逻辑虽然十分形象，然而回到企业实操项目中，针对如何对不同岗位的人才进行分阶段培育，企业还是无从下手。面对此种情形，我总结了自己的实操和咨询经验，提炼出了企业六大基础岗位的分段逻辑，以供企业参考。

基础技术岗：初级—中级—高级

所谓基础技术岗，就是指这个岗位是靠技能吃饭的，比如美容师、美发师等。针对这样的技术岗位，我们要培育人才的技术能力。因此，针对他们的分段逻辑很简单：从初级到中级，再从中级到高级。这些技术岗位人才从下往上升级，越往上升级，要求的能力越高。

基础职能岗：应知—应会—应用

对于职能部门，比如人力资源部、行政部门等后台支持部门，我们的培育逻辑也可以分为三个阶段：第一阶段为应知，教给他们本岗位必须了解的知识；第二阶段为应会，教给他们处理岗位事务的技能；第三阶段为应用，让他们到岗位中去实践。

基础管理岗：选拔—提升—认证

假设我们要培育一家门店的储备店长（属于基层管理岗），那么针对他们的设计逻辑也分为三步。第一步是选拔符合储备店长标准的人。第二步是提升：对于第一步选拔出来的人，企业必须给他们赋能，提升他们的管理能力。第三步是认证：我们要求储备店长候选人把门店的管理方案做出来，只有管理方案达到店长标准了，总部才能给予其合格认证。

销售岗：小成果—中成果—大成果

销售岗的分段逻辑是：先引导他们获取一个小成果，再培育他们获得中成果的能力，最后赋予他们获得大成果的能力。以行动教育为例，我们针对销售岗的培育逻辑是：先培育新人成交小论坛的能力；接下来培育精兵成交大课“赢利模式”的能力，让他们拿到一个中成果；最后，培育“少将”成交专业咨询案的能力，这是一个大成果。假设你们公司的产品还可以继续延伸，那么你还可以把培育逻辑扩展到特大成果、特特大成果……

所以，熟悉我们的客户会发现，行动教育销售人员的层级与其销售的产品是相匹配的。这样才符合销售的逻辑，才会让人才培育更加高效。否则，你一上来培育新兵蛋子获取特大成果的能力，这无异于好高骛远，结果只能是对牛弹琴。

技术研发岗：一线历练—训战结合—理论收敛

相对于其他岗位，技术研发岗位的分段逻辑比较特殊。技术研发岗位的第一件事情不是接受培训，而是先让他们去一线历练，历练完了以后，再进入第二阶段的训战。

所谓“训战结合”，就是将训练等同于作战。训战结合是华为在人才培育中最常用的方法，它把“战场”搬到教室中。在接受培训的过程中，学员们能够看到“战场”上发生的真实场景，这些场景都是华为大学和业务部门一起筛选的真枪实弹的案例。通过实际案例的形式，培训师给学员赋予专业作战能力，让培训高度接近实战。然后围绕这些实际工作场景，学员们将进行实战模拟、方案比拼等。如此一来，所有课堂上教的东西都是“打仗”时用到的东西。

模拟训练结束后，学员会脱岗到一个一线的交付项目去实践两个月，并且承担项目中的一个关键岗位，正所谓从实践中来，到实践中去。实践结束后，学员再接受答辩，不合格的不予晋级。

最后阶段是理论收敛。学员们上了“战场”以后，知道哪里会出问题，此时进行理论收敛，效果会事半功倍。

中层管理者：补差—提升—绩优

对于中国大多数企业而言，企业的成长快于人才的成长。有时，企业中的中层管理者的能力还不太够，他们却已被放到管理者的岗位上了。如果你的企业也有类似的问题，那么你要做的第一件事情是补差：与这个管理岗位的胜任力标准相比，中层管理者还有哪些差距？找到差距后，我们要尽快把他们的缺项给补充完整。第二阶段才是做能力提升，即拔高他们的管理能力。第三阶段是做绩优，让他们成为高绩效管理者。

这六大岗位的分段逻辑是我在实战中总结出来的，希望能够为企业不同岗位的人才项目设计提供一些参考。

人才培育三段论：选料—培育—评价

在前文中，我把六大岗位的漏斗都画出来了。这些漏斗只是大框架，要想把大框架转化为可落地的人才项目方案，我们还必须把每个细节都画出来。这就是人才项目设计的另一个关键环节：画路径。

人才项目路径应该如何来画呢？下面，我将用一个自己辅导的案例来还原我们画路径的整个过程。

曾经在服务某家餐饮集团的过程中，我辅导过它的一个人才项目。这个项目的初始目标是，在3个月内培育出12名合格的面点厨师。

当集团董事长给商学院下达这样一个任务的时候，我们以为人才培育的目标已经描述得很清楚了，集团人力资源总监也认为这个目标非常清晰，符合我们设定的标准——围绕成果，尽量使用动词和数词，一句话表达。表面上看，这个人才项目的目标确实是清晰的。

但是，当集团人力资源总监向行政总厨复述这个目标的时候，行政总厨只回复了一句话："开玩笑！3个月就能培育出面点厨师，那我们很多人干了10多年岂不是白干了？"

后来，这位人力资源总监打电话向我请教："熊老师，这个初始目标的问题出在哪里？"

很显然，从总厨的反馈来看，这个目标是有歧义的。什么是合格的面点厨师？如何定义"合格"呢？董事长和行政总厨的理解是不一样的，因此我告诉他："问题的关键还是在于这个目标不清晰，你再去和老板以及行政总厨商量一下。"

最后他们三人商量决定，把目标改成了"3个月内培育12名面点厨师（会做6个品种，顾客满意度达95%以上）"。你看到没有，括号里面的内容，其实是在定义"合格"的标准：一是要会做6个面点品种，二是顾客满意度达95%以上。它们就是这个人才项目最终想要的战果。

然而，这个人才项目的整个漏斗周期只有3个月，要在3个月内达成这样的战果，我们应该怎么来设计呢？

首先，我们要往漏斗里面放料。这个人才项目要求最终产出12名面点厨师，那么按照漏斗逻辑，我们一开始放进去的原料必须远远大于12。按照我以往的经验，这类项目的人才产出率大概为30%，这就意味着我们至少要选拔36个人放进去。

接下来，我们把人才项目按照漏斗逻辑分为三个阶段：第一阶段为应知，预计淘汰6人，还剩下30人；第二阶段为应会，再淘汰10人，只剩下20人；第三阶段为应用，由于培育周期比较短，我们把应用直接改成了通关认证，20人里面淘汰8人，最后剩下12人。

当然，前文也说过，这不是解数学题，我们不能预设一个公式。最后可能剩下12人，也可能剩下20人，这与项目源头“选料”的品质息息相关。

如何保证原材料的品质呢？人力资源总监在电话沟通中告诉我，目前有三种途径可供选择：一是直接从东方美食学校“端掉”一个毕业班，这个渠道效率最高；二是从社会上招聘一些过去没有厨师经验的人，这些人可能从事过其他行业，现在想学一门手艺傍身；三是招聘一些本身就是干厨师的，但过去不是面点厨师。

请各位思考一下：如果交给你来决策，那么你会选择哪一种途径？

很多人都会选择第三种途径。但是，真正有经验的人都知道，第三类人表面上合适，实际上却很难培育出来。因为他们已经不是一张白纸，短时间内很难把过去的经验擦掉。同样，第二类人也不合适，因为他们从来没干过厨师，知识结构欠缺得太多。

最优选择是第一种途径，虽然这群人还只是在校学生，但是他们对应知应会的内容已经有了一定基础，而且具备了操作的基础素养——通过美食学校的培育，他们已经是一个能级为0.5的人了。如果集团选择这些学生，我们只需要给他们补一半的内容就够了，这一半的内容包括企业的规章制度、服务流程、面点知识等；其他的应知应会，学校已经帮我们教过了。

因此，千挑万选选苗子，苗对才能出栋梁。人才选择大于培育，这是保证人才项目成功的第一要务。选料是人才项目的第一阶段，我们必须先把人才的标准、渠道和数量确定下来。

人选好了，我们紧接着需要思考的问题是：如何让这群学生在3个月内掌握6个面点品种的制作方法，如何让顾客满意度达到95%以上？我们还要把达成目标的路径画出来。

我们先按照漏斗逻辑，把整个人才培育分为三个阶段：首先在应知阶段，学生们应掌握面点制作的基本知识；其次在应会阶段，他们必须掌握6个面点品种的制作技巧；最后在应用阶段，他们通过现场厨艺比拼和通关考核，拿到集团面点厨师的评定和认证。如果这三个阶段性成果都达成了，就意味着人才培育的终极目标已经达成了。

那么，为了达成每个阶段性的小目标，学生们应该学些什么呢？在应知环节，他们要学习酒店规章制度、产品知识、服务流程、菜单知识等知识；在应会环节，他们要学习6个面点品种的制作技巧；在应用环节，他们要通过厨艺考核并保证客户满意度高于95%。

学什么清楚了，接下来，每个学习模块应该怎么学？知识是可以在教室里学的，但是面点制作的技术在教室里学不了，只能在岗位中学。因此，我们必须给每个人安排师傅进行带教，最后让他们在赛场比拼厨艺。

弄清楚了怎么学，我们还有一些问题没有解决——谁来教？哪些部分交给人力资源部门来负责？哪些部分交给厨师长？哪些部分交给师傅？哪些部分交给评审委员会？另外，谁来统筹管理？用什么方式来管理？怎么保证所有事情稳步有序地运行下去？这些都要想清楚。

在把上面所有的问题都弄清楚了以后，我们才能绘制出真正完整的人才培育作战地图。

一个商业样本：优衣库的超级明星店长项目

在前文中，我用自己所辅导的一家客户还原了人才培育的作战地图是如何画出来的。接下来，我们再以优衣库的超级明星店长项目为例，来验证一下这套逻辑的有效性。

优衣库创始人柳井正先生是一个传奇人物，他写过一本书叫《一胜九败》。在这本书中，柳井正先生提到，对企业利润影响最大的职位是店长。因此，优衣库在其发展历程中设计了一个非常著名的人才培育计划——超级明星店长人才培育计划（见图5–2）。

在最高峰时，超级明星店长项目连续7年为优衣库输送了4 000名店长。因此，我特意将这个案例整理出来，希望能够为连锁型企业培育店长提供一些参考和启发。

既然这个人才项目的目标是培育店长，那么该项目的首要任务便是明确店长的定义。

到底什么是店长？柳井正先生把店长定义为三个角色。第一个角色是知识型劳动者，店长必须具备思考力、眼力见儿、行动力和挑战力。第二个角色是决策者。在优衣库的各大门店，店长话语权最大，他们是门店的第一决策者。超级明星店长可以根据门店位置、客源层次自行调整和决定订货量，可以自主决定商品陈列、店铺运营模式、广告宣传单的印制等。第三个角色是生意人。柳井正先生认为，店长还应该是一个独立自主的生意人，他要对“10–8=2”负完全责任，这意味着他要同时关注收入、成本和利润，店长的奖金与业绩完全挂钩。

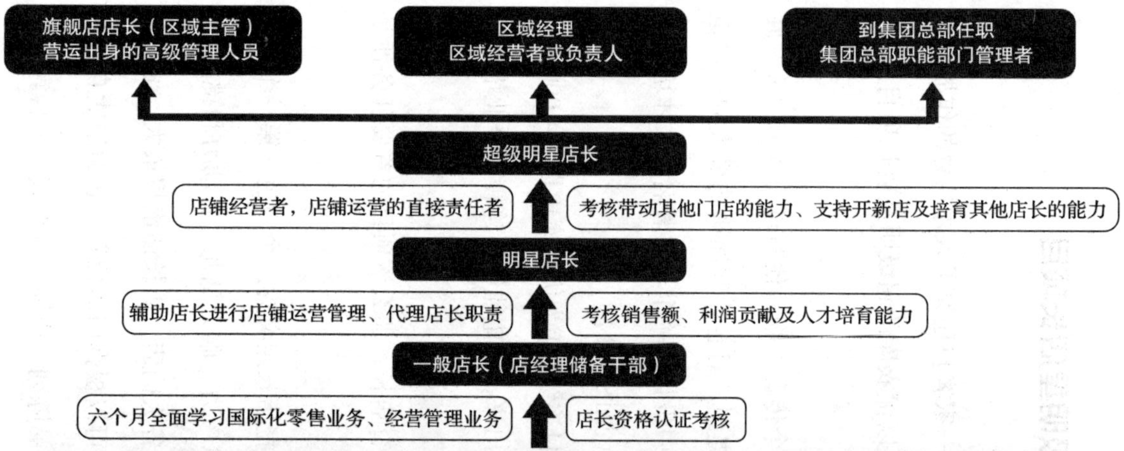

培训内容	阶段及模式		
新手强化训练营（URC）	自我启发式学习（自学资料）		
现场在岗教育（OJT）	师徒制现场教练（在岗学习）		
集训（OFFJT） 不少于三次，每次一周	第一次 ▪ 优衣库文化 ▪ 优衣库理念 ▪ 优衣库价值观	第二次 ▪ 培育新人（辅导） ▪ 店铺营销	第三次 ▪ 提升销售额 ▪ 创造利润 ▪ 库存管理 ▪ 卖场安排

图5-2　优衣库的超级明星店长人才培育计划

只有理解了柳井正先生对店长角色的定义，我们才会明白，为什么他的人才培育计划会这样设计。培育目标明确了，剩下的问题是：如何才能培育出符合要求的店长呢？

第一步还是选料。我先请大家思考一个问题：假设你是一家连锁企业的老板，你想要培育店长，你会选择哪些层级的人参与？我听到大部分老板和管理者给我的反馈是，选择储备店长作为培育对象。但是优衣库的逻辑完全不一样，它的店长培育是从新员工开始选料的。

在优衣库，所有转正的新员工6个月内必须全面学习国际化零售业务的经营管理业务。最后，只要通过店长资格的认证考核，新员工就可以升任一般店长。什么是一般店长？其实就是具备店长任职资格、能够充当店经理的储备干部。请注意，新员工和一般店长之间是没有层级的。

在这6个月内，公司给新员工安排的培育计划是什么呢？整个培育过程分为三个模块。第一模块是新手强化训练营：优衣库会统一给新员工发放学习资料，由新员工自学。第二模块是现场在岗教育：这个模块中，依然没有人给新员工上课，但公司会安排师傅带教，徒弟跟着师傅在岗学习。第三模块才是集训：集训不少于三次，每次集训时间为一周。

其中集训又被分为三个阶段：第一阶段的集训学习优衣库的文化、理念和价值观；第二阶段的集训学习培育新人、店铺营销；第三阶段的集训学习提升销售额、创造利润、库存管理和卖场安排。从优衣库的课程设计上，我们可以很清楚地看到：优衣库不是在培育售货员，而是一开始就把新员工当作店长在培育。

经过上述三个模块的学习，最后通过考核的新员工就可以获得储备店长的认证资格，成为一般店长。

人才培育并没有就此结束，优衣库还要把一般店长培育为明星店长。明星店长不再是储备干部，而是要实实在在地代理店长职责，辅助店长进行经营管理。

在一般店长到明星店长的晋级过程中，他们要学习四个方面的内容，包括零售业务经营管理、培训及领导力提升、团队管理及目标管理、塑造未来国际化经营人才。从这些课程的名称来看，你可能已经发现，与一般企业不同，优衣库在有意培育明星店长的战略思维。

与此同时，优衣库对于明星店长的评估标准也发生了改变——真枪实弹地考核销售额、利润贡献度以及人才培育能力。请注意，优衣库不止考核明星店长的业绩表现，同时也考核明星店长的人才培育能力。换句话说，出业绩的同时还必须出人才，这也是优衣库之所以人才辈出的关键所在。

在你如愿以偿地成为明星店长时，优衣库下一阶段的培育目标就是把你培育成为真正的店铺经营者。对于店铺经营者，优衣库的考核标准是带动其他门店的能力、支持开新店及培育其他店长的能力。只有具备了这样的能力，你才能够成为超级明星店长。

最后，超级明星店长要么去旗舰店当店长，要么去做区域经理，要么到集团总部任职，这是优衣库整个人才体系的逻辑。

梳理完案例，你会发现，优衣库的超级明星店长人才培育计划的设计非常科学和系统。对于优衣库这样的服装零售型企业，其战略性关键岗位就是店长，因此，优衣库把人才培育的重心放在了超级明星店长人才项目的设计上。

而整个计划的设计逻辑也是一个典型的漏斗逻辑。第一阶段，把新员工培育成一般店长；第二阶段，把一般店长培育成明星店长；第三阶段，把明星店长培育成超级明星店长。人才培育的三个阶段又分为若干个小阶段，大漏斗套小漏斗。以第一阶段的培育逻辑为例：首先，员工学习应知应会；接下来，他们回到岗位进行实践，由公司安排师傅带教；

最后，他们要接受集训及资格认证考核。整个人才培育的层次清晰、体系完善。

近几个月来，我连续辅导了多家门店型企业。我发现，这些企业在扩张过程中遇到的瓶颈大多是店长储备不足。我的建议是，可以参考优衣库的人才培育逻辑，把入口做大，把项目设计得更有层次感和纵深感，最后通过大浪淘沙，淘出真正优秀的店长和储备店长。

第6章

靶心训战模式之“学”篇（上）：设计学习地图

我的“精英班”小败局

在上一章中，我们讲到了人才项目的作战地图，我们把人才项目的设计分为三个阶段：定目标—分阶段—画路径。关于人才培育的大框架，我们已经为大家拆解清楚了。但是，具体人才项目路径该怎么画？学什么？怎么学？谁来教？谁来管？其中的每一个模块都是值得深入研究的课题。在接下来的几个章节，我们将针对每一个模块进行详细拆解。

我们知道，在靶心能力的训战模式中，“学”是其中的第一个环节。本章将就这个环节进行深入讨论：要培育关键人才的靶心能力，我们到底应该学什么？

在专业的培训领域，我们通常会用一个专业名词来描述“学什么”，那就是学习地图。所谓学习地图，就是为了达到人才培育的目标，我们精心设计出来的一系列学习内容。

学习地图到底应该如何设计？对于这个问题的求解，我也是一路磕磕碰碰、一边摸索一边前进的。我先给大家分享一段我自己在摸索路上的“小败局”。

2008年，我从国际品牌酒店集团离开，以人力资源总监的身份参与了一家民营酒店——武汉皇家格雷斯大酒店的筹建。在招聘人才的过程中，我发现初创企业招人很困难，尤其困难的是招聘承上启下的中层管理者。

于是，我同公司董事长和总经理达成共识：“算了，既然咱们招不到人，不如建自己的‘黄埔军校’，我们自己来培育人才！”就这样，我们带着满腔热血组建了自己的商学院——武汉皇家格雷斯商学院，由我担任执行院长兼首席学习官。

在此之前，我虽然在国际品牌酒店集团担任过多年的培训经理，但从本质上说，我还只是一个执行者，并非设计者。换句话说，当时我并没有真正操盘过一家商学院，具体该怎么做，我也只能是照猫画虎。

在武汉皇家格雷斯商学院成立以后，我发起了第一个人才项目，取名“精英班”。从这个名字来看，你可能有些迷糊：到底什么样的人才能算精英呢？说实话，我内心的答案也是模糊的——我觉得，只要表现好的员工都能算精英。所以，对于这个人才项目的培育对象，我没有设置门槛，只要是愿意学习的员工，统统可以进入精英班。

第一届精英班有66人报名。接下来，我教他们什么内容呢？一开始我的想法很简单：把国际品牌酒店集团的课程内容照搬过来，对于一家本地酒店来说，这些内容肯定只多不少。上了两次课以后，我发现问题了：这些内容明显“水土不服”，学员们根本听不懂。今天回想起来，这种做法确实欠妥，毕竟那些课程内容是匹配于国际品牌酒店集团的管理体系和管理逻辑的。

公司里的抱怨声越来越大，董事长要求我们暂停，不能讲这些内容。但是，我只有在国际品牌酒店集团的工作经验，如果不讲这些内容，那我也不知道接下来要讲什么。

无奈之下，我只得求助总经理，总经理是一个虔诚的基督徒，具有强大的心力，他随手扔给我一本书——《世界上最伟大的推销员》。这本书中包含关于“成功法宝”的10篇文章。接下来整整一年的时间，我们就拿这本书当作唯一的教材。读到最后，只要我随便翻开一页，所有学员都能倒背如流。

到了年底，这个班里有33人离职了，这33人的离职给了我沉重的打击。我的耳边至今还经常传来各大部门经理的抱怨声：“开什么精英班？不培训还会好好干活！现在人全都走了，看你们怎么收拾残局！”对于一个教育工作者来说，这无疑是最大的讽刺。看到我濒临崩溃，董事长强行要求我休息调整，给我批了整整一个月的假期。

一个月后，我如期归队。虽然精英班只剩下33个人，但我还是要继续带下去。不过，我没有浪费这一个月的假期。假期中，我认真研读了曾国藩的个人传记，我越读越觉得，书里写的不是曾国藩，而是我自己。看完传记以后，我写了整整18页纸的反省，接下来我带班的思路转变了。

首先，我改掉了这个人才项目的名称，将其从“精英班”改名为“大雁班”。之所以取名“大雁班”，是因为公司最缺人才的关键岗位是部门经理，他们就是未来的“大雁”。培育目标清晰了以后，学习内容也明确了，我们要分四个方向来培育“大雁”：一是个人素养，二是管理知识，三是管理技能，四是领导力。

一切从头再来，新的“大雁班”开始招生了。除了剩下的33人，我们又重新招收了67人。这次选人的门槛和标准都升级了，进入大雁班的必须是主管级别以上的人。

为了不影响一线正常运营，同时保证人才培育的质量，我们还开创性地探索了AB班模式：A班和B班上课的内容一模一样，只是错峰开班；A班周二开，B班周五开。与此同时，我们开课的时间也不固定，一切视一线的情况而定。如果当天一线晚上11点下班，我们就从11点开始培训……那真是一段艰苦而充实的日子。那时候，我还没有代步车，经常凌晨两三点钟下课，然后骑着自己的小电动车回家，这还给我落下了腰椎间盘突出的病根。就这样坚持了一年半，最后“大雁班”产出成果了，一共培育了67位储备经理。

时至今日，每次我从上海返回武汉，第一件事情不是回家，而是回到这家企业去看看当年带过的学生，和他们一起吃顿饭、聊聊天。当初那群85后甚至90后的孩子，现在都已经成了这家企业的部门经理甚至部门总监，在武汉这座城市买车买房，落地生根……

这是我作为老师最想看到的。但是，这么多年来，我内心唯一觉得对不起的就是那33个离开的学生，并不是他们不想学，而是那时候的我还不知道该教他们什么。

之所以自爆这段“黑历史”，就是希望大家能理解学习地图的重要性。学习地图的设计并非儿戏，它需要精心设计，因为学什么直接关系到人才项目最终产出的人才数量和质量。

HR ≠课程采购商

每年年底，都有不少企业的培训负责人来找我：“熊老师，这是我们公司明年的年度培训计划，您帮我看看？”看着排得密密麻麻的课程表，我通常问的第一句话是：“为什么要学这些课程？”

其中的大部分人都会回答：“这是我们调研出来的。”

我接着会问他们：“那你们是怎么做调研的？”

听到的答案通常都大同小异："我们设计了一个表格，表格中设置了一些选择题，题目大意是'以下课程，哪些是你们想学的？'。然后，我们把这个调研表格发给各个业务部门的主管……"

听到这里，我基本就能判断这些企业的人才培育十有八九会出问题。

为什么？因为任何调研都是主观的，这个表格是他们自己设计好的，他们已经把课程选项给写进去了。也就是说，这个所谓的调研其实已经有了导向性。除非培训部门十分了解业务部门的问题所在，否则基本可以判断这就是一个假调研。

我们不妨在脑子里构思一下这些企业的调研场景：大多数培训经理不会面对面地找业务部门沟通，而是直接给各业务部门群发邮件。业务部门收到邮件时，正好在忙业务，很快就把这件事情抛到九霄云外了。几天以后，培训经理又发了一封邮件，催促各位业务主管尽快把调研表格交上来，否则下一次就要抄送给总经理了。这时候，业务主管是什么心态？加个班，赶紧把任务给完成算了！此时此刻，大部分的业务主管根本不可能深度思考。

用这种方式做出来的调研，最后一定是一个彻头彻尾的假调研。假调研带来的问题是什么？伪需求。伪需求带来的连锁反应是什么？乱采购。一系列连锁反应下来，企业"学"的内容早就偏离了业务部门的实际需求。在这种情况下，企业的人才培育怎么可能出成果？

所以，以我对一线的观察来看，很多时候，培训部门之所以解决不了问题，是因为不了解事实，缺少深入一线调查研究的习惯。毛主席在《毛泽东选集》中告诫我们："你对于那个问题不能解决吗？那末，你就去调查那个问题的现状和它的历史吧！你完完全全调查明白了，你对那个问题就有解决办法了。"所以，毛主席说："调查就像'十月怀胎'，解决问题就像‘一朝分娩’。”[①]

因此，扎实的需求调研是培训部门必须踏踏实实做的一项工作。真正的需求调研应该怎么做呢？毛主席也在书中给出了两条路。

一条路是“迈开你的两脚，到你的工作范围的各部分各地方去走走，学个孔夫子的‘每事问’，任凭什么才力小也能解决问题，因为你未出门时脑子是空的，归来时脑子已经不是空的了，已经载来了解决问题的各种必要材料，问题就是这样子解决的”。另一条路是“召集那些明了情况的人来开个调查会，把你所谓困难问题的‘来源’找到手，‘现状’弄明白，你的这个困难问题也就容易解决了”。[②]

我曾经辅导过一些企业做需求调研，最后大家才认识到，培训之所以偏离实际，根源还是在于不够深入一线，对客户、竞争对手、行情知之甚少。其实，只要掌握了关键事实，答案就自然会浮出水面。需求调研的目的就是，找到业务部门之所以射不中靶心、拿不到战果的原因，以及与靶心能力之间的差距。

因此，仅仅靠调查问卷的设计解决不了问题，真正的需求调研一定要深入一线去了解情况，去做面对面访谈，而不是发发邮件敷衍了事。在访谈的过程中，我们要从业务部门的角度出发，去收集它们的培训需求。在收集需求的过程中，我们也不能只做一个记录者，然后将这些内容原封不动地发给培训公司，让它们匹配相应的课程。

与此同时，切忌听取“片面之词”，我们要多访谈几个业务部门，否则我们可能会把某些部门的个性需求当成共性需求。一个真正专业的需求调研，必须汇总不同业务部门的需求，然后认真地做好需求分析和需求诊断，找到其中的共性问题，找到员工与公司要求的差距到底在哪里。

---

① 毛泽东. 毛泽东选集［M］. 2版. 北京：人民出版社，1991.

② 毛泽东. 毛泽东选集［M］. 2版. 北京：人民出版社，1991.

最后，我们要根据差距来设计学习地图，这样的学习地图才是有效的。

每年年底的时候，许多销售小伙伴来找我并问我："熊老师，这是我的大客户，其培训部门汇总了明年的年度计划，您帮我看看？"通常情况下，我一定会拒绝。不是怕麻烦，而是没有和这家企业的业务经理沟通过，我不敢妄下定论。

我见过太多人力资源部门，它们把自己当成了课程采购商。如果一家企业的培训调研方式不对，为了满足假调研得到的伪需求，然后去购买一堂课，那么人力资源部门所做的一切可能都是无用功。还是那句话，一切没有产出的培训都是成本。

在行动教育，我们建议所有企业在采购课程时一定不能盲目采购，而要遵循九字方针，它们分别是：强针对、深知识、重落地。

所谓"强针对"，就是要找到企业精准的问题，就像医生看病一样，先找到症状，了解清楚发病的机理，再对症下药。企业在人才培育上，也必须对症下药，只有强针对，培育人才才能事半功倍。

何谓"深知识"？不是随处可见的碎片知识，而是能够系统地揭露出事物的本质和规律的知识，它或是能刷新一个人的认知，或是能经得起实践检验的方法论。今天的新生代员工遇到问题，不会再等老师来培训，而会去互联网上找答案，因此，如果企业培训的内容是随处可得的浅知识，那么这样的课程是没有价值的。但是，如果一个亲历者能够从自己的实战经验出发，进行总结和升华，提炼出方法论，那么这样的内容是互联网上很难找到的，它们便是真正的深知识。

最后一个方针是"重落地"。我们的学习不能聚焦于"是什么"，而是需要问"为什么"以及"怎么做"。你培育的内容能不能直接用于岗位工作中，你所提供的方法和工具是什么，能不能指导大家实战，这些才是最关键的衡量标准。

这九字方针其实是行动教育课程研发的准则，也同样适用于企业的学习内容研发。如果我们能按照这九字方针来设计我们的学习地图，那么我相信，我们的人才培育项目已经成功了一半！

标准、标尺和标向

经常有企业家问我：学习地图的来源有哪些呢？

根据实践经验，我认为学习地图的来源其实只有三个渠道。我把这三个渠道总结为三个词：标准、标尺和标向。

2019年，我在行动在线商学院讲了一期线上课程。在课后的提问环节，有一位企业家向我诉说他的困惑：他所在企业是一家大客户销售型企业，每年的大部分业绩都是由老板一个人贡献的，其他销售人员贡献非常小。一直让他犹豫不决的是：他应该重新招聘一批新人还是对现有的销售人员进行内部培育？

我没有直接回答这位企业家的问题。直觉告诉我，这家企业的销售人员贡献不足的问题，其症结并不在于外部招聘或内部培育，而在于人才标准不清晰。所以，我先向这位企业家确认：你们对于销售人员的岗位标准清晰吗？岗位上有胜任力模型吗？果不其然，这位企业家回答起来含糊其词。

事实上，不管是选择外部招聘还是内部培育，我们不能偷懒的第一件事是，梳理出这个岗位的胜任力标准。如果企业内部员工基本符合胜任力标准，那就说明我们的人才培育体系出了问题。反之，如果当下的员工与这个岗位的胜任力标准完全不匹配，那么我们可能要考虑重新招聘符合标准的新人。因此，这家企业人才培育不出成果，关键还在于没有梳理清楚人才标准。

任何一个职位都应该有自己的岗位标准：店长有店长的胜任力标准，班组长有班组长的胜任力标准，大客户销售人员有大客户销售人员的胜任力标准。企业如果要做人才培育，首先必须对照岗位的胜任力标准，找到员工现在的能级与胜任力标准之间的差距。差距等于课题。以我的经验来看，一家企业60% ~ 70%的学习内容应该围绕胜任力标准来设计，这是学习地图的第一个重要来源。

除了胜任力标准，学习地图还有第二个重要来源——标尺。标准是人才的基准线，达到人才基准线，我们只能称之为合格。而标尺代表着最高水平，标尺包括行业标杆、竞争对手、企业内部标杆等。所以，企业要找到标尺，找到业务中的顶级高手，然后对照他们找到问题所在。问题也等于课题。

学习地图的第三个重要来源是标向。标向是什么？未来的趋势与方向。

我在前文中举过一个例子：一个收费员18岁进入收费站，在刚开始的时候，他是具备靶心能力的，他清楚收费岗位上的服务流程和服务标准。但是，在他工作了30年以后，ETC时代来临，人工收费已经落伍，这个岗位的靶心能力变了，于是他就被淘汰了。那么，站在企业的角度来讲，你有没有预见到未来的趋势和方向，你有没有根据未来的趋势调整对人才靶心能力的培育？这反映的是标向的价值。

因此，企业还必须实时关注行业及企业未来的发展趋势。尤其是处于变革和转型期时，我们的培训内容要具有一定的前瞻性，帮助员工掌握企业未来需要的靶心能力。因此，未来发展方向也应该等于我们的课题。

讲到这里，你可能就对优衣库为什么要把店长培育成未来具有国际化视野的人才这个问题有了清晰的认知。因为一个真正的领导者应该是面向未来的，对于未来的问题和机遇判断越精准，越早为未来做准备，他超越对手的可能性就越大。尤其是当企业已经开发出一些面向未来的新业务时，这些新业务一定要成为培训的焦点，因为它们很可能成为企业未来的主流业务，决定着企业未来的竞争力。

总而言之，学习地图的来源无非有三个渠道：一是标准，员工能级与胜任力标准的差距等于课题；二是标尺，与标杆对比过程中发现的问题等于课题；三是标向，行业与企业未来的发展方向等于课题。如果我们的学习地图设计紧紧围绕这三个来源，那么学员一定会在实战中命中靶心。

人才双划图

有了标准、标尺和标向，课程来源的渠道便有了方向性，但是这还不够。如何把这些大方向细化为企业的学习地图呢？我们还必须继续向下挖掘。

我在调研企业的过程中发现，那些抱怨无人可用的企业，十之八九都没有精准的人才画像，它们的意识里往往只有一个模糊的人才概念。我曾经做过一个小样本的抽样调查，发现80%以上的中小企业都没有完整的胜任力标准。如果胜任力标准都不清晰，我们就无法找到培育对象的胜任力差距，更无法找到强针对的课题。因此，构建一个完整的胜任力标准，是设计学习地图的第一步。

如何才能构建出一个完整的胜任力标准呢？根据多年的实践经验，我们开发了一套构建胜任力标准的模型，并把这个模型图命名为“人才双划图”。这个名字源于纵横坐标轴所代表的意义：纵坐标代表职级规划，横坐标代表能级规划。

我们以一家服装企业为例，来构建这家企业的人才双划图（见图6–1）。

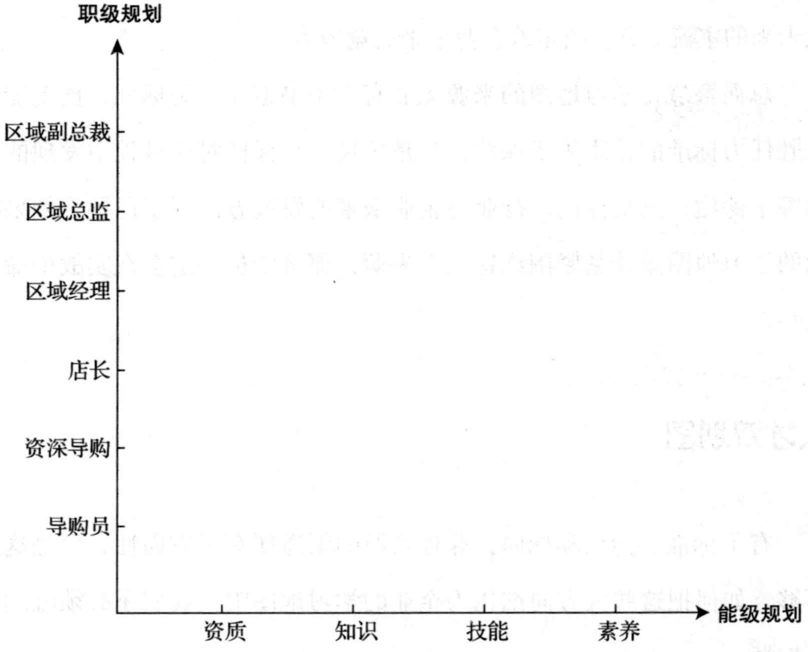

图6–1 人才双划图

先来看纵坐标，一家服装门店，其中最基层的岗位是导购员，这个导购员如果要往上走，升迁顺序为：导购员→资深导购→店长→区域经理→区域总监→区域副总裁。再来看横坐标，要评估一个人的能级，我们也不能泛泛而谈，而要将其分解为四个模块来考察。这四个模块分别是资质、知识、技能和素养。在设计这个模型图时，有以下三点需要特别注意。

第一，职级不能交叉：要么按照管理逻辑来，要么按照专业逻辑来。在图6–1中，从导购员到区域副总裁，这是典型的管理逻辑。除了管理逻辑，许多技术岗位还有专业线，比如初级工程师→中级工程师→高级工程师→特级工程师，这就是典型的专业逻辑。在设计人才双划图的过程中，我们千万不能将这两个逻辑混为一谈。

第二，各个职级在能级上要体现出差异化。如果一个导购员在知识方面必须具备四个条件，那么资深导购员在知识模块还必须追加两个条件。换句话说，随着职级的上升，能级也必须往上提升。

第三，能级规划的四个要素——资质、知识、技能和素养一个都不能少。这四个要素分别代表什么呢？它们之间的差别是什么？哪些要素是先天的，哪些要素是后天可以培育的？我们必须在能级规划中清晰地体现出来。

第一个要素是资质。资质是一个硬门槛，只能前端挑选，不能后端培育。比如，我们要求导购员身高1.60米以上，这就属于资质，无法后天提升。所以，一开始挑选人才的时候，我们就要把好资质关。那么，资质包括哪些内容呢？

- 基本信息，包括学历、婚姻状况、年龄、身高等。
- 工作经验或管理经验。
- 专业岗位的任职资格证书。
- 业绩指标及绩效指标。

关于最后一项，我要说明一下：业绩指标比较容易理解，绩效指标是什么意思呢？如果某家服装店的一名店长要升任区域经理，那么考核他的绩效指标除了业绩之外，应该还有人才培育指标。比如，培育了多少储备店长，培育了多少资深导购员，这些都是核心的人才培育指标。2019年，我们在东南亚服务过一家服装企业。在指导其做人才双划图时，我们要求其每个岗位的晋升考核资质里必须包含一个业绩指标和一个人才培育指标。只有双指标都达标的员工才具备晋升的资质。

第二个要素是知识。知识解决的是从不知到知的问题，包括以下三个方面：

- 公司知识，包括公司的规章制度、流程、服务标准等。
- 专业知识。假设你是卖服装的导购，你就需要掌握必备的服装知识以及销售知识。
- 行业知识，包括行业趋势、国家政策以及未来可能的变动。

第三个要素是技能。技能要解决的是从不会到会的问题，包括以下几种类型：

- 通用技能，比如时间管理技巧、沟通技巧。
- 管理技能。所有未来要挂管理岗的职位，都必须学习管理技能。管理不是简单的认知，而是一项技术，比如目标管理、绩效管理、员工激励、团队组建、团队激发等都属于管理技能的范畴。
- 专业技能。任何岗位都有其特定的专业技能，门店店长有自己的专业技能，美容师也有自己的专业技能。

第四个要素是素养，比如责任心、诚信、真诚等品质都属于素养。这也是企业在人才培育中容易犯错的一个关键点。

在接触企业的过程中，我发现很多企业把大量的资源和时间都投入到了素养培育中。经常有企业家向我反馈：我们组织了一个心态类培训，员工状态非常好。我经常会反问他们："这种良好的状态能持续多久？一周？一个月？三个月？半年？如果持续不了半年，怎么办？再来一次类似的培训？”更糟糕的是，当把员工的激情调动起来时，你却没有向他们传授真材实料——在市场上“冲锋”的时候，他们只会一股脑地往前冲，最后却成了炮灰。

从本质上说，素养是一个软门槛，与知识和技能不同，即使经过后天的培育，素养也只会产生轻微的变化，而不会发生本质性的变化。所以，我建议企业不要在素养类的培训上过多地投入资源。因为这不是一颗救命药，而是一颗保健药，必须天天吃才能见效。与其天天做心态类的培训，还不如在选种的环节就提高对素养的要求，直接选择素养较高的人，然后用企业文化、价值观来对他们进行正向引导，让他们始终处在正确素养的轨道上，而不寄希望于一两堂课来改造他们。

总而言之，在人才培育的过程中，我们必须认清楚以下规律：资质是不可培育的，素养只能稍加影响，企业应该把培育的重心放在对知识和技能的培育上；知识类培训可以解决认知的问题，让员工从不知到知；技能的培训更重要，它能够解决实际操作的问题，让员工从不会到会。因此，企业如果真正要对员工负责，就要在知识和技能上对他们进行培育。

回想当年，我自己也犯过同样的错误——把过多的精力放在素养的培训上，而忽略了对知识和技能的培育，最后员工状态很好，个个斗志昂扬，可是在“战役”刚开始不久，他们还没有来得及拔枪，就被敌人干掉了。说到底，最后我只是培育了一堆勇敢的牺牲品。因此，我们真正要教给员工的应该是本质和规律，应该是解决问题的方案，让他们上了“战场”就知道怎么打枪，怎么扔手榴弹，怎么迅速地歼灭敌人。没有这些真材实料的内容，只是把员工的状态调动起来，这谈不上是真正有效的培育。

胜任力差距=课题

各位读者，你们不妨先动动手，结合自己企业的实际，把某个关键岗位的人才双划图在纸上画出来。

这个模型画好了以后，要如何派上用场呢？接下来，我们要对照人才的胜任力标准，找到胜任力差距。胜任力差距就是我们的课题。

胜任力差距该怎么找呢？此时，我们就要动用你刚才画好的人才双划图了。

先从纵坐标的职级规划来看，我们到底应该对照哪个职级的标准来找差距呢？这是很多企业经常出错的地方。假设小王是某家服装门店的店长，未来你想把小王培育成为区域经理，那么你是应该对照店长还是区域经理的胜任力标准来找差距呢？

切记，我们一定要对照区域经理的胜任力标准来找差距，时刻牢记我们培育的目标是让王店长成为王经理。

纵坐标定位好了以后，接下来是定位横坐标。我们应该对照能级规划中的哪些要素来找差距呢？

资质是不可培育的，所以这个模块要交给人力资源部门去评估，在选拔人才的时候就把好入口关；而素养是一颗保健药，必须天天吃，所以我们对其不可投入过多的资源。这样一来，答案就比较清晰了。

在能级差距上，我们需重点对照知识和技能方面存在的差距。还是以小王为例，我们找差距的参照系是什么？参照区域经理这个岗位对知识和技能的要求，找出王店长现在的差距在哪里。这个差距就等于课题，接下来我们将围绕这个差距来针对性地培育王店长。

从我们辅导企业的经验来看，当我们推出胜任力标准以后，很多现任店长都会在现场发出这样的感慨：“我感觉自己当前做一个店长都不合格！”这种感觉就对了，因为我们的企业过去普遍都没有标准。因此，当发现目前的店长能级还不符合岗位胜任力标准时，你在课程设计上就不能越级，而要回到同级补差，先围绕店长岗位的胜任力标准来设计学习地图。等到把店长能级的差距补上了，你才可以对照区域经理的标准对其进行后续培育。

最后还有一个问题：构建胜任力模型并找到差距，这件事情应该交给谁来做呢？很多企业把这件事情一股脑地丢给人力资源部门，这是错误的，因为人力资源部门不可能这么专业。

谁最了解业务？业务部门的领导。因此，这件事情的负责人一定是业务部门的领导。也就是说，销售部门的胜任力模型由销售部领导负责，生产部门的胜任力模型要交给生产部门的领导来负责。

那人力资源部门干什么呢？人力资源部门要为业务部门提供支持。人力资源部门最好能在各个业务部门、各个层级中找到代表性的样本，并且样本层次要丰富一些，能够覆盖绩效优秀、绩效中等和绩效比较差的人——这样收集到的问题和内容比较全面，最后再交给公司一把手来审核。

业务问题=课题

在课程内容的设计方面，没有那么多高大上的理论，一切都来自实践。我们经常用到的一个指导原则叫“打仗就是练兵，仗怎么打，兵就怎么练”，所以我们要教给学员的东西就是“战场”上遇到的问题和解决问题的方案。我们将这些问题和解决方案整理成课程，向学员们传授这些内容，然后让他们把这些内容带回到“战场”，这样他们才会悟到其中的本质和规律，才能举一反三。

因此，我们在学习内容的设计上还是要回归工作场景，而高频次发生的问题本身就是课题。

拉卡拉创始人孙陶然在他的《有效管理的5大兵法》一书中打过一个形象的比方：一个大厨水平再高，一次只能做一桌饭，如果想同时做出一百桌饭，就必须有十个、百个厨师同时做饭。如何能让这些厨师做出和大厨一样水平的菜呢？方法只有一个，就是大厨把自己做饭的方法和心得写成菜谱，让其他厨师对照菜谱勤加练习。通过把成功的战法定性、定量，写成操作手册，再根据手册内容传授员工知识或者让员工自学，我们便能达到事半功倍的培育效果。

在研究业务问题的过程中，我们就是要创作"菜谱"，把标杆员工甚至行业标杆的菜谱整理出来，形成人才培育最好的教材。

这本标准手册该如何萃取呢？近期有一位企业家向我提出了这个问题。这是一家有100多家门店的连锁企业，让老板一直很头疼的问题是：门店店长的标准手册应该怎么编写？这个问题其实极具普适性。

在回答这个问题之前，我们先要回答最根本的问题：什么是标准手册？如果我们不清楚标准手册的价值，只是为了做手册而做，那么即使这个手册做出来了，也将脱离企业的实际需求。

实际上，一本优秀的标准手册应该具备三个功能。

- 标准手册=岗位标准。标准手册意味着我们的岗位标准。店长是一个岗位，那么店长应该达到哪些要求？标准手册是衡量店长的一把尺子。
- 标准手册=赋能教材。标准手册的第二个功能是什么？可以用作赋能的教材。你要给一个新店长赋能，那么你的教材来自哪里？就是来自岗位标准手册。

- 标准手册=疑问宝典。这本手册还应该具备疑问宝典的功能，它就像小型百科全书一样，能够帮助服装行业的店长围绕着人、货、客、场这四个要素，精准地找到自己想要的答案。

萃取内容的三个渠道

如果我们的岗位手册能够具备以上三个功能，那么它一定会被员工视若珍宝。那么，要实现这三个功能，内容应该源于哪里？我们可以从三个渠道萃取内容。

内部业绩标杆

比如，在上述拥有100多家门店的连锁企业中，一定有标杆店长，这些标杆就是萃取标准手册的关键源头。

上一年业绩超过千万元的门店店长有哪些？这些内部标杆身上沉淀着大量的经验，他们取得佳绩的关键方法是什么？我们要全方位地萃取他们的经验和技术：他们是如何管人的？货物是如何调配的？客人是怎么引流的？卖场是怎么管控的？他们是如何推动客户转介绍的？他们有哪些连大单的经验？……

这些都来自内部标杆。如果说胜任力标准是一个岗位的底线，那么业务标杆便是这个岗位的最高标准。我在一线观察到，许多企业浪费了标杆的价值。很多企业的业务标杆拥有大量的成功经验，但是这些经验都存储在他们个人的大脑里，没有变成公司的集体知识。一旦这些业务标杆离职，这些宝贵的财富便会烟消云散。

事实上，我们无法阻止标杆的离开，但是标杆脑中的知识应该被企业沉淀下来（包括业务经验、解决方案和工具），它们都应该沉淀为集体工作成果，成为关键岗位培育靶心能力的重要素材。

如果我们能把标杆大脑中的知识萃取出来，变成标准流程、SOC（工作指导手册）、SOP（标准操作程序），把标杆大脑中的隐性知识变成企业宝库里的显性知识，那么它们将是最好的学习地图来源。因此，企业需要把这些知识切实地在组织里面运用起来，用于人才靶心能力的培育，最终帮助员工拿到战果。

例如，日化巨头宝洁之所以校招做得很优秀，原因就在于它能很快做好知识复制：任何一个应届毕业生来到宝洁，只要经过三个月的封闭培训，就可以直接“上战场”出业绩。如果你的企业也能提炼出一套标准化的流程、企业案例、解决方案，新人就能够通过这些标准迅速上手，从而大大降低企业的运营成本。

外部的行业标杆

如果你的企业才刚刚起步，还没有足够时间去沉淀经验，那么你也可以向外部的标杆学习，他们是行业高手。假设你是经营服装连锁门店的，你就可以思考优衣库的人才培育逻辑：为什么优衣库短短7年时间能培育4 000名门店店长，它是怎么做到的?

外行中的内行

除此以外，我们还可以参考外行中的内行，虽然有些标杆企业不是做服装行业的，但它们深谙连锁运营管理。比如，我们可以参考餐饮企业的海底捞、西贝是如何做店长培育的，它们都可以成为我们对标的内容来源。

标准手册的五个模块

当我们明确了标准手册的目标，也解决了其内容的来源后，我们就要正式开始汇编标准手册。这本手册至少要包含以下五个模块。

店长的角色定位

对于店长岗位的角色定位，至少有三个方面可供参考：第一，他是这个店业绩的最高负责人；第二，他是这个团队的最高领导者；第三，他是这家门店最有效的管理执行者。所以，我们要把这三个角色弄清楚，在标准手册的开篇，首先就要写清楚店长到底是干什么的。

店长的岗位标准

当明确了店长的角色定位以后，我们需要根据店长的三个角色分别制定岗位职责。这些职责都是标准化的，我们可以参考行业内外的优秀标杆，然后把职责标准萃取出来。

店长的工作流程及关键动作

不同企业的运营模式不一样，店长要做的事情也不一样。就拿经营服装生意来说，无论你卖女装、男装还是童装，店长的工作流程和标准都是不一样的。

那么，店长的工作流程及关键动作该如何确定呢？我们要考量两件事情。第一，按照时间轴来编写。这个时间轴不是让你每天记流水账，而是要写清楚店长每天做什么、每周做什么、每月做什么、每年做什么。第二，按照这个时间轴，编写店长的关键动作。以每天的关键动作为例，店长需要开好早会和夕会，这个“两会”就是店长的每日关键动作。围绕这个逻辑，我们可以把店长的整个工作流程和关键动作梳理出来。

确定店长的工作流程及关键动作至关重要，它是我们这本标准手册的灵魂所在。

店长的常见问题答疑

我们还要提炼出店长在工作过程中经常遇到的问题，针对这些常见问题做好答疑。这些问题从哪里来的？就是那些优秀店长经常会遇到的问题。

如果我们能像编写词典一样，将这些常见问题及其解决方法编辑成册，那么这样一本手册一定会被新人店长当作案头宝典，因为这些内容全都来自我们经验和技术的萃取。

店长常用的工具、表格和模板

我们还要把优秀店长常用的工具、表格、模板汇编进标准手册中，让新任店长拿来就能用。

这本手册并不是死的，而是活的，我们还要对这本手册保持周期性的更新，比如每半年更新一次。随着企业的发展和经验的积累，这本手册就会成为人才培育领域传承的一部宝典。

最后，我们不能忘了机制保障的重要性。比如，企业可以建立线上社区，包括“即时问答社区”“专题研讨社区”“业绩达人经验分享社区”等，员工可以在线听取标杆员工的经验分享。我们还可以举办微课大赛、微案例大赛、新产品说服性演讲大赛等，激发员工贡献内容，沉淀优质经验，实现智慧众筹。另外，我们还可以通过点赞、评价等自动化机制，使得优质课程内容脱颖而出。针对员工关心的共性问题，公司还可以组织专家队伍访谈优秀员工与优秀管理者，采取录制访谈视频、编写案例、制作微课等方法，将他们的先进经验和心得体会转化为学习素材……

总而言之，我们要通过多样化的方式，吸引员工主动把业务问题和业务经验萃取出来，让越来越多的标杆员工自愿把最鲜活的一手知识沉淀在平台上，推动企业内部知识成果及时输出与快速更新，也为学习地图的设计提供第一手资料。

第7章

靶心训战模式之“学”篇（下）：读书会与大讲师

教育不是把篮子装满，而是把心点亮

作为教育工作者，我一直在思考一个问题：什么是好的教育？

我曾经问过许多企业家这个问题，有的人回答得很务实，说好的教育意味着能落地，有成果；有的人回答得很务虚，说好的教育意味着能融会贯通……一千个人眼中有一千个哈姆雷特。但我听过最好的答案来自我的客户——钻石小鸟联合创始人徐潇女士，她告诉我：“教育不是把篮子装满，而是把心点亮。”后来我才知道，这句话来自一句西方谚语。

这又让我想起德国著名哲学家雅斯贝尔斯（Karl Jaspers），他曾在《什么是教育》一书中写下一段充满诗意的话：“教育的本质意味着，一棵树摇动另一棵树，一朵云推动另一朵云，一个灵魂唤醒另一个灵魂。”

反观今天我们的人才培育，很多老板和管理者根本没有理解教育的真谛。我们粗暴地把教育等同于培训，把教育等同于灌输知识，这直接导致了我们的教学方式几乎完全是填鸭式的、灌输式的、单向度的。这也正是导致新生代员工越来越抵触培训的主要根因。

在我看来，真正的教育一定不是单向的，而是双向的。教育的目的是教化人心、育人成长；教是从外往内的，而育是从内往外的。如果你的教育撼动不了人的内心，碰触不到人的灵魂，那它就不是真正的教育。

然而，要撼动一个人的内心，“学什么”固然重要，但更关键的问题是“怎么学”。用什么样的方式学习，才能真正撼动一个人的内心，碰触到他的灵魂呢？这一章，我要用自己的经营实践来回答这个问题。

80% 的教学成效不再来自课堂

我最近和一位老友聚餐，他是一家国际连锁品牌酒店的中国区人力资源副总裁。席间，他谈到一个有意思的现象：在95后成为企业一线的服务主力之后，他明显地感觉到，过去有效的培训形式也显得力有不逮了。这群互联网原住民对过去集团教科书式的培训课程并不感兴趣，这与我在企业一线做咨询的感受不谋而合——传统的培训和学习方式正在面临挑战。

为什么传统的人才培育方式会“失灵”？这个问题值得我们深思。不过，要解开这个谜团，我们还是要将源头回溯到企业的培育对象身上。

互联网上曾经流传着这样一个小段子：

- 60后：什么是辞职？
- 70后：我为什么要辞职？
- 80后：别家公司给的工资高，我就辞职。
- 90后：领导骂我，我就辞职。
- 95后：感觉不开心，我就辞职。
- 00后：领导不听话，我就辞职。

虽然这只是一个用以调侃的小段子，但是其背后已经清晰地呈现出代际差异性——对于今天的95后、00后而言，吸引他们工作的不是高薪，而是好不好玩。上海交大的何帆教授曾经在自己的新书《变量》中，将这群新生代员工工作的驱动力总结为“嗨动力”。因此，要想让人才培育出成果，并真正被新生代员工接受，我们就一定不能用培育70后、80后的方式来培育95后和00后。

那么，针对新生代员工，企业在培育形式上需要做哪些调整呢？至少有两种趋势值得大家关注。

培育形式趋向多元化设计：有形无义→随形有义

如今，很多企业的培训基本上都是空流于形式的，“有其形，失其义”。如果我们非要把一群95后、00后圈到教室里进行培训，那么，最后他们人可能来参加了，心却没有参与进来。所以，真正有效的培训不是有形无义，而是随形有义。对于培训的形式，我们千万不要拘泥于课程，而要着眼于“教化人心、育人成长”的终极目标。

什么是随形有义的培育方式呢？

假设我们是一家生产型企业，当生产车间某个产品出现了问题时，我们并不需要组织工人们去教室里面上课，只需要在现场组织一个小型的复盘会，分析一下事故产生的原因，讨论出解决方案。教会员工解决问题，让他们做到举一反三，这就是随形有义的培育方式。

过去，企业的培训总是过于依赖课堂，仿佛只有在教室上课才是培训。对此，我希望把大家的观念扭转过来，即课堂非但不是唯一的培育方式，而且可以说是效果最差的学习模式。

根据大脑的发展规律，成年人在接受和处理信息时遵循“70–20–10”

的规律。也就是说，成年人70%的知识靠实践获得，所以轮岗、任务挑战、外派甚至情景模拟等实践性的学习方式能够获得比较好的学习效果；20%的知识靠向他人学习获得，所以辅导、反馈、小组研讨等方式也能取得不错的学习成效；只有10%的知识是依靠传统面对面授课获得的。

中国人才发展社群（CSTD）发布了《2018中国企业培训市场前景分析报告》，其中披露了一组数据，即最受企业关注的培训方式排名前9的分别是：在岗训练、混合式培训、体验式培训、行动学习、引导式培训、教练辅导、在线学习、讲座论坛和参观交流（见图7–1）。从这组数据中你可以发现，面对面授课并没有入选。

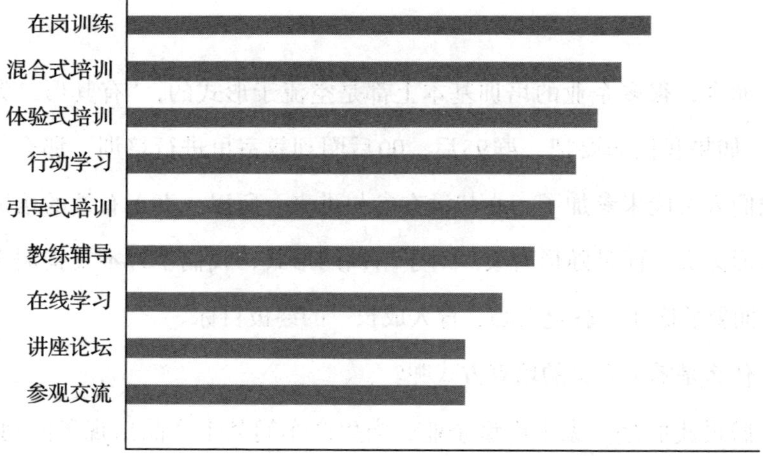

图7–1　企业对培训方式的关注程度

数据来源：中国人才发展社群《2018中国企业培训市场前景分析报告》。

所以，真正有效的学习形式远不止于课堂教学，只是过去我们习惯于传统课堂，没有真正关注对学习形式的开发。

那么，哪些培训方式是真正有效的呢？按照自身的实践经验，我把教学方式总结为四大类：日常教学、集中教学、在线教学和课堂教学（见表7–1）。日常教学包括读书会、大讲师、晨夕会、师徒制、复盘会和成长面谈；集中教学包括集中训练营、集中通关认证、行动学习法和任务挑战赛；在线教学包括在线慕课、在线直播、在线微课等。即使是最传统的课堂教学，我们也可以在其中融入多种互动方式。

表7–1 教学方式分类汇总表

日常教学	集中教学	在线教学	课堂教学
读书会	集中训练营 ■ 新人选拔营 ■ 中层干部营 ■ 高层特训营	在线慕课	情景模拟
大讲师		在线直播	学员练习
晨夕会		在线微课	自我反省
师徒制			角色扮演
复盘会	集中通关认证		案例分析
成长面谈	行动学习法		小组讨论
	任务挑战赛		大组讨论

比如，在行动教育，我们就采用了多样化的教学方式，形成了独特的“行动式混合模式”，综合使用了读书会、大讲师、任务小组、师徒带教、游学参访、复盘学习、成长面谈、项目集训、研讨沙龙和在线慕课多种培育方式（见图7–2）。

教育主体的迁移：以老师为中心→以学员为中心

过去的培训过于强调课堂，而课堂的话语权基本掌握在授课老师手中，所以这种灌输式的学习模式通常是以老师为中心的。然而，今天的新生代学员崇尚自由，不再迷信权威，想要发出自己的声音——不是“只听你说”，也要“你听我说”。

因此，过去培训的主体是老师，客体是学员，即老师讲什么，学员就听什么。今天，我们必须扭转观念：教育主体逐渐从老师转移到学员身上，我们在形式设计上要千方百计地给新生代学员发声的机会。

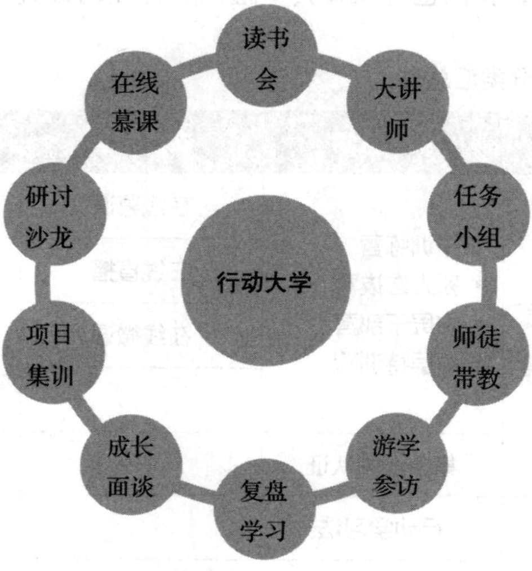

图7-2　行动教育的混合培育模式

以我所辅导的英树大学为例，它是一家以90后员工为主的美妆企业。在服务这家企业的过程中，我注意到一些小细节：在每次上课之前，主持人都会专门留出时间给学员拍一段小视频，供学员发微信和抖音；课间休息时，公司也会专门安排摄影师跟拍美照，方便学员课后发朋友圈。主持人告诉我，这些安排是为了让学员上课更专心，课后更愉悦。否则，学员对老师和课堂的关注度敌不过他们对微信、微博、抖音的关注度。

这些小细节启发我思考：对于职场新生代来说，如何在他们休闲的场景里嫁接有效的培训活动，让原本枯燥的知识通过形式的设计，变成他们愿意参与的“游戏”呢？我们可以让他们参与讨论，参与研发课程，自主产出成果，上台试讲和点评……这些都将成为他们自媒体“娱乐圈”中的核心素材。

所以，我们在设计学习形式时，一定要把关注点从以老师为中心转移到以学员为中心，老师不再是知识的灌输者，而是激发学员思考的启蒙者、催化师。因为最好的老师不会直接给出答案，而会提出发人深省的问题，启发学员自己去找答案。在寻找答案的过程中，学员会反省，进而产生行为上的改变。

我反复讲过这样一个故事：当你去拜访大师时，刚一进门，大师对你说的第一句话是“阿弥陀佛”。而在你向他说出困扰后，他道出了一句禅语，但你一开始根本不明白。最后，大师又来了一句“阿弥陀佛”。你自己琢磨了一会儿，瞬间顿悟了：“哦，大师，我明白了！”

是大师给了你答案吗？并不是，但是他做了一件非常重要的事情，那就是激发你主动思考、自我反省。这个过程的收获比大师直接给你答案来得更加深刻。令人惋惜的是，过去我们在教学形式的设计上并没有重视这一点。

接下来，我们先重点向大家推荐两种日常教学的新模式：读书会和大讲师。这两种日常教学模式是行动教育进行人才培育的重要抓手，在行动教育实践了17年，为我们的人才培育立下了赫赫战功。我之所以力荐这两种日常教学模式，既是因为它们投入成本低、回报率高，也是因为它们颠覆了传统的灌输式学习，是把课堂还给学员、让学员来主导的新教学模式。

读书会的新范式：三会合一

行动教育读书会的传统发源于哪里呢？基因一定在创始人身上。

在加入行动教育的第一年，我在办公室里找到了一本旧书，其中标注了密密麻麻的读书笔记。这本书的名字叫《麦肯锡传奇》，讲述的是知名咨询公司麦肯锡的发家史。

由于这本书是翻译过来的，它的行文不太符合中国人的阅读习惯。在阅读正文的过程中，我并没有产生太大的共鸣，反倒是正文旁边标注的笔记经常让我有醍醐灌顶之感。我发现，做笔记的这个人对书中内容的理解很深刻。读完这本书以后，适逢我要去外地出差，于是我悄悄地把这本书放在我的办公桌上，打算出差回来再拜读一遍。遗憾的是，一周以后我回到公司，桌上的书早已不翼而飞了。

后来一次偶然的机会，我才得知这本书原来是李践老师读过的，旁边的笔记正是他做的标注。他10多年前在创办行动教育时，第一次阅读这本书。从书中的标注痕迹来看，在行动教育发展的过程中，李践老师应该反复阅读过很多遍，因为旁边标注的字迹明显不同。

所以，高手的智慧不一定源于自己的创造，也有可能是善于向聪明人取经。而读书就是向聪明人取经最好的方式，因为在读书的过程中，我们能够启动自省的内在程序。

自省是什么？是一种自我观照，是经常把自己放到显微镜下去审视，并在审视的过程中，不断地发现自己的“愚”——人只有感知到自己的“愚”，才能开启自我迭代和自我进化的开关。要知道，人所有的进化都是由内而外的，只有觉察到自己的问题，我们才有可能改变。所以，在行动教育，我们把读书会称为“自省式的成长方式”。

这种“自省式读书会”有什么功效呢？它至少可以带来三个维度的价值。

读书会是团队分享会

读书会是统一思想的最大法宝。我告诉过很多老板，给高管买书是解决他们的想法和你的想法不统一的最好办法。

10多年前，在刚刚从外资企业出来创业，筹建武汉皇家格雷斯大酒店时，我招聘的八九个部门总监都来自不同的国际品牌酒店。每次开会是什么状态呢？A总监说，过去在我们希尔顿是什么样的；B总监说，我之前所在的香格里拉是怎么做的；C总监说，我之前所在的格林豪泰是怎么样的……每次开会，大家都吵成一锅粥。董事长很生气，私底下向我抱怨说：“你怎么给我整了个‘大杂烩’？”

事实确实如此。这些总监过去都在不同的国际品牌酒店待了很多年，突然换到一个新地方，大家需要齐心协力干一件事情，一时间是无法达成一致的。最后我也黔驴技穷，只能请教董事长怎么办，董事长送我两个字，即“买书”。

我很快挑选了几本经管领域的经典图书，并且制定了一项新政策：高管团队每天开完早会以后，需要留下来20分钟，由一个人领读一个章节；第二天早会，再结合自己的工作分享感悟。这个政策执行一年以后，我们整个高管团队在一起共读了六七本管理类经典图书。

最后的结果是什么？一些与企业文化不匹配的总监，在读书的中途自己就离开了，而留下来的总监在很多问题上能无意识地达成共识。

读书会是团队反省改进会

把读书会开成团队分享会的企业不少，但真正把读书会开成团队反省改进会的企业却不多。实际上，团队一起读书，并不能产生直接成果。要想让读书会产生成果，我们还必须结合自己的工作，通过读书反省工作中的不足，并提出明确的改进计划。只有做到这一点，读书会才能真正产生成果。

如果团队反省改进会开得好，那么我们甚至可以让读书会成为团队解决问题的利器。假设我们整个团队对大数据都不了解，那么我们可以选择一本关于大数据的经典图书。在共同阅读经典图书的过程中，大家会从各自的角度出发，思考如何利用大数据来进行创新。这样做有两个明显的好处：一方面，我们可以让团队所有人投身于一个共同的目标，这是天然的团队黏合剂，可以对团队凝聚力的培育起到事半功倍的作用；另一方面，这是刺激团队创新的捷径。

从这个角度来讲，读书会是成本最低的人才培育方式，也是刺激创新的一种有效方法。

读书会是人才选拔会

为什么我提倡公司一把手必须参加读书会？奥秘就在于，读书会还是一个人才选拔会，是一个选拔人才的最好场景。在行动教育，即使董事长工作再忙，有三个会也是他必定要参加的：一是读书会，二是总裁办绩效会，三是冠军颁奖会。

在行动教育的读书会上，所有总部成员会被分成若干小组，每个小组都必须上台分享心得。作为公司一把手，参加读书会不是为了最后做总结，而是为了把读书会当成一个人才选拔的赛场。在这个赛场上，哪些人思路清晰并善于抓重点，哪些人逻辑性很强，哪些人反省能力强，哪些人提出的改进方案有创新性……他们具有的能力都不是一朝一夕能培育起来的，必须通过经年累月的积累。

更重要的是，此时在台上分享的人并不知道老板在下面观察和评估他，所以此时的他表现得最自然、最本色，没有任何的矫饰和伪装。所以我们说，读书会本质上是一个人才选拔会。

如果你们企业组织的读书会还没有做到三会合一，那么它一定还没有做到位，还有待提升的空间。

人才进化论：愚—知—行—果—久—反—新

读书会为什么会有奇效？读书会背后起效的机制是什么？

在职业生涯的前半段，我大部分时间都在企业内部负责人才培育；而在职业生涯的后半段，我在培训和咨询一线辅导企业如何进行人才培育。在与形形色色的人打交道的过程中，我发现了一个规律：企业中成长最快的人，不是那些自以为是的聪明人，而是对知识保持敬畏的大智若愚型人才。背后的缘由是什么呢？我虽然隐约也有一些想法，却一直未能精练地把其中的机理给提炼出来。

直到有一次，在我与原用友大学校长田俊国老师交流的过程中，田老师分享了一个“从愚到知、知而能行、行而有果、果而能久、久而能反”的学习链环，瞬时让我豁然开朗。田老师指出，学习是一个复杂的系统工程，课堂学习仅仅是学习的一部分，有效学习必须经历从愚到知、知而能行、行而有果、果而能久、久而能反的循环往复过程。这个洞见一下子打通了我的任督二脉，让我看到了一个人成长的底层逻辑。

不可否认的是，人性本懒，学习本身确实是一件反人性的事情。然而，人在什么情况下想学习？是感知到“愚”的那一刻，所以“我愚故我读”。

在某次导师会上，董事长给我们描绘了一幅可怕的未来场景：若干年以后，地球上到处都是人工智能机器人，这些机器人拎着公文包穿过地铁站，而一位乞讨者蹲在地铁口乞讨。机器人经过乞讨者身边时，从口袋里掏出一个钢镚儿，扔到了乞讨者面前的碗里。这位乞讨者代表的就是人类。每次想到这个场景，我就会赶紧拿起书来学习，因为我不想若干年后变成那个乞讨者。

这个道理其实可以回溯到《道德经》中的一句话："知不知，尚矣。"这句话的意思是，知道自己有所不知是很高明的。所以，人之所以会学习，首先是因为感知到了自己的"愚"。人越学习，对"愚"的感知就越浓烈，就越觉得自己渺小，会对知识和讲台产生一种敬畏感。

为了摆脱"愚"的状态，你就会主动去学习。在学习的过程中，你会实现从"不知"到"知"的转型。但是，高手不会满足于做一个"知道分子"。只有把这些知识用起来，它们才会真正成为你的一部分。因此，"知"而能"行"。知道以后，你还要去践行，而行动以后一定会有结果，所以叫"行"而有"果"。

同时，你一定希望这个"果"不是一次性的，而是持续性的，这就要求"果"而能"久"。当你能持续做一件事情的时候，你又会在过程中迸发出新的灵感，这就叫"久"而能"反"。这时候，你就能举一反三了。这么多字里面，我最中意这个"反"字。因为"反"出来的"三"，对于老师而言也是新的收获，正所谓"教学相长"。

最后，我在田俊国老师的成长闭环基础上又加了一个"新"字——"反"出来的东西又变成了"新"知识。面临新的疑问，你最后又会回到"愚"的状态——新一轮的成长闭环开始了。

在进入了这个闭环后，你会发现每一次学习都能帮你解决问题，帮你"反"出新的知识。如果能够实现举一反三，你就会对学习产生依赖——越学越爱，越爱越学，形成一个正循环。所以，行动教育有小伙伴说：参加读书会是会上瘾的！之所以会上瘾，就是因为你已经打通了这个自驱式的成长闭环。

所以，如何评价你的学习模式是否高效？关键就是要看它是否打通了这个成长闭环。接下来，我们就以行动教育的读书会为例，来看看它是如何打通这个成长闭环的。

读书会的重点不在读书，而在会

读书会的重点不在读书，而在会。因此，读书会的设计重心应该放在“会”上，而读书只是成长的一个载体。也就是说，读书会也可以换成听书会、电影会……只有理解了这一点，我们才能明白读书会设计的逻辑重心在哪里。

在这里，我们还是以读书会为例，来讲解一个既能真正落地又好玩的读书会应该如何设计。

选书：谁来选？选书的方向是什么？

要保证读书会的落地效果，选书是源头。选书环节包含两个问题：一是谁来选；二是选书的方向是什么。这看起来是两个问题，但其实是同一个问题，因为“谁来选”通常决定了“选什么”。

我服务过不少学习型企业，它们在内部也会召开读书会。然而，大部分企业的老板往往会把选书这件事授权给人力资源部门。但凡这样做的企业，读书会的效果一般都不太好，因为人力资源部门选来的书基本都不是老板想要的。所以，如果你的企业刚刚开始推行读书会，那么我强烈建议：老板一定要亲自选书。

当然，企业赋予老板这个权力，并不意味着老板可以单凭自己的好恶来选书。曾经有一位企业高管告诉我，他们老板酷爱研究《易经》，于是总给高管选与《易经》相关的书籍。在读书会上，老板在台上眉飞色舞地讲书，台下的高管全部都处于蒙的状态。老板看一遍没讲通，还信誓旦旦地说，下个星期再给你们讲！高管们巴不得自己下个星期生病。

因此，老板选书也不可随心所欲，忽略人才培育的靶心策略。老板要围绕培育关键人才的靶心能力来选书，最好不要偏离以下三个方向：一是企业战略，二是企业文化，三是管理思维。尤其当企业需要战略转型时，选书的方向更要瞄准新战略。

2014年，行动教育确定了互联网战略，把当年定位为“互联网年”。所以，李践老师在2014年挑选的所有书目都是关于互联网的经典图书。2019年，我们去日本游学，发现日本的许多商业思想都发源于中国古典哲学，于是李践老师决定让所有导师以及高管认真研修东西方哲学。我们刚从日本飞回上海，办公桌上就已经放好了全套的东西方哲学名著。

李践老师选书的出发点是什么？他希望大家能够更好地理解战略，统一思想，达成共识。所以，公司的一把手要挑选与企业战略、企业文化和管理思维等高度相关的图书。

除了公司一把手，各业务部门的一把手也可以选书。当然，不同于老板，业务领导选书的方向可以更偏向于与业务相关的图书。如果我带领的是企业大学研究中心，那么我所挑选的图书都是适用于我们项目组专家阅读的，是与人才培育、组织建设、企业大学以及培训体系相关的图书。

在这里，我要强调一点，即业务领导挑选图书时，一定要专注问题，注重系统化学习。今天的互联网充斥着大量的知识碎片，如果一个人没有辨识能力，不能用一个框架把这些知识碎片整理成体系，那他就不可能实现体系化的应用。因此，业务领导在选书的过程中一定要围绕一个问题或主题，选择一系列图书，这样有利于员工知识网络或知识体系的形成。

最后，如果企业经过多年的实践已经形成了读书的文化和氛围，那这家企业便可以发展到全员选书。以行动教育为例，我们经过17年的文化沉淀，现在可以做到全员选书——员工每个月都可以把自己读书的收获和提出的改进方案发给各分公司的学习官，最后由总部学习官汇总整理，从中挑出“本周最值得推荐的十大书目”。不过，在刚刚开始推行读书会的公司，我不建议全员推荐，否则选书的质量可能会大打折扣。

读书三部曲：跳读—精读—复读

很多熟悉行动教育的老客户都知道，行动教育的小伙伴基本上都能做到每周至少阅读一本书。很多客户都很好奇：“你们工作那么忙，是怎么做到每周读一本书的呢？”不得不承认，在阅读这件事上，确实是有诀窍的。事实上，只要掌握高效的阅读方法，我们完全可以实现每周阅读一本书——我们把这个诀窍总结为“读书三部曲”。

跳　读

在拿到一本书时，很多人习惯于直接翻到正文去读。如果这本书的作者写作风格比较平实，缺少代入感，那么你可能刚看个三五页，就已经哈欠连天了。因此，关于读书，我不建议直奔正文，从头读到尾。

在正式开始阅读之前，我们至少要先整体性地了解这本书的价值。如何快速了解一本书的价值？我们不妨先看看它的封面和封底。通常来说，图书编辑会把这本书的核心价值提炼出来作为本书的卖点，而这些卖点往往放在引人注目的封面和封底。接下来，我们可以阅读一下序言。真正的阅读高手一定不会跳过序言，因为序言中往往交代了这本书的写作背景和核心观点。然后，我们还需要认真地阅读目录，其本质是内容导航。大多数图书都不可能字字珠玑，每个章节都是精华。但是，我们可以通过目录导航，直接进入我们最感兴趣的章节。按照这个顺序读一本书，我们才会越读越有兴趣。

精　读

当你通过跳读确认了某个章节的内容确实对你有所帮助后，你就要精读这个部分。

为了保证精读的效果，我建议你做三个动作。第一，在发现好的观点时，不要吝啬笔墨，在语句下面画上横线——画线可以加深你的印象，提高阅读的效率。第二，画圈标注。在看到有共鸣的观点时，你可以把其中最有价值的观点用自己的语言提炼一遍，然后备注在旁边。这其实是用心、用情去读，把自己的经验与作者的经验做碰撞和连接。尤其是许多外国作者的译著，经常需要用本土的思维方式和语言方式去加以理解。第三，如果有条件的话，你还可以将图书的大纲提炼出来做成PPT（演示文稿），给下属或同事做一个转训，因为输出的过程实际上就是把知识内化的过程。

复　读

我相信不少人都有这样的体会：在人生的不同时期阅读同一本书，体悟是全然不同的。复读就是，日学日新。在复读时，你可能会有一些新的感悟。我过去一直保持着一个习惯：读到好的段落，我都会将其摘抄下来。每次出差，我都会带上两个手抄本，在出差途中复读一下这些经典片段。在某次辅导企业的过程中，一位90后学员教我直接用手机拍摄想要摘抄的段落，然后用微信里的“图片转换文字”功能，就可以轻松地把这些精华储存在手机里。这样确实效率更高，便于随时随地随取随用。

从跳读到精读，再到复读，其实是为了帮助我们把与工作高度相关的核心内容快速地萃取出来，归纳到我们自己的知识谱系当中。

读书会怎么开

前面我反复强调，读书会的重点不在于读书，而在于会。现在，我就要重点介绍读书会的召开流程。

在分享流程之前，我先带大家认识一下学习的金字塔模型（见图 7–3）。这个模型源于美国缅因州的国家训练实验室研究成果，它用数字形式形象地展示了采用不同学习方式的学习者在两周以后的信息保持率。我们可以从这个模型中看到，如果我们止步于阅读，那么学习有效性只有10%。但是，如果我们加入讨论、叙述和分享，学习有效性就可以提升5倍。如果我们学以致用，将知识变成“经历”，那么学习有效性便可以提升到75%，是阅读的7.5倍。

图7–3　学习的金字塔模型

读书会流程分解七步骤

通过精心设计，我们将更有效的讨论、叙述和分享以及经历等学习模式融入了行动教育的读书会流程。最终，我们将整个读书会流程分解为七个小步骤。

第一步：部门分组

在全员读书会开始之前，企业必须将全员按照小部门分成若干个小组，每组人数控制在4～6人最佳（小组人数最好为偶数）。

第二步：A、B搭档先交叉检查，后交叉分享

在小组内部，A、B两人结成搭档，先交叉检查对方书上是否有画线和批注的痕迹；紧接着的5分钟时间，A、B搭档交叉分享阅读这本书的收获、感悟以及反省。

第三步：小组分享

整个小组内部要进行公共分享，每人分享2～3个最重要的反省点及改进计划。

第四步：改进观点汇总

分享完成以后，小组内部要把所有改进方案汇总起来。

第五步：小组改进方案设计

随后，我们要设计出小组的改进方案。

改进方案的设计逻辑是什么？例如，根据某本书第50页的某一句话，我们总结了两个反省点。接下来，针对这两个反省点，我们的改进计划是什么？改进计划执行的责任人是谁？监督人是谁？截止日期是哪一天？奖惩措施分别是什么？

如果读完一本书，每个小组都能够落地具体的改进计划，那么这对于团队来说一定是有成效的。当然，小组的改进计划最好不要超过5条，否则容易贪多嚼不烂，导致改进动作无法真正落地。

第六步：小组改进方案评审

接下来，以小组为单位，每个小组都要派出一名代表上台分享改进方案。在现场，所有公司领导会对各小组的改进方案进行点评，并当场采纳特别好的改进方案。在行动教育的读书会上，李践老师在现场会立刻拍板——这条公司要了，并确定公司层面的改进责任人、完成日期以及奖惩措施。

最后，改进方案被公司采纳最多的小组将赢得本次读书会的冠军，获得奖金5 000元，由董事长李践老师个人掏腰包。说句开玩笑的话，我们项目组一旦没有活动经费了，首先想到的就是去读书会上挣钱，如果能连续两个月成为冠军小组，我们项目组一年的活动经费也就有着落了。

当然，有奖就有惩。在参加读书会这件事情上，公司不接受任何借口。即使是出差，也不能成为缺席的理由。但是，处罚不等于直接罚钱，而是由所有缺席者共同赞助下一次读书会的买书费用。

你会发现，一旦读书会设计了比拼环节，氛围立刻就不一样了。与其说读书会是一场会议，不如说它更像是一场全员参与的比拼游戏，而游戏最后的胜出者可以赢得不菲的奖金。

第七步：会后跟踪，兑现奖惩

读书会开完了，一切就结束了吗？不要忘了我们设计的改进方案。因此，在下一次读书会开始之前，我们要先汇报上一次读书会改进方案的落地情况，并且立刻兑现奖惩。

你可能已经从行动教育读书会的设计流程中感受到了，我们重视的不是前端的阅读，而是后端改进方案的设计与执行，期望通过精心设计，让所有人都能够真正参与进来，把每一次读书会变成个人的自省会和进化会。

在听我们讲完读书会的功效后，很多企业家和管理者会迫不及待地想回到企业去落地。但是，在企业落地读书会的过程中，我们发现了一个常见的误区：很多企业会以行动教育的标准来要求自己的员工，这导致大家一开始觉得很新颖、很热闹，但运行了一段时间以后，大家就觉得不对劲了，最后不了了之。

这个结果是正常的，因为读书会并不是一项简单的制度，而是经年累月沉淀而成的文化。文化就像美酒一样，需要酝酿的时间。我相信在行动教育刚刚推行读书会时，也有少数小伙伴会钻制度的空子，直接到网上下载读书笔记，交差了事。毕竟，一个好的学习氛围是需要精心营造的——要让员工真切地感受到读书会对自己成长有所助益；读书会的整个流程需要精心设计，让员工真心愿意参与，而不是简单粗暴地依靠制度去强推。

所以，企业在引入读书会的过程中，千万不要拘泥于形式本身，即不一定非要采用读书的形式，也不要强求员工每月必须读完一本书。我服务过的一家食品企业也引入了读书会，但这家企业的一部分员工是食品加工线上的阿姨，这些阿姨农忙时在地里干活，农闲时才会去工厂做面包。她们大多数都不识字，但就是这样一群人也用一年的时间读完了一本书。

我很好奇，她们是怎么做到的？这家企业的学习官告诉我："其中有些阿姨是读过初中的，她们每次在读书会上读几页给其余的阿姨听，最后硬生生把一本书给读完了。"越是这样的群体，她们的反省和改进方案越是质朴和实际。

我相信，即使条件再局限，你的企业也不可能比这家企业更差。我还是那句话，真正的读书会，重点不在于读书，而在于会。只要会开得正确，载体是什么并不重要。所以，即使你的基层员工大字不识，你照样也可以探索适合自己企业的读书会、电影会、视频会、抖音会……

关键在于，你要理解读书会背后的设计逻辑，明白读书会是如何驱动人才成长的。每家企业都是独一无二的，只有理解了读书会的逻辑，然后结合自己企业进行二次创新，才能真正地让读书会文化在企业内部落地生根。

人才的磨刀石：大讲师

介绍完读书会，我们接下来要介绍行动教育人才培育的另一个撒手锏：大讲师。大讲师可谓是我们行动教育独创的一种日常学习模式。

所谓“大讲师”，简言之，就是在部门内部，每天每人轮流主讲一个主题、一堂课。大讲师之“大”，不是指讲师的咖位大，而是指频次高、持续时间长、参与人数多。

那么，大讲师与传统的讲师相比，有哪些差异化的特征呢？我认为它至少在四个维度颠覆了过往大家对讲师的认知。

参与主体：人人都是大讲师

企业过去的讲师，大多是由专家、顾问和领导来担任的。但是，现在我们要把部门培训变成众包模式，只要你是这个部门的一员，你就必须担任大讲师。

角色定位：听者与讲者角色互换

过去，企业的培训往往是专家和领导在台上讲，员工只要带耳朵听就行了。但大讲师正好相反：领导从讲者变成听者，员工从听者变成讲者。一旦角色变了，行为模式也就变了。过去，大多数员工都是被动参加的；而现在，员工必须主动参与——员工要确定主题、制作课件、充当讲师……这些都需要员工独立完成，倒逼员工必须深度参与。

培训频次：培训日常化

从我们对一线企业的观察来看，能够把部门培训做到一周一次的企业屈指可数。而行动教育的大讲师项目则完全将部门培训日常化，因为大讲师必须每日持续，从不间断。保守估计，由于推行大讲师，我们每周至少比竞争对手多了4倍的学习机会与改进机会。正如古人所云：日拱一卒无有尽，功不唐捐终入海。

培训方式：在战斗中培育人，边干边学边改

华为在人才培育方面奉行的一个逻辑是，在战斗中成长。多年的人才培育经验告诉我：真正的课堂不在教室，而在“战场”。一切知识的源头都不是凭空想象出来的，而是来自战斗一线，我们要在枪林弹雨中产出学习理论，再把学习理论应用到“战场”中。

大讲师其实遵循的就是这样的逻辑——我们通过大讲师，倒逼员工把战斗一线的所思所悟萃取出来。虽然员工可能还远没有触及成功的本质，但是，只要学会了一丁点儿，哪怕只是一个小小的流程，我们都要鼓励大家进行分享。因为在分享的过程中，员工不仅能自己沉下心去梳理，而且可以得到领导和同事的有效反馈。在双方互动的过程中，员工边学边改，最终会把这些来自一线的成果以最快的速度用到战斗中去。

2016年5月，一位名叫陈艳的小姑娘加入了行动教育上海分公司的狼牙队。这个姑娘平时话很少，看起来是一个很温和的人，没想到仅仅一年，她就登上了精兵连的讲台。

我好奇地问她：“你怎么成长得这么快？短短一年时间，你就可以给精兵连上课了。”她告诉我说：“老师，您知道我的总监是怎么逼我的吗？”紧接着，她给我分享了她第一次做大讲师的经历。

那时候，她才刚刚入职不久。一天下班前，她的总监问她：“陈艳，明天早上该你做大讲师了，你准备好了吗？”她不好意思地摇摇头说：“没有，不知道讲什么。”陈艳以为，既然自己没有准备好，那么总监可能明天会安排别人做大讲师。令她意外的是，总监回头在桌上拿了一本关于销售的专业书，扔给她说：“不知道讲什么，就讲这个吧！”

显然，总监的逻辑不是你没有准备好，这件事情明天就要断档或者换人，而是不管你有没有提前准备，你明天都必须上台。没办法，为了完成大讲师的任务，这个可怜的小姑娘只能挑灯夜战，把那本书读完。她读完的那一刻，时钟已经指向了凌晨三点钟。接下来，她还不能睡觉，而要制作PPT……

第二天，陈艳如期站上了大讲师的讲台。她告诉我：“那是我人生中第一次站在讲台上，虽然身体紧张得发抖，但是我告诉自己，既来之，则安之。”我笑着问她：“那讲完感觉怎么样？”她说：“感觉还挺好的！克服了一个很大的内心障碍，后来就越讲越有感觉了。”

经常有客户问我：“行动教育是不是专门培育了员工的演讲能力？”并没有，这些小伙伴的演讲能力都是通过大讲师训练出来的。

为什么大讲师能够快速帮助员工成长呢？因为大讲师本质上是对经验和方法论的输出。我们可以把大讲师的流程简化为输入—处理—输出。如果一个人要兼顾输出的品质和频率，那他必定要倒逼自己输入的数量和质量。

大讲师项目就是通过制度性、强制性的输出，倒逼大家去做高质量的输入，而输入的过程需要大量的学习和实践。试想一下，你接到了必须上台讲课的任务，且这个任务是长期的，没有任何借口可以推卸。为了完成这个任务，你会怎么办？一是主动学习，看书、看视频；二是主动总结工作过程中的经验和教训，把业务细节当作分享主题；三是主动参与实践，在这个过程中提炼方法论。请注意，这一切都是主动的，而非被动的。

当你克服自己的恐惧和紧张情绪站上讲台进行分享后，回馈你的是什么？

第一，大家会给出正面反馈，这会增强你的信心，激励你越讲越好；第二，大家会给出建议，告诉你哪里还可以改进，这个过程有助于你扫除自己平时看不见的盲区；第三，这是领导者了解员工的一个重要渠道——根据你在大讲师中展现出来的潜能，给予你更准确的成长规划，让你对未来充满信心；第四，基于大家的反馈，你会在下一次的战斗中调整和优化自己的战略，使得自己的战斗力越来越强。这又是一个典型的正向循环。

大讲师的落地流程

大讲师到底该如何落地？

在讲解落地流程之前，我们先要对许多企业的错误实践进行修正：大讲师不是全员组织的活动，而是以部门为单位，在小团队内推行的活动。因为大讲师的目的，主要在于部门内部统一思想——这个应用场景首先不能错。

大讲师分享的内容具体包括以下几个方面：

- 工作流程和业务知识。这是每个部门的基础内容。
- 标杆经验分享。部门内部的标杆可以将自己的成功经验萃取出来，通过大讲师分享给大家。
- 重点案例剖析。比如，一家生产型企业可以把容易出现的安全事故整理出来，通过大讲师进行剖析，从而做到警钟长鸣。
- 个人特长。曾经有个小伙伴刚刚入职一周，就要做大讲师分享，但前面的三项内容他都不会，怎么办呢？他过来求助我，我盘点了他的经历后，发现他过去是东方航空的地勤人员，擅长于服务礼仪。于是，我建议他备一堂主题为“拜访客户时应该注意的商务礼仪”的课，最后的呈现效果非常好。这也让他迅速得到了老员工的认可，还成为整个公司“商务礼仪”领域的标杆。后续有许多团队邀请他输出经验，甚至他还被同事推荐去给其他企业上课——这个新员工的自信心就这样被建立起来了。

以上是大讲师分享的主要内容，接下来我们来谈谈大讲师的时间安排。按照时间线，我们可以把大讲师分为讲前、讲中和讲后三个阶段。

在讲前的时间安排上，为了保证大讲师的质量，我们最好能提前一个月排班，给员工留下充足的准备时间。讲课的过程也不宜耗时过长，应将主题分享的时间控制在25分钟以内。在讲完以后，我们可以预留20分钟的时间，聆听大家的反馈和点评。

你应该已经从时间安排上发现了，大讲师的整个过程一定不能是独角戏，一定要是双向互动的。主讲人在输出观点的同时，也要接受听众的反馈建议和领导的成长规划。这些对于员工后续的改进会起到举足轻重的作用。

当然，这个时间的设计还可以更灵活一些。企业如果是才开始试运行大讲师，可以把时长设计得短一些，比如主讲人做10分钟主题分享，其他人做5分钟的反馈和点评。

最后，我们再来谈一谈反馈的原则。在对大讲师进行反馈的过程中，大家一定要遵循两个原则。一是先扬后抑，不能一上来就给大讲师泼冷水。因为这个过程是为了锻炼员工，而不是为了批判他，所以在评价的过程中，我们一定要有包容心。二是反馈时要聚焦内容。我们要关注演讲的内容是否具有实效性，而不是去评判一个人的演讲风格，因为演讲风格是花时间训练出来的，时间长了，演讲风格自然就出来了。

至此，我们的大讲师项目还没有结束。大讲师输出的经验是我们企业内部的财富，我们要学会去运营这些财富，让它们沉淀为企业的集体工作成果。比如在行动教育，我们会对大讲师的课程内容进行内部评比。就好像游戏中的分数排行榜一样，我们也要对大讲师课程内容的实效性、逻辑性等进行排名和打分。所有得分在85分以上的大讲师课程，我们都会将其上传到行动大学当作视频教材。迄今为止，我们已经沉淀了2 000多门课程，主要靠的就是大讲师的日积月累。

上传课程视频以后，这个流程依然没有结束，我们还要组织企业内部的行动大选。视频点击率高、评分高的大讲师，就能得到相应的行动币，行动币可以用于购买平台上的其他课程。这个动作旨在用机制去吸引和激励员工做公共分享。

有一次，我去拜访一位老中医，他正在给学生做现场教学。在教学完以后布置作业时，他要求学生回去阅读《黄帝内经》中的几页，且下周一必须在微信群内提交读书笔记。

我向他请教为什么这么做，他告诉我，他发现公共分享可以刺激学生们读书。他会摘录每周的读书笔记中的部分内容，分享到自己的微信公众号上，让更多人从中受益。自从有了这个机制，学生们的动力十足，大家都希望自己的读书笔记能够被老师选中。确实，人最大的动力源于被需要、被认可。

所以，无论是读书会还是大讲师，在落地的过程中，我们都必须做一些机制上的设计，包括公共分享、公开展示、礼物回报等，从而让这件事情变得更有趣，同时让这些新生代员工更容易感受到自己的存在感和成就感。

第8章
靶心训战模式之“练”篇（上）：师徒带教

人才梯队的底层逻辑是师徒制

不久前，一家公司主抓生产的副总裁向我请教：他所在的企业是一家典型的生产型企业，生产一线的员工老龄化比较严重，思想闭塞，不愿意接受新事物，而新员工又在生产线上待不久，更换非常频繁。对于这样一家企业，老员工培育难度大，高学历新员工留不住，怎么做员工培训呢？

从这位高管对问题的描述中，我抓到了三个关键词，即老员工、新员工和员工培训。从表面上看，这位高管想要解决的是员工培训的问题，但如果新老员工的矛盾不解决，再怎么培训也是没有用的。

这个问题其实不是一个新问题。老员工抗拒新事物，他们的战斗力已经不强，但他们都是忠诚的员工；而新员工年轻有活力，既有学历也有想法，但是很多企业留不住他们。这是一个非常典型的悖论，很多传统企业都存在同样的问题。

要解决这个问题，我们先来分析一下现象背后的原因。老员工为什么会抗拒新事物？根源在于他们没有安全感。而新员工又为什么待不下去？因为老员工都高高在上，新员工没有存在感。一个没有安全感，一个没有存在感，老员工和新员工不仅不能发挥出最大的价值，而且会消耗企业内部的能量。在这种情况下，企业的培育体系可能有效果吗？

这位副总裁当下感受到的问题还只是员工的流失率高，再过10年，这家企业将面临更严重的问题——人才梯队断层，这时企业即使有再好的业务发展机会，也无人可用了。因此，针对这个问题，我们要找到病根，对症下药。只有让老员工有安全感，让新员工有存在感，人才梯队才有可能不出现断层。

要根治这个问题，我们不能着眼于如何做培训，而要建立一个系统的人才战略。

首先，站在企业的高度，我们要把人才战略当成公司的第一战略。这件事情不是一个副总裁能决定的，必须由企业一把手亲自决定。否则，这家企业未来一定会面临人才梯队断层。因此，企业要在部门领导的考核体系中加入人才梯队建设，因为领导就是要解决人才青黄不接的问题。管理者除了扛业绩，还必须加一个人才指标。因为仅达成业绩是没用的，没有人才梯队，企业就没有明天。

其次，站在部门的角度，当下最紧迫的事情是推行师徒制。因为目前这家企业的新老员工是竞争关系，但实际上新老员工不是竞争关系，而是师徒关系。老员工是师傅，新员工是徒弟，只有建立师徒之间的连接，才能更好地发挥新老员工的优势：新员工有新思维和新想法，而老员工有老经验和老技术，二者如果能够结合起来，就一定能事半功倍地提升工作效率。

关于师徒制，我自己是深有体会的。我在外资企业工作过8年，经常有人问我：“熊老师，你在外资企业参加的集训多吗？”我仔细回忆了一下，印象深刻的集训只有4次。对方听到我的回答，通常会很吃惊：“培训这么少，那你是如何成长起来的呢？”

后来，我认真复盘了一下，发现在我的成长历程中，对我帮助最大的不是集训，而是我的师傅们。在外企的8年间，带教过我的师傅不少于10位。仅仅在香格里拉集团工作的3年间，带教过我的师傅就有5位。迄今为止，我还非常清晰地记得，在我成长的每一个阶段，公司为我匹配了什么样的师傅，以及这些师傅是如何培育我某一方面的能力的。

毫不夸张地说，是师徒带教让我成长起来的。刚刚提到的4次集训，并不是为了教给我知识，而是让我去参加“奥运会”，去拿认证——只有拿到认证，我才可以升职。因此，我经常会说，人才梯队的底层逻辑便是企业推行的师徒制。

为什么我会认为师徒制是人才梯队建设的底层逻辑呢？在服务企业的过程中，我经常看到企业依赖一两个关键人才，一旦这些关键人才出问题，组织就会遭受很大的破坏甚至灭顶之灾。但是，如果组织形成了人才梯队，那么即使有人出了问题，后面也有人可以替补他的位置，这样组织就能够实现自我新陈代谢。

如何才能保证企业有人可以做替补呢？师徒制就可以解决这个问题。因为师徒制的本质就是把下属培育成自己，甚至培育得超过自己。换句话说，只要你是管理者，你唯一要做的事情就是把下属培育成自己，甚至培育得超过自己。一旦人人都遵循这个原则，我们就可以实现人才的指数级裂变，把企业的人才梯队搭好。

阿里巴巴的人才梯队建设为什么如此成功？我们可以从马云说过的一句话中得到启发：“老师总是带着理想主义，总是希望学生超过自己。”基于这一理念，阿里巴巴在人才培育上讲究传帮带。对于每个进入阿里巴巴的人，公司都会给他匹配一个师傅，最后他自己也会成为别人的师傅。这些师傅不管有多高的职位，都要自己亲自教徒弟——阿里巴巴的风清扬班，由马云亲自备课、上课；逍遥子班，也是由阿里巴巴现任董事局主席张勇亲自授课。他们教授的内容包括经济产业趋势和政治经济洞察、西点军校游学，有时还会讨论孙子兵法。正是由于一把手以身作则，认真投入地当师傅带徒弟，阿里巴巴才能人才辈出。

同样，在华为的人才培育体系中，新员工要从“秀才”到“将军”，也要经历核心的四个步骤：严格选拔、系统培训、导师制以及压担子（见图 8–1）。其中最重要的环节就是设定内部导师制，让真正有能力的人不仅能打胜仗，还能带出英雄团。这个体系要求管理者出任思想导师、专业导师及业务教练，对外辅导他人，对内提升自身能力。

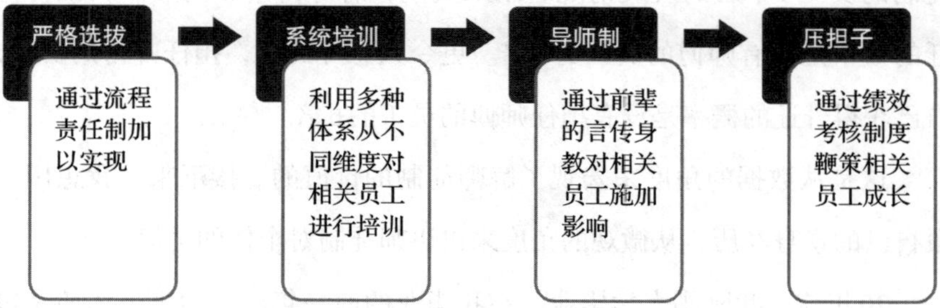

图8–1　华为的人才培育体系

当下，许多企业把人才培育这个任务全部扔给了人力资源部门。我自己是干人力资源出身的，知道人力资源部门有一肚子委屈说不出来。我想不想对这件事情负责任？想。但是，我真的有能力把这个人带成未来的研发主管吗？我没有。谁有这个能力？业务部门的领导。

所以，我想告诉每一位企业家和管理者，企业推行师徒制，不是人力资源一个部门的事情。在企业内部推行师徒制，是企业的人才战略。而人才梯队的建设跟谁相关？一把手、管理者和标杆。人力资源部门在这个过程中，扮演的仅仅是执行者和推动者的角色。

还原真正的“师徒制”：当好苗子遇到好师傅

对于中国企业来说，师徒制并不陌生，从古至今，各行各业都会有师徒制。但是，企业的师徒制，和我们过去理解的“拜师学艺”还是有差别的。接下来，我们会帮助大家还原企业真正的“师徒制”。

师徒制，在外资企业培训体系中被称为buddy system（两人同行制、伙伴捆绑系统），应用在员工的日常岗位训练中，也就是把合格的师傅当成最好的一对一教练。师徒制，解决的不仅是徒弟能级提升的问题，而且能让师傅的带教能级在反复训练中实现螺旋式上升。

沃顿商学院曾经做过一个研究：追踪一家高科技公司1 000名参与师徒制的员工5年后的发展情况。结果发现，有师傅带领的员工，获得升迁的概率是没有师傅的员工的5倍。更令人意外的是，担任师傅的员工，自己获得升迁的概率是没有担任师傅的员工的6倍。

这是从数据的角度来宏观了解师徒制的价值的。接下来，我想用一段自己的亲身经历，从微观的角度来讲讲师徒制对个体的价值。

20年前，我刚刚大学毕业。在我毕业的前一年，大学生工作还是包分配的。到了我毕业的那一年，国家分配变成了自由择业。此时，恰逢香格里拉集团到我的母校来招聘实习生，我投了简历，之后误打误撞被香格里拉选中。但说句心里话，我去这家酒店实习时，根本没有考虑过在这个企业长久待下去，我想的是解决毕业之前的实习问题，等拿到毕业证，我就会离开。

上班的第一天，人力专员领着我去部门报到，整个过程充满非常强烈的仪式感。人力专员带着我的简历以及所有装备去找部门领导，部门领导告诉人力专员：新来的员工交给主管Judy带教。当时我不理解为什么领导要把我推给另外一个人，还以为领导不想让新员工来打扰他。

很快，一个小女生向我们走过来。人力专员对她说：“Judy，这是我们刚刚招录进来的一名大学生，在校表现非常优秀。通过4关面试，现在我们正式录用了他，成为你们部门的实习生，你们领导告诉我由你亲自负责带教。接下来，这个人我就交给你了。”

Judy点点头。紧接着人力专员转过头来对我说：“Tony，这是Judy，她毕业于武汉旅游学校，在香格里拉已经工作三年了，是非常优秀的一位主管。你跟着她，一定会很快获得成长。”

在人力专员说完这番话后，我感到的不是兴奋，而是一种隐隐的失落。为什么？一方面，带教我的这位师傅学历还没有我高，只有中专学历；另一方面，她是位女孩子，年纪还比我小。更奇怪的是，她年纪比我小，却已经工作了三年，她是怎么做到的？

我带着满满的疑惑开始了职业生涯。人力专员在离开之前，给了我的师傅Judy一张表格，这张表格描述了30天内我应该在部门达到的标准。标准的后面还有三行，第一行是师傅签名，第二行是徒弟签名，第三行是人力资源验收。也就是说，我要在接下来的一个月内完成表格内所有列项，直到师傅认可了，人力资源也认可了，我才能进入转正流程。

第一天，师傅带我熟悉酒店环境：在哪里吃饭、喝水、打卡，哪个电梯是客人用的，哪个电梯是员工用的……交代的都是最基本的事项。到了晚上，师傅问我：“Tony，你知道宴会厅在哪里吗？”我回答说：“知道。”接着她给我一条链子锁，让我去把大门锁上。

我走进那个两三千平方米的大宴会厅，里面黑洞洞的，甚至还传来我脚步的回声。我一个人走在宴会厅里，感觉越来越恐怖，只好赶紧锁上门，然后把钥匙交给Judy，并告诉她门已经锁好了。

第一天就这样结束了。第二天一大早来上班时，我在更衣室里遇到了部门里的另一位实习生，他的师傅是另外一个主管。他问我：“你也是新来的吗？”我点点头。他接着说：“你看你昨天才来上班，就让你的师傅签了一张罚单。”

我连忙问道：“什么罚单？”

他说：“肯定是你表现不好，连累你师傅签罚单。”

我立马感受到了一种负罪感，为什么会让师傅签罚单呢？回到部门以后，我立刻问师傅：“听说您为我签罚单了，为什么签罚单？”

她说：“没事，跟你没关系，你今天主要的工作是1234条，立刻去准备！”

后来我了解到，由于我昨天晚上害怕，在锁门的过程中把链子锁套上去就走了，结果保安部巡视时，发现推门以后宴会厅还可以进人。保安部自然需要追查责任人，最后发现是新员工干的。但是，新员工不会受罚，于是保安部就追责到我师傅头上了。

了解事情原委以后，师傅在我心目中的形象发生了改变：她不是一个中专生，也不是一个年纪比我小的小姑娘，她身上有着愿意承担责任的品格，让我敬重。说实话，我真正的改变是从上班第二天开始的。在我知道师傅因为我签了一张罚单以后，我当即下定决心：一定要好好干，把师傅为我签罚单丢失的面子挣回来。从此以后，我每天上班都会早一点来。晚上下班之前，我都会问一句：“师傅，你交给我的事情做完了，你还有什么需要我做的吗？”

第一任师傅Judy只带教了我短短一个月，但在这一个月里面，我从师傅身上学到了很多。

按理说，我学习英语的时间应该比她长，但是我发现她能够用非常流利和标准的英语与别人交流3～5分钟。当时我就傻眼了，我内心又给自己打了分，我不如她。再到后来，每一次大型接待活动，师傅总会被安排在最重要的位置，负责最重要的工作。

当时我心里暗暗定下了一个目标：师傅身上竟然有这么多值得学习的地方，我要好好跟她学习。后来，我已经能熟练完成自己分内的工作了，但每次还会主动向师傅申请更多的工作，因为我想多学一点，像她一样快速成长。

然而，第一次签罚单的阴影始终笼罩在我的心头，我总想着为师傅把面子挽回来。终于有一天，我得到了客人的表扬，表扬信被贴在布告栏，受表扬的人是Tony，后面还有一个括注：带教师傅Judy。

在一个月带教期结束后，我获得了人力资源部门的认可，可以换师傅。在布告栏中，优秀的新员工与提前结业的人里面有我的名字，后面仍括注了带教师傅Judy。

在我职业生涯的第一年，我经历过三任师傅，有的师傅教我基础，有的师傅教我专业。跨部门以后，公司又安排了新师傅来带我。

我分享这段经历，是想让每一位企业家和管理者都能够理解，一家真正落地师徒制并让其成为全体员工共同遵守的制度的企业，应该是这样一幅图景。

师徒制其实对于新员工的影响非常大，对他们的帮助也超过了我们的想象。试想一下，新员工被招录进来以后，在最开始的那一周最困惑的是什么？内心最深的恐惧是什么？是没有方向。他们不是不想做，而是不知道怎么把事情做好，不知道从哪里下手。

我经常听到很多企业管理者抱怨90后、95后的员工眼高手低，说他们高不成低不就。我始终认为，这不是他们的问题，而是我们的管理逻辑不对——我们用管理70后、80后员工的逻辑来管理90后甚至00后的员工，当然会觉得他们有问题。所以，我们为他们挑的师傅至少要与他们年龄相仿，不能有代沟，这样他们沟通起来才不会出现问题。从这个角度来讲，师傅不仅仅是一个名词，更是一个连词，因为他要把师徒更好地联结在一起。

好师傅既是导航，也是导师

从我的亲身经历来看，在师徒带教中，师傅其实发挥了两个非常关键的作用：一是导航，二是导师。

我们做过调研，发现员工流失率最大的阶段不是工作几年以后，而是入职的前三个月。为什么？因为这些新员工被丢到一个陌生的环境里，他们会迷失方向，融入不进团队。此时，师傅就是一个导航。师傅是过来人，他知道刚刚入职的员工在心理上缺失什么。

哈佛大学教育学家兼网球专家蒂莫西·高威（Timothy Galway）曾经提出过一个著名的高威方程式：绩效=潜能-干扰。干扰来自哪里呢？高威认为，内心的障碍通常比外部的障碍更加令人生畏。对于新员工而言，内心的恐惧、怀疑、自我设限都是巨大的干扰。师徒制在某种程度上可以帮助新员工过滤这些干扰，把内心的噪声降下来。

对于徒弟而言，师傅就是一个GPS（全球定位系统）。这个GPS每隔一段时间就会检查一下徒弟是否行驶在正确的航线上。一旦发现偏差，师傅便会即刻校正徒弟的航向。通过师傅的导航，新员工能够快速地认清自己。90后员工不是好高骛远、眼高手低，而是没有把师傅当作一个坐标系来对照和认识自己，就像20年前的我一样。当我把师傅当作对标对象时，我就不会因为自己比别人多读了几年书而不可一世，因为我看到自己有很多方面不如师傅。

在我认清了自己后，我会希望我未来的样子是师傅的样子。同样，在师傅眼里，徒弟是他曾经的样子。所以，徒弟出现困惑和障碍都很正常，师傅会有一颗包容的心，因为他看见了曾经的自己。

师傅除了具备导航的功能，还扮演着导师的角色。作为导师，他必须对员工进行个性化辅导。让人成长最好、最快的方式，就是安排一个高手作为贴身教练，随时纠正其言谈举止，而不是通过上大课的方式。因为上大课很难解决个性化的问题，但贴身教练却可以很好地解决。

我在餐饮部工作了一年以后，被调到人力资源部门。跨部门以后，我所有的工作都是从零开始的。这时候，我遇到了人生中的第三任师傅，这个师傅对我的带教可以说影响了我的一生，甚至我今天走上讲台，都受到了这位师傅的指引，因为他让我明确了自己的方向。

香格里拉集团每个季度都有定期的人才盘点和人才评估，我至今对那个画面记忆犹新。每一个季度的最后几天，师傅都会把我叫到办公室，与我进行一次成长面谈。等我坐下来以后，他会打开电脑并对我说：“你是未来培训经理的培育对象，我打算用三年的时间来带教你。你来这个部门已经半年了，这是我们对你上个季度工作的评估。你今天自我评估一下，给自己打几分？”当我说给自己打4分的时候，他说：“我只能给你打3.5分，因为你的能力仍有很大的提升空间。你同意吗？”如果我说我同意，他就会把我缺失的能力列入下一个季度的成长计划。基本上，我每一步的成长都是在师傅有序的规划下发生的。

师傅对徒弟的个性化辅导对于徒弟的成长是极其有价值的。因为作为业务部门的领导，师傅应该比任何人都要清楚徒弟当下还缺失什么。对于师傅来说，徒弟反馈的问题其实也是一面镜子。在带教的过程中，师傅也会反思自己缺失什么能力？比如，在搞不定90后员工的时候，师傅千万不能妄下结论是90后员工的问题，也有可能是作为师傅的你带教70后、80后员工已经顺手了，不知道如何带教90后、00后员工。所以，搞不定90后员工，其实折射出来的是师傅的管理能级不足。

师徒制的价值是双向的：对于徒弟来说，师傅是导航，也是导师；

对于师傅来说，在带教过程中也能教学相长。带过徒弟的人一定会有这样的体会：在教别人的过程中，突然把自己的任督二脉打通了。所以，师徒制不容小觑，它是一项值得企业认真去做的系统工程。

好师傅的三个标准画像

师徒制到底应该如何落地呢？在辅导企业落地师徒制的过程中，我们有一个四步的标准流程：选师—拜师—学师—评师。接下来，我会围绕这一标准流程做详细解析。

很多企业之所以无法落地师徒制，是因为它们从第一步就走偏了。我们要按照什么样的标准来选择师傅？在选择师傅的过程中，责任人是谁？要想让师徒制推行下去，机制如何设计？这三件事情是我结合自己服务企业的实践，总结出来的三个关键问题。这三个问题没有解决好，师徒制一定做不好。

先来解决第一个问题，选择师傅的首要标准是什么？

有人说是价值观，但是价值观平时看不出来；有人说是态度，但是态度平时也看不出来……你可以观察一下：你信任的那个人，业务能力再强，价值观再好，他要是不愿意教，那他能带出好徒弟吗？所以，选择师傅的首要标准是意愿度，所谓千金难买我愿意。反过来讲，一个愿意带徒弟的人，他的价值观一定不会差。

第二个标准是专业度。师傅必须有一技之长，这决定了他有没有能力教徒弟。

第三个标准是利他心。如果一个人既有意愿度也有专业度，但是他教一半留一半，点到为止，那么这样的人也不适合做师傅。

综上所述，意愿度解决愿不愿意的问题，专业度决定能不能教的问题，利他心决定了教多少的问题。这三个标准都是最基础的标准，缺一不可。

有了标准，谁去挑呢？挑师傅可不是一件小事情，因为师徒制的源头就是选对一个好师傅，只有好师傅才能把拥有自驱力的员工带动起来。

既然这件事情这么重要，那么我们要不要把它交给一把手来做？在企业只有几十个人的时候，一把手对每个员工都很熟悉，这时候由他来挑选师傅没有问题。但是，一旦企业员工超过百人，一把手对每名员工的熟悉度就会大打折扣了。这个时候，谁最有发言权？业务线领导。但业务线领导往往无法测试出师傅的意愿度和利他心，这时候人力资源部门就应该参与进来。因此，挑选师傅需要业务线领导与人力资源部门配合来完成。

师傅挑好了，他立刻就能对一个员工进行带教吗？不行，选师傅就好像给人才选保姆，这个保姆要把人才服务好，还必须经过专业训练。后来我发现，香格里拉之所以能够把师徒制在全集团推广得那么顺利，其中有一个关键的机制功不可没：选出来的师傅必须经过一个专门的培训，培训的名称叫作Buddy System。

如何做好一对一的捆绑？如何当好这个师傅？香格里拉集团专门设计了一个带教培训，没有经过这个培训的师傅是拿不到证书的。拿到证书以后，师傅才有资格去带徒弟。所以，每个部门的档案都会记录哪些人是拥有带教资格证的。如果企业不安排带教培训，那么同样的徒弟扔给不同的师傅去带，最后可能会带出来两个完全不一样的徒弟。

选好师傅还不够，企业还要按照一定的逻辑匹配师傅和徒弟。为什么部门领导会把我交给Judy带教呢？整个部门有4个主管，Judy是其中唯一的女孩子，为什么不让另外3个男生给我当师傅呢？

后来人力专员告诉我：“另外3个男生都是简单粗暴型的，以你的个性，如果把你交给他们带教，估计待两天你就提出辞职了。”最后我才知道，公司是做过匹配的，力求人以群分。徒弟是什么个性，公司就会给其匹配什么样的师傅。

另外，任何一件事情要持续执行下去，还必须解决动力的问题。师傅带教徒弟，会比别人付出更多的时间和精力，那么回馈给师傅的是什么？我在香格里拉集团实习时，一个月的工资只有400元，那时候，师傅每个月的带教工资是我实习津贴的1/4。除了与薪酬挂钩，香格里拉还把师徒制与晋升挂钩。在香格里拉，任何一个干部被提拔之前，都要回答一个问题，即你是不是一个优秀的师傅？因为香格里拉认为，你只有当好了一个优秀的师傅，未来才有可能成为一个优秀的将帅。

在国内，还有一家餐饮企业把师徒制的机制保障用到了极致，它就是海底捞。我们从海底捞的上市招股书中可以看到，它找到了一种“利他主义”的利润分享机制。海底捞在上市招股书中披露：任何一个海底捞的店长，都可以获得两种薪酬选择中的较高者。这两种选择分别是：

- 选择A=底薪+其管理餐厅利润的2.8%；
- 选择B=底薪+其管理餐厅利润的0.4%+其徒弟管理餐厅利润的3.1%+其徒孙管理餐厅利润的1.5%。

即使是数学不太好的人也知道，如果能够成功复制出徒子徒孙店，那么薪酬B应该远远高于薪酬A。

这个机制的点睛之处在哪里呢？海底捞给师傅设置了很高的门槛：并不是每个人都有资格当师傅，至少要成为海底捞A级店的店长，才有资格当师傅；成为师傅的店长可以选择5～12个徒弟。可想而知，这些师傅在收徒时一定会精挑细选，瞄准那些未来可以开店的好苗子。在带教的过程中，师傅更是呕心沥血、倾囊相授，以便徒弟能以最快速度出师，尽早出去开店。因为只有徒弟出去开店，并且徒弟店达到A级，他们才有资格发展徒孙。

这套机制并不是只适用于连锁门店型企业，其他企业也可以借鉴，比如著名的知识付费品牌罗辑思维就借鉴了这套机制。罗辑思维的组织是扁平化的，内部实行小组制，1个组长带2个徒弟。如果徒弟另起炉灶，接下来半年的业绩有部分比例要算到师傅的账上，这就倒逼师傅竭尽全力去培育徒弟。与此同时，公司每年都会召开评选会，评选谁的徒弟创造的价值最多，摘得桂冠者会被授予“一代宗师”的牌匾……这些都是通过机制创新把师徒制和名利绑定在一起的做法，有利于师徒制在企业落地生根。

大手牵小手：激活师傅的角色感

选师完成以后，企业最好设计一个确认的流程，即拜师仪式。拜师仪式并不是一种可有可无的形式，而是为了让“师徒”彼此找到角色，审视师徒制的意义。这个过程能够让师傅明白什么是责任——自从带了小徒弟，就要考虑小徒弟有没有饭吃，也要让徒弟知道，在这个新的集体中，他有了一个可以信赖的人。

那么，拜师仪式应该如何来设计呢？我们可以把这个过程归纳为“两书”。

一个叫聘任书，这是很多企业落地师徒制时最有仪式感的一个环节。管理者面对这一期所有新进员工，把匹配好的师傅请上台并向其颁发聘任书。师傅在接下聘任书的那一瞬间，身上就肩负起了对徒弟的责任感。

在我们行动教育，当所有新员工结束入职培训以后，人力专员会立刻通知他们的师傅到现场，一对一结对子，把徒弟接回部门。我们把这个仪式形象地比喻为“大手牵小手”——师徒把手举起来，师傅对徒弟承诺接下来的带教责任。所以，发放聘任书不是为了完成一个仪式，而是要通过仪式激活师傅的角色感，强化师傅的责任感。

另一个叫带教计划书，表明带教不是空头承诺。在带教过程中，按照时间阶段，徒弟必须掌握的能力是什么，考核标准是什么，谁来考核，带教计划书都会明确列明。最后，经过师傅签字和徒弟签字，带教计划书正式生效。有了带教计划书，徒弟就明确了自己接下来的这段时间应该去完善哪些方面的能力。

通过聘任书和带教计划书，企业就能真正地形成师徒带教的氛围，让师徒带教成为一个真正可落地的标准流程，固化为管理中的一个标准动作。

师徒带教的16字方针

了解过选师和拜师，接下来我们就要进入正题——学师。按照中国传统的表达方式，我们也可以称其为承师。

2019年，有一段时间，我曾不间断地到上海道济堂中医馆去调养身体。在这个过程中，我与几位知名的老中医有过深度交流。我发现他们培育学徒的方式就是典型的师徒带教。根据我在现场的观察，每一位老师在问诊中都会做以下动作：

- 抽查。老师每天都要抽查学徒有没有背诵前一天布置的《黄帝内经》原文。因为这些理论知识是诊断病人的心法，作为医生的学徒，必须熟悉理论源头。

- 案例教学。结合看诊案例，老师帮助学徒理解《黄帝内经》的原文，因为只有案例才是理论最好的佐证。
- 鼓励实战。老师鼓励学徒去给病人搭脉号诊，让他们在实战中试错。
- 及时复盘。老师亲自为病人搭脉，与学徒一起回顾全过程：学徒在观摩中对照复盘，找到自己出错的真因，并且通过文字记录加深记忆；老师也在这个过程中及时纠偏，让学徒能够在试错中悟道。

中医师徒带教的逻辑，其实和我们企业中的师徒带教逻辑有异曲同工之妙。

在辅导企业的过程中，我们观察到许多企业都存在一种共性现象：即使企业制订了带教计划，师傅也不知道如何去带教徒弟。师傅最常用的逻辑是什么呢？把徒弟叫过来，教他做这件事情；教完以后，徒弟一知半解地点点头。事实上，我们在访谈中发现，能做到这个程度的师傅也为数不多，有些师傅甚至直接把徒弟当成打杂的小工。

这些都算不上真正的带教，有效的师徒带教应该像上述案例中的老中医带学徒一样，有非常明确的准则。根据实践经验，我们把这些准则总结为16字带教方针：我说你听，我做你看；你说我听，你做我查。这一16字方针可以把师徒带教拆分为上下半场。

我说你听，我做你看

师徒带教并不要求师傅一开始就教徒弟“怎么做”，而要求师傅先解释清楚“是什么”和“为什么”，再来讲解“怎么做”。因为真正的教育是教授原理，让人知其然更知其所以然。我说你听，要求师傅告诉徒弟做这件事情的基础流程；我做你看，要求师傅演示给徒弟看。这8个字完成了，我们要先停顿一下，不能马上进入下一个阶段。我们还要追加一个动作，即师傅询问徒弟：你清楚了吗？徒弟有什么疑问可以向师傅提出来。

徒弟提出疑问是正常的，这说明师傅的带教是有效的。最令人担忧的是，师傅才讲了一遍，徒弟点头说会了。这种情况背后只有两种可能性：一种是徒弟天资聪慧，一点就通；另一种可能性更大，即徒弟十窍通了九窍，就差那最关键的一窍还没通。

因此，等待徒弟把疑问反馈出来非常关键。只有在师傅把徒弟的疑问解答清楚的那一刻，徒弟才能将知识真正内化于心。

你说我听，你做我查

怎么才能确定徒弟将知识真正内化于心了呢？师傅可以要求徒弟复述一遍，即你说我听。如果在徒弟复述的过程中，师傅没有听到最关键的那几个点，那么师傅就要立刻做补充来加深徒弟的印象。最后，你做我查，即学会了原理，徒弟还要进行实际操作。通过实际操作，师傅可以观察徒弟是否充分利用了知识，并在这个过程中检查徒弟哪些地方没有做到位。

我相信只要遵从这16字方针，按照这个流程反复练习1万遍，师傅就一定知道如何带教徒弟了。但是，我们怎么才能保证师傅在带教过程中没有敷衍了事呢？要保证师徒带教的成效，仅有指导方针还不够，师傅还要在带教的过程中做痕迹管理。

我们观察到很多企业存在一种现象：人力资源部门认为师徒带教是业务部门的事情。因此，在带教的过程中，只要把员工丢给业务部门，人力资源部门的工作似乎就结束了。这个逻辑实际上是错误的。人力资源部门是新员工的“娘家人”，把新员工送到业务部门之后，对于业务部门怎么培育他，人力资源部门是要进行持续跟踪的。

靠什么来跟踪？痕迹管理。痕迹管理其实就是靠三张表格来管理：第一张表叫作记录表，记录今天师傅教了什么，哪一个环节是最容易出问题的；第二张表叫作反馈表，是给人力资源部门的，人力资源部门后续会对师徒带教的成果进行抽查；第三张表叫作纠错表，就是把徒弟经常犯的所有错误给列出来，人力资源部门会进行存档。在未来带教员工的过程中，这些经常性错误需要被重点关注。只有这样，我们才能把“学师”的这个流程做透，而这是很多企业都没有做到位的。

从选师、拜师到学师，要保证师徒带教的有效性，我们还必须设置最后的验收环节，以评价师傅是否合格。师傅带教完徒弟，未来是再也不想带了，还是越带越有兴趣呢？我相信所有的企业都希望师傅越带越有兴趣，但师傅的这个兴趣来自哪里呢？我们要让师傅有成就感。自我实现是人类最高级的需求，如果满足了这个需求，企业何愁没有师傅呢？

那么，我是怎么判断企业的师徒制的推行效果的呢？我就看员工见面打招呼时，称呼最多的是不是师傅。我在香格里拉工作的那几年，有好几个师傅。每次吃饭碰到师傅，我叫一声师傅，师傅一定会问：“最近你怎么样？需要我帮你做什么吗？”当我取得成绩的时候，师傅的名字会和我的名字一起出现在布告栏。后来，当我的职位越升越高，超过了我的师傅们时，我发现师傅们私底下会和同事说，那个在台上讲课的是我徒弟。

美国著名的认知心理学家韦纳（B. Weiner）曾经指出，幸福最大的来源是他人。因此，给予师傅激励的不是利益，而是成就感和荣誉感。在企业推行师徒制的过程中，机制设计的核心就是要激发人的成就感。迄今为止，我还经常在课堂上公开表达自己的感谢，感谢在我人生当中影响我的三个非常重要的师傅，他们都在我的人生转折点上给予我导航。因此，我们一定要通过评定的过程，让师傅充分地感受到荣誉感和成就感，这是每一家企业都应该重视的事情。

最后我要提醒一下，师徒制一定是阶段性的。很多企业让一个徒弟跟一个师傅三五年甚至更久，这是不可取的，因为它会带来两个问题。一是限制了徒弟的技能提升空间。每个师傅身上都有一种最强的能力，徒弟出师以后，应该朝更高的方向去做规划和发展，所以师傅只需做阶段性的带教。二是容易形成帮派。特别是技术型岗位，师徒极易形成裙带关系和山头主义，导致各个业务板块山头林立、各自为政，组织无法协同。因此，为了避开这两个问题，我们一定要让一个高潜力的优秀人才拥有多位师傅。这样不仅避开了山头主义，徒弟也能够持续学习和吸收各个派别武林高手的精髓，集众家之所长，最终超越自己的师傅——这才是师徒制真正想达到的目的。

第9章

靶心训战模式之“练”篇（下）：打造高绩效教练

香格里拉的双轨制培育：一边培育员工，一边培育教练

我的职业生涯起点是在香格里拉集团。在星级酒店业内，香格里拉是一家令人尊重的企业。它是最早一批进入中国的酒店品牌之一，也是业内公认的中国高星级酒店人才培育的“黄埔军校”，为中国近40年来的星级酒店发展做出了不可磨灭的贡献。

香格里拉有一个非常著名的人才项目，叫作香格里拉“关怀”项目，它是一个针对基层员工的人才培育项目。整个“关怀”项目分为四个阶段，如表9-1所示。

这个人才培育项目的第一个阶段是“关怀1”，受训对象是0～7天的新员工。也就是说，只要你被招录进香格里拉，在分配到部门之前，你就必须参加为期两天的入职培训。在此期间，你要接受“关怀”项目第一阶段的培训。

表9-1 香格里拉“关怀”项目

阶段	谁来学	培育目标	时间	学什么	谁来教
关怀1	0～7天的新员工	殷勤好客香格里拉情	2天	▪ 服务理念 ▪ 核心价值观 ▪ 服务标准	天使1 ▪ 工作2年以上 ▪ 拥有银质奖章 ▪ 天使1认证
关怀2	3个月以上的员工	令客人喜出望外	3天	▪ 个性化服务 ▪ 细节服务	天使2 ▪ 主管级以上 ▪ 拥有金质奖章 ▪ 天使2认证
关怀3	入职1～2年的员工	积极补救	3天	▪ 客诉处理 ▪ 应急处理	天使3 ▪ 经理级以上 ▪ 拥有银质以上奖章 ▪ 天使3认证
关怀4	入职2年以上的老员工	主人翁精神	3天	▪ 关爱客户 ▪ 关爱同事 ▪ 关爱公司	天使4 ▪ 总监级以上 ▪ 工作3年以上 ▪ 天使4认证

“关怀1”的培育目标是“殷勤好客香格里拉情”。我相信你已经从这句话中读到了，这一阶段学习的主要内容是关于企业文化的，包括香格里拉的服务理念、核心价值观和服务标准。

那么，“关怀1”的教练是谁呢？我们称之为天使1。天使1不是指具体的某个人，而是指拥有天使1资质认证的人。什么样的人能拿到天使1的资质认证呢？香格里拉集团规定，天使1必须具备三个条件：一是在香格里拉工作2年以上；二是在服务客户的过程中拿到过银质奖章；三是获得培训师认证，也就是取得天使1的资质认证。

如果一名新员工3个月后顺利转正，他就要继续接受“关怀2”的培训。这一阶段的培育目标为“令客人喜出望外”，3天的课程主要围绕个性化服务和细节服务展开。

“关怀2”的课程由谁来上呢？还是同样的逻辑，由天使2来做教练。要取得天使2的资格，也有三个门槛：一是必须是主管级以上；二是要获得金质奖章；三是必须拿到天使2的资质认证。

“关怀3”的受训对象主要是入职1～2年的员工，这个阶段的培育目标是“积极补救”。整个课程耗时3天，主要围绕客诉处理和应急处理展开。

谁来做这个阶段的教练呢？天使3。香格里拉集团对天使3同样有三个要求：一是必须是经理级以上；二是拥有银质以上奖章；三是获得天使3的资质认证。

2004年，许多国际品牌酒店涌入中国，这也让香格里拉集团遇到了一个非常大的挑战，那就是员工的稳定性问题。不少员工相继离开了香格里拉，跳槽到了其他国际品牌酒店。为了应对这种不利的状况，在2004年年底，香格里拉集团开始在中国地区研发第四阶段的课程——“关怀4”。

“关怀4”主要针对入职2年以上的老员工，这一阶段的培育目标是“主人翁精神”，课程主要围绕三个维度展开：关爱客户、关爱同事、关爱公司。

按照过去的设计逻辑，授课的教练必须是天使4。那哪些人能成为天使4呢？一是必须是总监级以上；二是在香格里拉工作3年以上；三是要拿到天使4的资质认证。

我们可以发现，香格里拉的“关怀”项目不仅仅是在培育员工，更是在培育教练。教练是人才培育的母盘，如果一家企业没有教练体系，那么它根本谈不上人才培育。

香格里拉的教练是专职的还是兼职的？全部都是兼职的，它把业绩标杆和管理者培育成了教练。香格里拉有一个不成文的规定：如果穿着黑西服的管理者胸前戴着徽章，那么他的身份可能有两种：要么是经理以上级别，要么就是教练。

直至今日，我仍然认为香格里拉的这套教练培育体系是非常有效的。正因为所有教练都必须通过认证，所以所有教练上课的品质和标准都能够得到保证。与此同时，通过教练的认证体系，香格里拉也实现了双轨制培育，一边培育员工，一边培育教练。

教练认证也成为集团内部人才调配和调整的硬性参考条件。在香格里拉的那几年，我拼命努力，离开之前拿到了天使3的资质认证。可惜的是，我还没有升到总监的级别，还不够资格参加天使4的资质认证。

在每月开课之前，集团可以在企业内部调配：哪些人是拥有天使资质的，可以给学员上课？另外，集团会给学员发放统一的教材。这样，不仅整个集团的培训做起来了，而且能保证培训品质相差不大，这就是这套教练培育体系的厉害之处。

“不花钱”的教练：高绩效教练就在你的企业内部

在服务企业的过程中，经常有老板和管理者向我们诉苦：“我们也知道人才培育的重要性，无奈企业利润微薄，没有足够的钱和资源去请老师做培训……”他们的言下之意是，企业要请教练做培训必然要花钱。真的是这样吗？香格里拉的案例告诉我们，真正的高绩效教练是不用花钱的。

在我们的企业里，有没有“不花钱”的教练呢？当然有。我甚至可以断言，最好的教练其实都藏在企业内部。只是很多企业家和管理者都有一个通病，总觉得外来的和尚好念经。也许外来的和尚念经听起来是不错，但遗憾的是，外部的专职教练由于不了解公司业务，很难给予员工真正有效的指导。所以，他们没办法真正帮你解决问题，真正帮你解决问题的人是企业内部培育出来的人才。

真正的高绩效教练到底来自哪里呢？他不一定来自外部，因为高手通常都在民间。比如不久前，我们辅导了一家企业，其主营业务是女士皮包。这家企业的培训部门设计了一堂非常接地气的课：如何给一块皮子开边？这个教开边的教练就是在企业干了20年的老师傅，别人开边要花5分钟，他却只需要1分钟半。

这位老师傅就是这家企业的高绩效教练，他身上唯一缺失的能力可能是，不知道怎么讲。但是，他是实战过的人，是拥有成功经验的人。因此，企业面临的真正考验不是没有教练，而是有没有发现教练苗子的火眼金睛，有没有把教练苗子培育成高绩效教练的教练培育体系。

至少从我的实战经验来看，真正的高绩效教练一定要源于一线。企业内部有三类人是天然的教练苗子，且每家企业都有这样的人，否则你的企业不可能时至今日还在发展。

在你的企业成功过的人

什么是成功过的人？做销售，他拿到了业绩冠军，他成功了；做采购，他能够火眼金睛发现差别率，他成功了；做管理，他带出来的人都成了企业的中高层，他成功了……成功过的人，能直接教给学员方法，不需要学员重新摸索和试错，因为他已通过实践证明了这些方法是最有效的。

正因为成功过的人经历过真实的困境和挑战，所以他的教授内容才最接地气。如果你问他，你这个方法背后的理论源头是什么？他不一定能够讲清楚，但是他能够教给你这个方法，避免你用脑袋去撞墙。企业中一定有这类人，我们要善于发掘他们，我们要让后人从前人的做法里汲取到成功的养分。

在你的企业失败过的人

在辅导企业做内部的课程研发时，我们发现有一类人也很关键，他们就是失败过的人。今天，这些人仍然没有离开，说明他们已经从失败的坑里爬出来了。我们不要浪费这些人失败的经历，因为这些经历蕴含着“不是方法论的方法论”。

怎么理解“不是方法论的方法论”？失败过的人在失败中获得了教训，他们指明的是不能触碰的雷区：我当时之所以被敌人打中，是因为我暴露了自己。他们会总结教训：当你要跳过一个战壕且不想被敌人发现时，你不能做……这些都是成功的人没法教你的。

通过分享自己的失败教训，失败过的人会帮助其他人避开同一个陷阱。这就好像扫雷游戏，你每排掉一个雷，胜利的希望就多一分。所以，只要把这些掉坑的失败教训萃取出来，排除掉失败的路径，我们就能离成功更近一步。

正在实战的人

成功者给方法，失败者给教训。除此之外，企业中还有一类人——正在实战的人，他们当下可能还没有产出成果，成功还是失败尚有待识别。但是，他们可以整理出操作的标准流程。

这三类人是企业内部教练团队的中坚力量。所以，你不要再抱怨企业内部没有教练，你的企业内部其实有很多教练，只是你没有把他们用起来。接下来，我们就给大家介绍一套打造高绩效教练的体系——通过体系化的运作，企业内部能够源源不断地涌现出高绩效教练。

教练的本质：教练是人才培育的母盘

一个优秀的企业家必须拥有教练思维，甚至他自己也必须是优秀的企业教练。只有培育更多的高管成为优秀教练，并让这些高管教练再去培育更多的冠军人才，企业才可能人才辈出、基业长青。如果没有优秀的教练，企业的人才培育基本上就是空中楼阁，因为教练是高绩效人才的助产士。真正的赋能型领导者，必须成为教练，同时也培育教练。通过培育更多的高绩效教练，企业可以实现人才裂变，支撑企业的战略发展。这是一条真正激活员工，实现低投入、高产出的路径。

既然要打造高绩效教练体系，那么我们首先就要厘清概念。什么是教练？我们不妨把这个词拆开来看：教可以用韩愈的一句话来概括——师者，传道授业解惑也；而练则是督导、检查和训练。

我们就以孙海平和刘翔这一对师徒为例来说明何为教练。也许孙海平在100米跨栏项目上跑不过刘翔，但我们必须承认，孙海平一定有方法能把刘翔训练成冠军。教练做的事情是什么？督导、检查和训练。但是，在学员练习之前，教练必须传道授业解惑。首先，教练要给学员传授运动学、运动轨迹学……这些原理就是道；其次是授业，为学员讲解方法和流程；最后是解惑，解决学员在训练过程中遇到的问题。

所以我经常说，一个好的销售教练绝不止于教授你销售技巧，简简单单地告诉你如何出业绩，而是会在教授技巧之前给你传道——你要把客户的终身价值放在首位。如果教练略过传道，直接教你销售技巧，那么你可能在开第一枪时就会伤到客户。因此，一个好的销售教练必须先给你传授客户终身价值的理念，这是道；然后才能授业，告诉你如何去成交，如何去为客户创造终身价值；最后，在教授的过程中，为你解惑。做到传道授业解惑，教练还只是做了教的部分。教练还要督导、检查和训练，即在徒弟偷懒、懈怠的时候，监督、检查和磨砺他。教和练相结合才能成为真正的教练。

美国著名作家威廉·亚瑟·沃德（William Arthur Ward）曾经写过一句话："平庸的老师，说教；好的老师，解说；更好的老师，示范；伟大的老师，启发。"我十分赞同他的观点。实际上，教练也可以分为四个等级：平庸的教练通常在说教；合格的教练会进行阐释；优秀的教练除了阐释外，还会亲身示范；而伟大的教练，能够激发学员的潜能，始终鼓励学员，告诉学员不要放弃，并和学员一起探讨方法，让学员能够举一反三……通过探索而获得成就感的学员，掌握的知识深度也远远超过其他学员。

因此，教练的本质是激发学员释放出最大的潜能，达到最佳的状态。

我始终坚信，教练是人才培育的母盘。如果企业内部不能培育和打造优秀的教练，那么一切人才培育都是假大空。所以，企业必须掌握打造高绩效教练的能力。外部的专职教练可能会帮助企业培育第一拨人才，但一旦离开了他们，企业的人才培育计划还是会中断，一切还是会回到原点。只有像香格里拉一样，拥有一套源源不断地打造高绩效教练的体系，企业才能保证人才培育的源头不出问题。

教练的首要基因不是口才，而是实战

在介绍这套教练培育体系之前，我请大家先思考一个问题：教练的首要基因究竟是什么？如果这个问题的答案错了，那么最后我们培育出来的教练可能是无效的，因为整套培育体系从一开始就偏离目标了。

之所以强调这个问题，是因为在上课的过程中，我发现很多企业家和管理者的回答都是错的。在大多数人的意识里，教练等同于讲师——既然要上台讲课，那么口才一定是第一位的。对于此种想法，我们一定要保持警惕。

细心的读者可能已经发现了，我一直没有用“讲师”这个词，却一直在强调“教练”。这两者之间的区别在哪里？最关键的区别在于实战。我们要的不是会讲课的人，而是真正上过战场的人。在选择教练的过程中，最令人担忧的情况就是过于关注口才，结果某人的能说会道掩盖了他根本没有实战过的事实。

一个好教练是实战出来的，而不是讲出来的。就像我们行动教育在选择课程导师时，一直坚守着一个底线，那就是至少在这个行业干过15年。因为只有从实战过程中提炼出来的方法论，才能真正产生实效。企业选择教练也是一样，一定要把实战作为教练的首要基因，无论是挑选、培育还是评价，都要聚焦这一个基本点。也许某个人的演讲没有那么大的感染力，但他所讲的经验是自己总结的，而不是从别人那里借鉴的。永远不要忘了，只有实战过的人才能指导实战。一个人即使口才再好，没有经历过实战，最多也只会纸上谈兵。

接下来，结合行动教育多年来培育导师以及辅导企业培育教练的方法，我们归纳了一套打造教练的逻辑。

讲我所做，真材实料

教练必须讲我所做。这句话很朴实，其本质就是追求实战。因为只有讲我所做，教练才能保证真材实料。这些真材实料源于个人的成长史，它们是在战斗中产生的。只有拥有这样的真材实料，我们的员工才能真正地接受战火的考验。

做我所讲，验证真理

教练除了讲我所做，还必须做我所讲，旨在验证真理。如何保证自己所讲的内容是有实效的？只有再做一遍，把过去的做法还原，最终拿到成果，才能证明你的方法是真正有效的。假设你教企业如何做人才盘点，结果你却无法还原自己的方法论，对企业的人才培育没有起到作用，那你讲的内容就是伪科学。

再做再改，持续精进

知识永无止境，教练永远在路上。因此，再做再改、持续精进也是我们打造教练的价值准则。

实际上，“讲我所做，真材实料，做我所讲，验证真理，再做再改，持续精进”这24个字也是行动教育培育导师的核心理念。行动教育在导师选择上不仅要求真材实料，而且要求验证真理。所以，我们80%的时间都不在公司，而是在现场为客户解决问题，因为我们要验证自己所讲的理论是能够还原的，也能够为企业真正产出成果。每一次交付完咨询案，我们还要进行复盘和修正。只有持续精进、再做再改，我们才能保证自己对专业领域的理解越来越深入。

对于企业的领导者而言，成为教练的意义则更加重大：一方面，这可以帮助领导者把隐性知识显性化、显性知识结构化；另一方面，在讲授、分享和辅导的过程中，领导者可以把结构知识课程化、课程知识传播化——这个过程能够有效地培育并树立领导者的影响力，同时使他们学会激励与辅导下属。

选师：标准、渠道和机制

如何才能打造出真正的高绩效教练呢？按照实践经验，我们通常把这个流程分解为三个步骤：选苗、育苗和评苗。

先来看选苗。首先，我们必须建立有关教练苗子的标准，即一个人要符合哪些标准，才能成为企业的教练苗子；其次，我们要解决渠道问题，即我们可以从哪些渠道选到合适的教练苗子；最后，我们要关注保障机制，即用什么机制来为选中的苗子保驾护航。

请注意，我们现阶段选择的是能做教练的苗子，而不是成熟的教练。所以，选苗的标准不能过于苛刻，可以向选师傅的标准看齐。

一是要有意愿度。当年李践老师问我：“熊老师，你在国际酒店干了那么多年，有没有考虑过把这套人才培育体系整理一下，在行动教育这个平台分享给更多人？”我说我愿意。由于我是一个比较感性的人，在过去20年的几段职业经历中，我在遇到苦难时都曾有过离职的想法。唯独在行动教育的这几年，无论面临多大的挑战，遭遇多大的挫折和困境，我都从未想过放弃。我想，这应该就是“我愿意”的力量所在吧。

二是要有专业度。这个专业度不是上课技巧，而是你在自己的专业领域是否有实战经验，对专业领域的理解是否足够精深？比如，你的电焊技术在公司内部是最牛的，这就是专业度；在门店卖服装，你是卖得最多的，这也是专业度。

三是要有利他心。许多人意愿度够，专业度也够，但胸怀和格局始终打不开——他们特别怕教会徒弟，饿死师傅。究其本质，这还是缺少了利他心。真正的聪明人都知道，利他才是最好的利己。不管是作为领导还是教练，你的价值往往取决于你能带出多少人。你带出的人越多，你的价值就越大，看不到这一点的人是当不好教练的。

标准清晰了，接下来我们可以从哪些渠道挑到满足这三项标准的教练苗子呢？

师徒制：师傅=教练苗子

第一种途径是从师傅的阵营里挑选。我们之所以反复强调企业要推行师徒制，就是因为成为师傅实际上是成为教练的第一关。如果一个人当不好师傅，带不好徒弟，那么这个人一定当不好教练。一个好师傅其实就是一个好教练的苗子。

师徒制是人才培育的底层逻辑，一家企业如果连基本的师徒制都没有，那么很难找到合适的教练。一个人只有当过好师傅，才能当好高绩效教练。

活动挖掘：大赛前三名=教练苗子

大部分企业每年都会举行各种大赛和大型会议，但是许多企业只是为了活动而活动。实际上，比赛和年会等活动都是挖掘教练的大好机会。

在许多生产型企业举办的技能大赛中，如果前三名同时具有意愿度和利他心，那他们便是好教练的苗子。另外，有的企业还会举行演讲比赛、企业春晚、主持人大赛等。在这些大型活动中，大家会把自己平时隐藏的那一面表现出来，这都是我们挖掘教练苗子不可错失的好机会。

星探：特长=教练苗子

关于这一点，我是一个受益者。在进入香格里拉集团之前，人力专员发给我一份简历表格，其中有“爱好和特长”一栏。作为一个农村长大的孩子，我没有学过唱歌跳舞，该怎么填呢？情急之下，我想起小时候爷爷曾经逼我练过毛笔字，于是我在那一栏填上了“书法”。那个时候，我还不知道会写毛笔字其实并不等于擅长书法。

半年后的一天，人力专员跑过来问我：“听说你会书法？”我一下子被问蒙了，心里有点发怵，因为不知道他要干啥。我愣了一会儿，答道：“会。”他兴奋地说：“太好了！公司要举办春晚，需要写一副大对联，你来写好不好？”

虽然心里发怵，但牛皮已经吹出去了，我也只能硬着头皮应承下来：“好，要写多大的？”他告诉我：“你能写多大就写多大，舞台的柱子有十几米高，如果纸张不够长，我们还可以接！”

我听完倒吸一口凉气。不承想，这件事却成为我人生的转折点，把我带上了人才培育这条道路。当年，香格里拉集团的大部分管理者都是外籍人士，对于他们来说，书法、春联都是最正宗的中国传统文化。当我拿着像扫把一样粗的毛笔在纸上挥舞的时候，旁边好多人都在尖叫惊呼。可惜那时候还没有微信，不然我的朋友圈肯定会被他们刷屏。

写完巨幅对联没几天，销售部门的一位主管过来找我：“听说你是餐饮部实习生，要不要来我们销售部？”我还在考虑是否转岗，人力资源经理也过来找我：“要不要考虑来人力资源部？”……好几个部门同时向我抛出了橄榄枝。得益于这个契机，我顺利从餐饮部门转岗到人力资源部门。

我相信今天大部分企业都会要求员工在简历中填写特长，但我们的管理者会把这个特长当真吗？不会。我经常告诉管理者，你要自己去做伯乐，去做星探，因为你坐在办公室里面，永远也别想让人才上门找你。但是，只要你离开办公室，你就会发现到处都是人才。

也许是受这段经历的影响，后来我在武汉皇家格雷斯大酒店做了7年的人力资源总监，而我的所有助理基本上都是从一线调过来的。拿我的第一个助理来说，我看见他录视频居然能够一次过（我又测试了他一遍，他果然能做到一次过），于是我就邀请他到我的部门，我带着他做培训。

虽然师徒制、活动挖掘和星探这三种挖掘方式并不那么高大上，但企业可以立刻用起来。在通过这三个渠道找到教练苗子后，我们如何激发他们当教练的意愿呢？我们还是不能忘了机制。

第一个机制叫作领导等于教练。

我们必须把教练与晋升机制挂钩。一个人既然是公司的领导，他就有义务为公司培育人。如果他不愿意培育人，不会培育人，他就不适合做领导。即使业绩再好，他也只能做一个技术高手。

为了让领导愿意当教练，我们要在仪式感上做足文章。我们要给管理者颁发聘书，在他的工牌、名片上挂上教练的职务。有一次，一位参加复训的企业人力资源总监给我递名片时，我发现他的名片抬头变了，除了某集团人力资源总监外，下面还多了一行字，即某商学院执行院长。

除此之外，企业还可以在商学院内部成立一个学术委员会，比如：营销副总裁兼任营销学院院长、学术委员会委员；研发副总裁兼任研发学院院长、学术委员会委员……我所辅导的一家企业把这件事做得更彻底，它把这些领导的职务设计成海报，挂在公司的墙上。别看只是一张小小的海报，一个小小的抬头变化，只要被挂上去了，领导就再也下不来了——他们必须认认真真地备课，兢兢业业地给学员们当好教练。

第二个机制叫作标杆等于教练。

我们用什么机制激励标杆去做教练呢？

一是建立认证机制。既然是标杆，那么我们必须对他进行认证，只有通过认证的人才可以当教练。这时候，标杆的自豪感会油然而生，就像在香格里拉，成为天使是一件非常荣耀的事情。

二是要注重仪式感。过去，我在操盘企业商学院时就非常注重仪式感。每年教师节，董事长只做一件事情，那就是专门召开教练感谢会。我们在那一天会召集所有教练，表达企业对他们的感谢之情，并颁发聘书、赠送礼物。当大家发现只有教练才有捧花和礼物时，所有人都会心向往之——你崇尚什么，就会得到什么。

此外，企业还可以给予教练一些特权。比如，只有具备教练资格的人才能代表企业参加行业会议、专业论坛等，这会让教练成为一个有荣光的头衔。

育师：从好苗子到好教练

最近，我在同两位民营企业的董事长交流时发现，他们在培育教练的过程中遇到了相似的困扰：投入很多，但培育结果不理想。我在与他们深入交流后发现，这两家企业遇到了一个共性问题。

第一家企业属于传统制造型企业，创立近20年，企业内部已有基础的培训体系。大多数部门经理及更高级别的领导都是内部培训师，至少可以上一门主题课，但是学员对此并不买账——领导授课除了参训率达标，其他评估指标都不尽如人意。

另一家企业是一家医药连锁企业，对销售岗位员工的培训主要依赖标杆员工的经验分享。这些标杆都是在公司营销岗位上至少工作了5年的资深营销总监，讲起课来滔滔不绝。不少学员反馈说，他们的课听起来颇有道理，但是落地的时候并不实用。

这两家企业其实犯了同一个错误，即直接把领导和标杆等同于教练，但实际上，领导和标杆只是教练苗子。我们不能直接把人才交给教练苗子来培育，因为从好苗子到好教练，这个过程中还有一个关键事项，那就是培育。

具体来说，教练的培育可以细分为三个子问题：培育的内容是什么？培育的流程是什么？用什么机制来保障培育的效果？接下来，我们针对这三个问题来一一解答。

培育内容

要把一个教练苗子培育成一流教练，我们需要培育什么？先把握一个原则，即我们要培育的不是他的业务能力，而是他输出方法论的专业度。这种输出方法论的专业度具体包含以下三个模块。

教练基本功

教练的首要基因不是口才，而是实战。因此，教练的基本功不是演讲能力，而是逻辑能力和抓重点的能力。一个人的逻辑能力很强，容易抓到重点，这意味着这个人有很强的认知能力，能够透过本质总结规律，并且能够利用规律取得成果。这是一个教练必须具备的核心能力。

教练专业度

什么是一个教练的专业度？我将其概括为编、导、演的能力。一出好戏离不开编剧、导演和演员，任何一个角色不给力，都拍不出一部好作品。教练要培育出人才，就必须兼具编、导、演的能力。

- 编是编什么？编教材、编教案和编人才项目的能力。
- 导是导什么？导的本质就是对于教学模式的设计。
- 演是演什么？不是演讲，而是如何把真材实料呈现出来。

教练新技术

编、导、演这三项能力对于教练而言，不是一朝一夕的工夫就能练就的，而是要花很长时间去训练。在训练之前，教练还必须掌握相关的基础理论。

在国内，教练在掌握相关的基础理论方面还相对薄弱。大家如果感兴趣，可以去了解一下相关的专业课程，包括触动技术、引导技术、行动学习法等。

基本功、专业度和新技术是教练要掌握的三项关键能力，那教练如何习得这三项能力呢？接下来，我们就要在培育流程上下功夫。

培育流程

启动大讲师

教练的基本功是逻辑能力和抓重点的能力，而这两项能力都非一日之功，不是几堂课就能训练出来的。因此，提升教练基本功最好的方式就是，通过大讲师进行日常训练，日积月累，自然而然成为高手。

在接触企业的过程中，但凡看到高管汇报问题时逻辑不清晰、说话不利索，我基本上就可以断定，这家企业的老板同样欠缺逻辑能力和抓重点的能力。否则，他忍受不了这样的高管。因此，企业要打好教练的基本功，就要从大讲师抓起，日复一日地训练，最后把抓重点和讲逻辑内化为企业的管理素养和管理风格。

参与TTT集训

TTT集训是一个专门训练培训师的集训。集训的内容主要是提升培训师编、导、演的能力，包括课程研发、教学模式的设计、表达能力的提升。但是，TTT集训领域的从业者鱼龙混杂，大家千万不要被某些伪TTT集训给忽悠了，最后被培育成飘在半空的成功学演讲大师。再次重申，我们要培育的不是演讲能力，而是编、导、演三项全能的教练。一次正规的TTT集训可以参考如表9–2所示的课表，我们只需按照这个方向去培育教练的专业度。

表9–2　TTT集训课程表

项目	必备知识与技能			课题
内部讲师培育	职责篇	岗位职责与绩效指标	晋升渠道	内训师岗位手册
	修养篇	讲师礼仪	讲师形象	内训师的自我修炼
		讲师心态	讲师境界	
	演说篇	有效表达	公众演说	行动式演说
	技能篇	课程研发	教学设计	实效研发三板斧
		实效授课	有效管控	实效授课技巧

试讲通关

在上课之前，任何教练都必须进行试讲通关。在辅导企业的过程中，无论是董事长还是总裁，只要他是教练，我们就要求他进行试讲通关。忽略了这个流程，我们就缺少了对课程的精心打磨。

定期举办教练活动

企业内部要定期举办教练活动。比如，企业可以邀请一些引导技术方面的老师，每次教大家一两种教练新技术；大家也可以趁机相互切磋做教练的经验和技巧。长此以往，企业才能真正把一个好苗子培育成好教练。

机制设计

除了设计流程，我们还需要设计一些机制来为教练培育保驾护航。

内部导师制

每一位管理者都可以被培育成优秀的教练。但是，没有人天生就是教练，教练能力的开发取决于上司的培育。对于每一个被挑选出来的教练苗子，我们必须为他委派一个内部导师，这个人可以是部门领导，也可以是人力资源部门或培训部门的核心成员。

公示排名

我们还可以通过教练内部排名公示的机制，来激发教练成长的动力。这个机制是我们在辅导一家企业商学院时领悟到的。

在辅导湖南的伍子醉商学院时，我们原本在试讲通关的过程中设计了三轮淘汰赛：第一轮100进60，第二轮60进40，第三轮40进10。结果，在第二轮的主题演讲环节，老板看好的不少教练苗子都被淘汰了。最后，执行董事长给出建议：“熊老师，咱们能不能增加一个复活赛？”我们尝试性地组织了一轮复活赛，从第二轮淘汰的20个人中复活了5个人。出乎我意料的是，复活赛中的一位小姑娘一路过关斩将，成了企业的十大教练之首。在伍子醉商学院的开学典礼上，她和李践老师一起同台讲课。

这次复活赛给了我一个启示：我们如果在教练培育的过程中引入游戏思维，做好排名和公示，就会刺激教练向上的欲望，最大程度地激发他们的潜能。自此以后，在每次的试讲通关环节，我们都会公布排名，即使是最后入选的前10名，我们也要排出先后。所以，如果让教练把人才培育看作打怪升级的游戏，那么工作越有挑战性，他们的动力就越强，得到的名次就越靠前……这样就能形成生产力的良性循环。

预算支持

香格里拉集团的培训预算会留出一定的比例用于组织教练活动。香格里拉规定，企业每个月必须组织教练活动——既可以把外面的老师请进来给教练上课，也可以组织教练一起去标杆企业参观交流。总而言之，企业必须要为教练活动提供预算支持。假设这笔预算到了年底没有花完，集团不会感谢你为公司省钱，反而会追责。到年底述职时，你需要向总部解释这笔钱没有花完的原因。

这背后其实隐含了一个逻辑，即香格里拉认为这笔钱不是成本，而是投资。香格里拉认为，这笔钱是投资在教练身上的，更是投资在未来的人才身上的。它并不是把教练培育视为成本中心，而是将其视为利润中心，认为其是公司战略不可分割的一部分。

行动教育也遵循同样的逻辑。李践老师每年会给每个导师20万元的培训预算，如果到年底了，你还一分钱都没有花掉，那么李践老师不会认为你为公司省钱了，而会追问你为什么不去学习。

因此，预算支持机制的关键在于理念的改变，即你要把这笔钱当成投资而不是成本。在我们看来，教练活动的预算是对未来人才培育的投资，最终目的是追求更大的产出。

评师：教练的三六九等

在把一个苗子培育成教练后，我们还要对他进行评定。评定不是为了给他发奖金，也不是走流程，而是要站在学员的角度对教练进行满意度评价，其本质就是对教练的“质”做出评估。

在辅导企业的过程中，我们发现很多企业只对教练进行量的评估，比如今年上了多少次课，哪些教练的课参与人数最多。最后，企业便把上课最多的人评为金牌讲师。然而，一旦缺乏对质的评估，所有的量都是虚胖，企业就无法真正产出高绩效人才。所以，人力资源部门不能只满足于简单的加法，而要把重心放在对质的评估上，这样才能保证企业的人才培育是有效的。

以行动教育对导师的评价为例，我们把质作为首要的评价标准。行动教育对于课程的品质有着严苛的要求，即每门课程的学员满意度都必须达到95%以上。一个教练的课程满意度一旦低于95%：第一次，该教练将被给予警告；第二次，李践老师会亲自和其面谈；第三次，这个教练将在行动教育永久下课！如果有一天，你在行动教育的讲台上看不见我了，那么只有两种可能性：一是我身体不行了，干不动了；二是课程的学员满意度没有达到标准，我下课了。所以毫不夸张地说，行动教育所有的导师都在拿命捍卫课程品质。

如果一家企业内部有很多教练可以上课，最后却没有培育出优秀的人才，那教练的评价标准很可能出了问题。

如何衡量一个教练的品质呢？我们要经过五个步骤的质检。

第一步：基本功检测

在辅导企业的过程中，无论你是董事长还是总经理，只要你是教练，我们就要求你必须上台接受基本功检测。基本功检测主要包括两项：一是课程大纲，二是人才项目方案。教练上台以后，首先要面对台下的评审团把课程大纲讲一遍，而评审团会反馈大纲中存在的问题：逻辑清晰吗？抓住关键点了吗？……打磨完课程大纲以后，教练还需要介绍自己的人才项目方案。这两项基本功实质上检测的是教练“编”的能力。

第二步：随机抽取章节试讲

在检测完教练“编”的能力后，企业还要检测教练“导”和“演”的能力。

如何检测这两项能力呢？最好的办法是随机抽取课程大纲中的一页PPT，让教练试讲20分钟。很多人可以从头讲到尾，但突然抽取其中一页，他们就没办法过渡得很自然。所以，我们最后想出了这一招，来评估教练“导”和“演”的能力。

记得有一次，在我们辅导一家企业时，台上的教练刚好抽到了一页PPT。这页PPT上只有4句话，描述的是招商会开完以后跟进的4个要点。这一页怎么才能讲足20分钟呢？我都替台上的教练捏了一把汗。

结果，台上的教练不慌不忙地说：“谢谢评委老师，很高兴给大家分享这门课。上一节课我们讲到了如何开招商会，那开完会以后，我们还要干什么？在回答这个问题之前，我想把大家分成4组，给大家8分钟时间讨论招商会开完以后如何跟进这一问题。”

等到大家讨论结束之后，这位教练又把每一组的观点写到了大白板上，就这样15分钟过去了。最后，这位教练才开始做总结。他在归纳出每个要点之后，在每个要点后面匹配了一个自己操盘的真实案例。

虽然我并不熟悉他们的行业，但经过这20分钟，我对这个问题的答案也理解得很透彻。这就是一个好教练的标准样本。

第三步：学员反馈

在教练授课完成以后，我们不要忘了听一听学员的反馈。我们可以通过举行学员座谈会、让学员们填写调查问卷等多种形式来收集反馈意见。

学员在反馈时，一定要抛开层级观念，本着客观、公正的原则来反馈。我们曾经辅导过一家企业的副总裁做试讲，听课的人大多是中层干部和员工。听完以后，大家完全不照顾副总裁的面子，直接就对着副总裁开炮了——这就是我所期望的氛围。只有这样的氛围，才能培育出真正的高绩效教练。而真正有胸怀的领导也不会拒绝学员反馈，因为他知道，这是指引他持续改进的方向。

第四步：导师点评

听完学员反馈以后，教练的导师也要进行点评。

在行动教育，董事长会亲自研究每一位学员的反馈，并把这些反馈作为导师会最重要的素材。如果学员们反馈的是共性问题，董事长就会专门在导师会上进行点评；如果是个性化问题，他就会私下辅导导师们。

回到企业也一样，听课之后，教练的导师必须做出点评。因为导师会站在更高的角度来帮教练找到上课效果不好的原因，并针对性地给出建议。这种高手的贴身辅导，可以帮助教练看清自己的盲区，并不断优化和改进自己的教练绩效。

第五步：综合定级

结合以上4个步骤，即从基本功检测到随机抽取章节试讲，再到学员反馈、导师点评，一切成果都要体现在最后一个环节——综合定级。

通过核算前面几个环节的累计分数，我们就可以对教练进行综合定级：他的分数处于哪个区间，是初级教练、中级教练还是高级教练？或者以星级的形式评级，他是三星级导师还是五星级导师？总之，我们要评出导师的三六九等。

教练定级不是一劳永逸的，我们还必须设定期限。通常来说，教练的定级期限是一年，就像驾照需要年审一样。到了第二年，所有人必须被重新评级。这样既可以防止某些教练懈怠，也可以激励教练晋升到更高的级别。

评级完成以后，教练的薪酬就必须按级计酬。不同等级的教练上课的待遇应该是不一样的，这是对于教练的能力最基本的认可。虽然在服务企业的过程中，我们观察到大部分教练都不是冲着钱去的，但在这个问题上，我们还是要做到公平、公正，以便有所区别。

最后，我要告诫所有老板：教练的打造是一场持久战，而不是一场闪电战。我们一定要有战略定力，持续投入资源，按照教练打造的流程日复一日地做，千万不能一开始风生水起，然后半途而废。

第10章
靶心训战模式之“赛”篇：奥运式集训

95%的中小企业做的是内训，而不是集训

近年来，不少企业都热衷于把员工拉出来做集训，集训成了许多企业进行人才培育的一种常用手段。但遗憾的是，我曾经在课堂上做过数次千人小样本调研，发现95%以上的中小企业做的只是内训，而不是真正的集训。

从这些企业家和管理者的反馈来看，他们所谓的集训其实就是全员培训、全员上课。如果你的企业是按照这样的方式做集训的，那么10年以后，你很可能会无人可用。即使有人可用，也可能是矮子里面拔将军。

那么，集训和内训有什么区别呢？我认为最关键的区别有两点。

首先，集训是一项权利，而内训是一项义务。

虽然我的专业是聚焦人才培育，但我给企业的建议通常是：千万不要轻易组织集训。这听起来似乎有违常理，为什么我不建议企业经常组织集训呢？因为集训的成本太高了，这个成本不仅包括人力成本、金钱成本，还包括一项最大的隐性成本——信任成本（这是经常被很多企业

家和管理者忽略掉的)。

我曾经多次操盘过集训，知道当学员们浩浩荡荡地从全国各地赶过来参加集训时，他们都满怀期待。如果三天后集训结束，学员感觉一无所获，只是跟着老师打了三天鸡血，那么他心里一定觉得这三天是没有意义的，完全是在浪费时间，公司又在搞形式主义。等到下次公司再组织集训的时候，他则会能躲就躲。

今天，我们的培训部或商学院为什么在培训方面步履维艰？就是因为组织的集训没有产出，大家没有看到成果，于是不信任危机应运而生。这个风险是人力、物力难以弥补的，这才是最致命的成本。因此，我建议企业不要轻易组织集训。

企业组织的集训必须是高规格的。它就好比奥运赛，不是一般人可以参与的，只有顶尖高手才有资格参加。所以，我们要把参与集训变成一项只有少数人才能拥有的权利，即只有符合条件的人才能拥有这项权利，而不是让集训变成一次逼迫全员参加的内训。这是集训和内训的第一个区别。

其次，内训是为了拓宽学员知识，而集训是为了通过培训选拔出高绩效人才。所以，集训的本质是选拔，培训只是手段，而内训是错误地把手段当成了结果。

一个奥运冠军是怎么培育出来的？不是靠参加奥运会，而是在上奥运赛场之前，国家队就精挑细选了冠军苗子，赋予这个苗子职业资格，并安排教练来带教他。经过长时间的努力训练，他才能到奥运赛场上去冲击冠军。

人才培育也是同样的道理。人才不是一两堂课就能培育出来的，组织首先要选出有自驱力的苗子，让他能够自驱成长；接下来要给他找一个好师傅，让他从一个江湖选手变成职业选手；最后再对他进行选拔式集训。组织只有把这三件事情加在一起，并且将每件事情都做到位，才能给这个人赋能，真正把他培育成才。

这三件事情所占的比例分别是多少呢？我们在实践中发现，自驱成长是一辈子的事情，所以它要占到70%的权重。而师徒带教的本质是辅导，即查漏补缺，师傅在关键时候点拨徒弟，让他不要跑偏，也就是徒弟既要减少犯错，又要走得更快。所以，师徒带教要占到20%的权重。最后的集训真正发挥的作用是收敛，而它的权重只能占到10%。

当然，即使权重只有10%，集训也是必不可少的一环。因为只有进入奥运赛场，你才会发现自己和高手之间的差距。找到这个差距以后，你再回去自驱式学习。只要你知道差距在哪里，并针对自己的不足不断地去弥补差距，未来你就有可能拿到奥运冠军。

只有理解了集训和内训的主要区别，我们才能真正理解集训在人才培育中发挥的作用。集训只是人才培育的最后收敛阶段，而不是全部手段。那么，基于集训的功能和价值，我们应该如何设计集训？企业应该在集训中扮演什么样的角色？这是本章我们亟待解决的问题。

集训就是赛场，企业需要搭平台比量级

2019年12月，我服务了一家上市公司。在调研的过程中，董事长和我说了一番话：“熊老师，其实我们非常重视人才培育，大概在7年前，我们就在企业内部成立了企业大学。每年的培训预算也有几百万元，各类培训都有做。比如，我们的总监特训营就是专门培育储备总监的。”

我问他：“那这个项目运作得成功吗？”

坐在一旁的人力资源总监回复我说：“这个项目每年至少开1期，平均2个月集训一次，整个培育周期为一年，中间要集训6次，最后考核通

关、验收成果。所有人都通关了，100%全部入选……”

董事长打断人力资源总监的话，插了一句：“真正能够当总监的人不足10%。”

这家企业的问题出在哪里？还是企业把集训当成了内训。人力资源总监谈的是人头数，而老板想要的是人才的质量。

所以，我告诉他们：“关键问题在于你们企业集训的逻辑有问题，你们在这个过程中没有进行选拔。你们不可能通过短期培训大幅提升人才的能力，基本功的修炼靠的是平时的积累。一旦到了集训现场，你们就要通过集训把优秀的人才选拔出来，然后再辅以适当的培训，将他们培育成真正的高绩效人才。”

接下来，我给他们讲解了行动教育2019年是如何做总监特训营的。

在行动教育，我们把销售总监特训营称为“大将营”。大将营的培育目标是培育未来的大将。那么，我们要放进特训营中的是哪一个层级？少将。

按照漏斗逻辑，我们挑选了141名少将，进行层层选拔，漏到最后的才是大将。如果最后有50位大将毕业，那么这个项目便成功了。我们能不能保证未来这141人中有50人通关呢？说实话，我们不能保证。但可以保证的是，我们一定会坚守大将的标准，即使只有1个人符合标准。

从少将到大将，他们在集训的过程中需要经过哪些关卡呢？

2019年3月，我们组织了第一次集训，这个阶段只围绕一个主题：基本功。行动教育大将的基本功只有三项：一是组建团队的能力，二是开展业务的能力，三是市场推广的能力。第一次集训就是围绕这三项基本功展开的，最后经过三天两夜的培训，我们淘汰掉了15%的少将。整个培训是分小组进行的，一共11个小组，最后一个小组就地解散。与此同时，每个小组中的最后一名会被淘汰。

也就是说，学员能不能进入下一个阶段，学员自己说了算。要知道，行动教育大将营是要付费的，每个人要支付1 000元的学费。为什么要学员掏钱？这是为了提醒大家，培训不是福利，是你自己的选择，你必须为自己的选择负责任。所以，我们要的不是这1 000元，而是要让学员投入进来（交钱等于交心）。如果你不能脱颖而出，这1 000元就只能当学费了。

2019年6月，我们围绕“高绩效教练”开启新一期集训。这一次，我带领企业大学项目组的专家老师亲自上场培训和选拔，培训的内容包括如何备课、如何上课、如何呈现方案……

2019年9月，我们围绕“如何运营一场校友会”又做了一期集训……

2019年12月，我们围绕《孙子兵法》做了一期集训。我们邀请了行动教育哲学班的薛国安将军来给学员上课，讲解“常胜将军”的逻辑……

经过4次选拔，最后，这141人只剩下50人。在每3个月一次的集训中，我们不是在教知识，而是在做选拔。在培训的过程中，我们不会讲基础的知识，学员必须自学这些内容，或者找部门的师傅学、找分公司的标杆学。到了集训营，我们就是来检测学员的基本功的。每一层漏斗都是一个筛子，我们把符合标准的筛下去，把不符合标准的淘汰掉。筛子的孔越来越密，也就意味着标准越来越高，最后剩下的符合标准的人才是我们想要的人。

所以，我们把这种集训称为选拔式赋能。选拔式赋能的本质是比赛，要赛出谁更厉害，并在这个过程中把不厉害的人淘汰掉。当然，淘汰并不等于离开公司，学员将回到自己的岗位，继续做本职工作。只是这一期的管理岗位已经与他无缘了，他只能等明年再来。

我们常说，一家企业要打胜仗，关键在于练兵——训时多流汗，战时少流血。而练兵的关键在于比武，比武是评估能力的最好方式。既然是比武，那就必定有输赢，必定有淘汰。在这个过程中，公司只需负责搭好平台，让所有苗子各显神通，比出量级，赛出冠军，然后挑出想要的高绩效人才。这才是集训的逻辑。

只有理解了这一点，企业才能知道如何进行高效的集训。真正良将如潮的企业，它们的人才绝对不是通过上几次课而培育出来的，要知道好兵是打出来的，冠军是比出来的。真正有能力的人，不是听课听出来的，也不是考试考出来的，而是打出来的。企业要做的就是帮助他们组织战场，让他们经受战斗的洗礼——今天拿8分，明天拿8.5分，后天得9分……比赛的机会多了，他们自然就找到门道了。

企业应该如何组织奥运赛场式集训呢？大家需牢记三条准则：赛马原则、分层原则和利益原则。我们先来看奥运赛场式集训的赛马原则。

赛马原则：好兵是打出来的，冠军是比出来的

我们可以用一句话来总结赛马原则，即好兵是打出来的，冠军是比出来的。真正的人才不是培训出来的，而是比出来的、赛出来的、筛选出来的。

企业界其实对赛马原则并不陌生，中国许多优秀的企业家都极度推崇赛马原则。海尔创始人张瑞敏曾经说，海尔的人才哲学是“人人是人才，赛马不相马”。怎么解释这句话？张瑞敏的意思是：“给你比赛的场地，帮你明确比赛的目标，比赛的规则公开化，能否跑到前面，就看你自己了。”所有人在统一的规则下，能者上，平者让，庸者下，让快马脱颖而出，让慢马受到鞭策，这是赛马原则的精髓所在。

如何才能把“赛马原则”贯穿在集训中呢？这里又回到了第5章所讲到的方法论，即集训要从直筒逻辑转换为漏斗逻辑。

一名运动员往往需经过国内选拔赛、公开赛、洲际公开赛、各大联赛，才能拿到奥运赛场的入场券。在奥运赛场上，我们能记住的运动员可能只有冠军、亚军和季军，至于第四名，我们很有可能不知其姓甚名谁。这些被记住名字的人，就是最后我们淘出来的金子。

因此，真正的集训首先要明确培育目的，然后围绕这个目的选拔好的人，淘汰差的人。在这个过程中，我们要时刻牢记，人才培育的目的不是漏下来多少人，而是保证漏下来的人都是金子，未来能独当一面、以一当十。这才是人才培育的本质。

如何才能保证集训的效果呢？我们以行动教育的精兵连为例，来还原赛马的过程。

首先，我们要确定培育对象。很多企业都不舍得淘汰招聘的新员工，因为他们是企业好不容易招进来的，企业希望所有人都可以参加精兵连的集训。但是，我们行动教育不是这样做的。所有新人进入公司之后，首先要参加新兵连的培训。等过了3个月转正期，他们才会进入我们的视野。最后，我们会从中挑选那些身上展现出强烈的自驱力、学习欲、成长欲的高潜力人才，让他们进入精兵连。

其次，我们要明确培育目的。我们要的精兵是什么？他必须是高绩效人才，能以一当十。如果说新兵学的是打手枪，那么现在我们要教会精兵使用机关枪。

所以，新员工学习的内容是应知应会，而针对精兵，我们要实现两个目标。一是培育价值观，即政治上要过硬，他必须坚定地认可我们的企业文化和价值观。因为精兵已经过了最难的适应期，下一阶段他要坚信我们的未来会更好，他的目标和企业的目标应保持一致。二是打造高绩效人才。

那么，我们用什么标准来衡量他们是否达到了这两个目标呢？

如何衡量一名员工是否坚定地认可企业文化和价值观呢？是会背诵吗？当然不是，这是新员工的标准，精兵的标准是要入心，要完成价值观的内化。另外，要创造高绩效，员工在业务上必须娴熟。新员工只需要学习应知应会的内容，而精兵必须学会应用。

围绕这两个目标，我们应该做什么？既然要内化价值观，我们是不是应该设计这方面的课程？说实话，内化价值观的课程是最难设计的，因为我们要让学员通过课程的学习有所反省和领悟。

行动教育2019年培育精兵连价值观的课程是怎么设计的呢？第一节课，我们直接把所有人拉到电影院去看《红海行动》。看完电影以后，学员要进行反省和领悟——作为行动教育培育出来的特种兵，你认为自己身上还有哪些不足？如何改进？

另外，精兵需要学习整个业务的操作流程，这不是简单的应知应会，而是灵活运用：如何开发大客户？如何精准锁定客户？……在课堂上，老师讲的是逻辑方法和流程，学员需要自己做落地方案。比如，你是北京分公司的员工，那么结合北京当地的市场环境和特点，你要如何设计开发方案？只有白天上课、晚上练习，员工才可能把这些内容内化于心。

“学”和“练”做好了，下一个动作就是考。所以，员工在做完落地方案以后还要进行展示，在小组内部先比拼一轮——可能有人会被淘汰。在比拼的过程中，被淘汰的人会心服口服，因为他可以很清晰地看到自己的不足。

最后一个动作是赛。对于每个小组的展示方案，我们现场排名进行末位淘汰，同时把优秀小组当作标杆，萃取并整理出方案，制作成精兵连的“销售宝典”。

经过学—练—考—赛的训战循环，最终排名前10位的员工一定是真正的精兵。但是，培育还没有结束，我们还要跟踪1～3个月，观察其个人价值观和个人业绩是否达到了精兵的标准。通过这样一套流程，最后筛选出来的精兵不到30%。所以，你把筛子织得有多密，你的标准就有多高，筛选出来的人才质量就有多好。

集训的本质是做奥运赛场式选拔，企业只需搭好平台，让员工在平台上比量级。不过，企业必须先厘清自己的目的——选拔出坚守企业价值观的高绩效精兵，而不是安排员工上几天课、做几次练习，就考试结业。在选拔的过程中，我们要用一个标准来衡量一个人是否可以成为精兵，这个标准一定是前置的，否则后面的比赛就没有意义了。

在明确目标和标准后，我们再来设计训练靶心能力的闭环：学—练—考—赛。

我们学习的内容来自培育目标，我们要围绕自己的目标和标准去设计和匹配课程。精准的课程可能来自我们的业务问题，也可能来自当下所有精兵普遍比较差的模块。

课程设计好了，接下来我们要选择好教练。教练在集训的过程中扮演两个角色：一是学员的教练，二是赛场的裁判。

哪些人会成为这次集训的教练呢？一是老板。涉及企业文化、使命、价值观等内容的课程，一定要由老板亲自上课，因为老板需要亲自关注公司未来的特种兵。二是业务高手，他们就是战场上的狙击手，能教授实战的内容。三是导师，他们主要引导学员进行认知上的突破，教授作战的本质和规律。

我们只有按照这个逻辑来开展工作，才能设计出一个整体的选拔式集训，真正把精兵培育出来，找到我们想要的人。

分层原则：从一刀切到分层分级分部门

奥运赛场式集训的第二个原则是分层原则。企业集训容易犯的另一个错误是一刀切、一锅炖。我发现很多企业都有这种现象：集训都是全员参与，没有分层、分级、分部门。一次集训召集成百上千人，场面看起来很热闹，最后却没有任何效果。

这个逻辑其实并不难理解，我们就以体育竞技中的举重项目做类比，看看它是怎么分层级的：一是性别分层，男女是分组比赛的，它不能让男运动员去和女运动员竞技；二是量级分层，比如奥运会的男子举重项目分为54公斤、59公斤、64公斤等量级。这就是典型的分层级，我们不可能让一个54公斤级的运动员和一个64公斤级的运动员竞技，这样既不科学也不公平。

企业的集训也是同样的道理，我们要分层、分级、分部门。我们不要将销售部门和财务部门放在一起集训，前者服务的是外部客户，后者服务的是内部客户，逻辑是不一样的；也不要将销售经理和销售总监放在一起集训，他们层级不同，需要考查和提升的能力也不一样。

鉴于此，培训部门一定要参考产品经理的思考逻辑，针对不同用户的痛点提供不同的产品，对整个“市场”进行切割和细分。唯有这样，培训部门提供的集训才是有价值的针对性产品。接下来，我们以阿里巴巴的管理层集训为例，看看它是如何进行分层、分级的。

2010年，阿里巴巴启动了一个封闭项目，取名“三板斧”，即业务、人才和组织。这个项目聚焦于培育管理层的管理能力。但是，阿里巴巴的培育逻辑并不是一刀切，而是把整个培育体系分成了三个层级：基层管理者、中层管理者和高层管理者。

阿里巴巴认为，基层管理者是企业的一线经理，他们是企业的“腿脚”，跑得要快；中层管理者是企业的“腰”，要接得住战略；高层管理者是企业的“脑”，要看得远，能定战略。

针对三个不同层级的管理者，阿里巴巴设计了三个不同的培育体系：基层管理者聚焦于经理技能的学习；中层管理者主要学习管理者发展理论；高层管理者主要学习领导力。与此同时，针对每个管理层级，阿里巴巴又细分了三门必修课。

为了搞清楚基层管理者需要学什么，阿里巴巴花一个月的时间调查了100位经理和主管，如实地记录了他们每天、每周、每月要做的工作。阿里巴巴分析发现，基层管理者要做好工作，必须具备150个技能。最后，阿里巴巴从中选出了管理者必须学习的三项核心能力：一是怎么招人，怎么开人；二是如何做团队建设；三是怎么拿到成果。围绕这三项能力，阿里巴巴设计了三门课程，每门课程为期两天。

中层管理者已经具备了一定的管理经验，这时候他们必须学会的是另外三件事：闻味道、揪头发和照镜子。

- 闻味道，即观察员工的情绪和公司的氛围，从中找到正面和负面的信息。
- 揪头发，即站在领导的角度考虑问题。假如你是经理，你就要把自己拔高到总监甚至副总的层次去思考问题，因为只有拓展自己的视野，你才能看到全局，不再拘泥于自己的一亩三分地，更好地和平行部门合作。
- 照镜子，即通过观察团队以及上下级来观照自己。因为团队的状态实际上就是你的状态，你是什么样子，你带出来的团队就是什么样子。所以，如果一个管理者对团队不满意，那他首先要反省是不是自己的问题。

高层管理者的三门必修课分别是文化、战略和组织能力。同时，公司会向高层管理者开放湖畔大学的部分课程，还会设计一部分选修课，主要目的是帮助高层管理者“开天眼”，带领他们参观全球最好的企业，然后回到企业落地。

这只是阿里巴巴管理者培育体系的一个小小切面。我们从中可以看到，即使是一项简单的管理能力培训，阿里巴巴也针对不同层级管理者的痛点进行了分层、分级的课程设计。

讲到这里，我请大家结合自己企业的关键岗位，思考一下如何贯彻分层原则。

利益原则：竞赛的游戏化设计

奥运赛场式集训的第三个原则是利益原则。我们始终不要忘记人的本性是趋利避害的——只有培训对他有好处，他才会主动参与。否则，即使你强行用制度逼迫他去参加培训，强扭的瓜也不甜。所以，在设计集训的过程中，我们一定不能忽视利益原则。

在现实生活中，能够把利益原则体现得淋漓尽致的莫过于游戏。提起游戏，很多人可能会有一种排斥的心理。但是，游戏本身并没有错，关键是我们用游戏来做什么。

最近，我在阅读沃顿商学院副教授凯文·韦巴赫（Kevin Werbach）所著的《游戏化思维》一书，书中明确指出，传统的激励方式正在逐渐失效，未来的管理将更多地建立在员工与消费者的内在动机和自我激励上。我们如果能够找到游戏激发用户内在动机的方式，并将其应用于商业和管理当中，就一定能取得意料之外的效果。

在另一本经典著作《游戏改变世界》中，作者简·麦戈尼格尔

（Jane McGonigal）作为一位资深游戏设计师，更加明确地提出了所有游戏都有四个决定性的特征：目标、规则、反馈系统和自愿参与。

目标明确

目标指的是玩家努力想要达成的具体结果，正是它吸引了玩家的注意力。在游戏当中，人的目标感极强，想要升级或通关，这是人的原始驱动力。

反观我们的人才培育，企业在集训设计过程中有没有设置一个让学员发自内心想要达成的目标，以激活学员的原始驱动力？在这个过程中，我们还要把大目标分解为若干个具有可操作性的小目标，随着集训每个阶段难度的加大，小目标的难度也要逐渐递增。

游戏规则透明

规则是对玩家如何实现目标做出的限制。规则可以释放玩家的创造力，培育玩家的策略性思维。玩家始终要思考如何在不破坏规则的情况下达成目标，这个过程会让玩家发挥出自身的创造力。一旦挑战成功，玩家的获得感就会很强。那么，在集训设计过程中，我们有没有设立清晰透明的规则，以激发参与者主动承担任务，充分调动自己的创造力来解决问题？

即时反馈

反馈系统是用来告诉玩家距离实现目标还有多远的，往往通过点数、级别、得分、进度条等形式反映。游戏过程中的点数、级别、得分、勋章的设置，能够激发玩家的获得感与成就感，成为玩家继续玩下去的动力。即使玩家失败了，游戏的即时反馈也很容易让人从失误中学习。

在集训设计过程中，我们也可以利用即时反馈的逻辑，通过排名、分数等方式来提升学员的参与度。在集训当中，我们也可以加入点评通关环节——排名靠前的人会获得成就感，而那些失败者也能通过即时反馈系统明确自己的差距。

自愿参与

自愿参与要求所有玩家都了解并愿意接受目标、规则和反馈。玩游戏在某种程度上是一项艰苦的活动，但玩家却主动选择面对挑战并享受其中。在游戏过程中，很少有玩家会因此抱怨。那么，在集训设计过程中，我们如何促使学员主动参与、自主解决问题以及想方设法通关呢?

以上是游戏的四个决定性特征，同时也解释了游戏为什么会给人带来动力。游戏之所以让人上瘾，是因为它始终坚守利益原则。

今天的新生代员工作为互联网原住民，是伴随着社交网络和游戏成长起来的，游戏思维已经内化为他们的一种惯性思维。你强制要求他们在低动力、低反馈的环境下学习，对于他们而言是反人性的。因此，为了适应这些新生代的思维方式，我们应该把游戏的思维方式移植到我们的集训当中。

如果集训具有吸引力、规则清晰，并且创造的反馈足够激励人心，学员就会沉浸其中并发挥自己的创造力和热情，心甘情愿地去不断克服集训中设计的重重障碍。事实上，很多优秀企业已经在探索和应用游戏化的培育方式，比如西贝集团就有两个小小的设计创举给我留下了很深的印象。

一个创举是，西贝集团在“卓越店长”的人才培育项目中设计了成长积分。高潜人才在完成基础知识学习后，考试合格便可进入门店岗位带教，而成长积分作为衡量他们的标准。

另一个创举是，每一批高潜人才从西贝大学正式毕业前，都必须经过一次“双选会”，以此决定他们未来的去向。双选会的形式模拟招聘真人秀节目《非你莫属》：高潜人才在用人门店前尽情展示各项能力，应对各种问题，展现个人魅力；用人门店为了吸引高潜人才加盟，也会使出浑身解数，展示门店团队及文化氛围。在这样一场游戏式活动中，每一位高潜人才都尽情发挥了自己的才能，供（西贝大学）、需（门店）、人（高潜人才）三赢，人才在快乐中得到了培育，在游戏中得到了沉淀。

这些看似“不务正业”的形式正在用成果告诉我们，新的人才培育时代已经到来。

在企业的人才培育中，如果一定要圈出两个最关键的集训对象，那么我会选择新员工和新干部。因为新员工集训和新干部特训是企业中最关键的、也是设计难度最大的两类集训。所以，接下来我们就重点为大家解读新员工集训和新干部特训应该如何实操。

新员工集训：找到味道一样的人

国内有一家餐饮企业做得非常好，它为人才培育做了顶层设计，这家企业就是西贝。几年前，我有幸辅导了西贝一个新员工人才项目，这个项目的名字叫作“遇见最好的自己——工匠师傅选拔营”。

这个人才项目的目标非常明确：选拔工匠师傅。它的选拔要求是淘汰率不低于15%，最后挑选出前5%的新员工，作为下一个层级的重点培养对象。

西贝集团创始人贾国龙先生把西贝大学定性为一个新员工的筛子，所有进来的新员工首先要进入西贝大学，等得到西贝大学的认可后，才可以回到门店。在餐饮企业普遍喊用工荒的行业背景下，这种做法绝对算得上独树一帜。

西贝为什么要这么做呢？因为西贝认为，如果前端不做基因的筛选，后端的培育就会很吃力。在辅导西贝的过程中，我吃惊地发现，西贝在此之前从来不做店长培育项目，但它却从来不缺少店长。那么，西贝的店长是从哪里来的呢？是从新员工里面筛选出来的，他们经历过实战的磨砺。

细心的读者可能会发现，西贝和我们之前分享过的优衣库在人才培育上的逻辑很相似，都是在入口端把好关。

既然要在入口端把好关，那么选拔人才一定要用高标准。要用高标准选人，企业也必须拿出高姿态。与同行业的餐饮企业相比，西贝一线员工的工资远超同行。在高工资的驱动下，其他餐饮企业的主管都希望跳槽到西贝做一名普通员工。

正因为如此，我们必须保证新员工不仅仅是冲着高薪来的，他们必须具备西贝要求的资质。所以，我们定了三项选拔标准：第一，必须符合西贝的价值观；第二，要认可西贝的愿景；第三，要拥有西贝的新员工素养。最后，我们辅导西贝围绕这三大标准设计了4天3夜的课程。

当老师在台上讲课的时候，课堂的每个角落都有辅导员。辅导员在干什么？观察学员不足的地方。每天晚上，辅导员会把当天观察到的情况做一次汇总。到了第三天，辅导员可能会直接告诉你：对不起，你不符合西贝的员工选拔标准，比如其中的××条你未能达标。你认可吗？如果你认可，那我们有缘再见。被西贝淘汰的人背着包离开时，还会跟西贝大学的老师说：“是我自己没有准备好，我还会再来的。”

在这里，我要再次强调，企业千万不能轻易转正新员工。在新员工集训的过程中，我们一定要设置高标准，把不合格的人尽快淘汰掉。很多人担心标准定得太高招不到人，实际上恰恰相反，你越是没有标准，你就越留不住人。

在服务企业的过程中，我发现了一个规律：新员工集训时淘汰率不高，上岗后的淘汰率一定高。在行动教育，新员工进来的第一个星期，淘汰率接近70%。所以，行动教育一年365天都在招聘，没有招聘淡季。

只有不放松自己的标准，我们才能为组织挑选出最好的苗子。苗子对了，后面的培育才是做加法；苗子不对，做任何培育都是没有意义的。所以，在培训的过程中降低标准，其实于企业有害无利。

新员工集训的目的其实就是统一思想，找到与企业味道一样的人。围绕这个目的，我们在集训内容的设计上主要是让员工了解一些应知应会的内容，包括公司的文化、理念、愿景、价值观、产品介绍……切记，这个阶段千万不要过早地教给员工技巧，否则他们会手忙脚乱，因为这时候的他们还没有准备好。所以，新员工集训的内容重心要放在文化、理念、愿景和价值观等的培训上。另外，这件事情非常重要，老板最好亲自来做。

曾经有老板告诉我，他觉得针对使命、愿景、价值观的培训非常虚无，有给员工“画大饼”的嫌疑。这个问题的根源在于，他自己的内心是虚无的。

使命、愿景、价值观不是虚无的口号，而是与我们的业务息息相关的。使命和愿景解决的是企业去哪里的问题，所谓道不同，不相为谋。价值观本质上就是企业的游戏规则，是企业的“红绿灯”和“斑马线”。企业有什么样的价值观，就会有什么样的行为准则，这决定了员工未来如何对待客户。在企业越做越大以后，企业管控不到的地方靠的就是这一内在的游戏规则，而该游戏规则明确了员工行为标准的一致性。有了一致性，这家企业才有凝聚力，才有可能力出一孔。

因此，在阿里巴巴发展到几千人规模的时候，马云依然坚持亲自给新员工上第一堂培训课。为了让阿里巴巴的使命、愿景、价值观深入人心，时至今日，每个阿里巴巴的新员工都要接受为期9天的课程培训——“百年阿里”。

对于新员工来说，这一课绝对是意义重大的。只有了解了这些，他才会发现，原来这家企业的历史业绩这么优秀；他才会觉得，幸好他来了，希望未来能跟着他们一起干些大事。这样，新员工才能兴奋起来。

另外，集训的形式设计也要灵活。比如，在新员工集训时，华为会组织他们看一部叫作《那山，那人，那狗》的电影，其讲述的是一名邮递员几十年如一日地跨越艰难险阻且认真坚守自己的岗位。对于华为的新员工而言，他们接下来要被派往国外，心理上与这个邮递员可能有所共鸣和共振。有的企业会以讲企业标杆故事的方式来讲述价值观，这也是价值观培训比较有效的形式。除此之外，我们还可以在课程中鼓励员工组织研讨、分组竞技……最后，通过赛马原则来评估哪些新员工符合我们的标准和培育目标。

总之，新员工集训要有舍有得，重心放在选苗上。我们要通过集训来统一思想，帮助新员工熟悉企业文化，快速了解行业和融入企业，并在这个过程中挑选到和企业味道一样的人。

新干部特训：从精兵到强将

人才培育的第二个重点是新干部特训。

企业里的新干部分为两类，其中一类是从公司基层提拔起来的新干部。从被人管到管人，这是一个巨大的角色转变。在我的职业生涯中，我听见许多人在被人管时信誓旦旦地说，只要我做了干部，绝不会像现在的部门经理一样做管理。结果等到自己做了干部，他们的行为有过之而无不及。这不能怪他们，因为他们只见过坏经理，没见过好经理，必然是有样学样——经理怎么训他们，他们就会变本加厉训自己的下属。所以，企业如果不教这些新干部怎么做好干部，而让他们照葫芦画瓢，那么最后可能会因此支付高昂的学费。

第二类新干部是从外面招进来的，他们过去在别的企业当干部。在别的企业当干部和在我们的企业当干部是一样的吗？当然不一样。那么，我们到底应该怎么做新干部集训呢？

在培育新干部之前，我们先要进行角色定位。这些进入新干部特训营的学员，过去是兵，下一个阶段我们要让他们变成将，这是从“精兵”到“强将”的角色转换。所谓强将手下无弱兵，如果新干部当不好这个将，那么他手下的兵一定成长不起来。我之所以特意将新干部特训单独列出来讨论，是有其现实意义的。

数月前，我去一家服装门店做调研。调研之前，老板告诉我，这家店的店长非常优秀，已经做了9年的店长。当我到达这家门店，正准备开始访谈时，有个店员过来找店长：“店长，有个客户试了三套衣服，最后还是没买，你来帮我踹一脚！”熟悉连锁门店的读者可能知道，“踹一脚”这个专业术语的意思是让店长出面压单。

店长出马以后，果然就说服了客户——客户不仅买了前面三套衣服，还买了另外两件。店长好不容易把客户送走了，打算喝口水开始接受访谈，另外一个店员又跑过来求助：“店长，我这里也有两个客户没有搞定。”店长又冲过去帮忙……

本来我们约定的访谈时间是上午十点，结果到了十一点半，我还没和这位店长说上话。等到忙完了，店长赶紧跑过来说："不好意思，老师，让您久等了。但您也看到了，我实在太忙了。现在咱们开始吧。"我起身对他说："不用了，我已经调研完了。"

我调研到了什么？这位店长虽然业务能力一流，但是管理能力却一塌糊涂。他对于自己的认知完全不清晰——他不是金牌业务员，而是店长！店长不是要自己做业务，而是要带领团队完成业绩。然而，这位店长在管理者的岗位上干着员工的活。

一名真正优秀的店长会怎么做？不是直接帮助下属搞定客户，而是要询问他：你遇到了什么问题？你认为是什么原因造成了这些问题？应该怎么解决？这个过程其实就是在培育下属的思考力和行动力。如果下属实在搞不定，你再出手。即使你出手把客户搞定了，这个流程也没有结束，你需要马上停下来复盘：你的做法和下属的做法有什么不一样？下属如果能把差异总结出来，就能得到成长。另外，你要告诉下属："以后再遇到搞不定的客户，我在旁边给你壮胆，你自己上。"结束以后，你还要复盘。反复重复这个动作三五遍，这个员工就能够独立工作了。

我为什么会如此重视新干部特训？因为我也经历过这个过程。在我刚做部门领导时，一旦下属遇到难题，我便亲自出马。结果过了两三年，所有的事情都是我一个人在干。最后，虽然我的岗位是管理者，但我的思维却是业务员。

新干部不能把所有时间都用来"救火"，而必须从"自己做事"转变为"带队伍做事"。就像上述那个店长，他只是在补救下属的工作失误，而没有教会他们正确做事的方法。一线经理抢了员工的工作，不仅会导致管理绩效不高，而且会导致员工一直做一些"边角料的工作"，使他们无法成长。

因此，我们首先要帮助新干部认识自己的新角色——新干部要帮助团队成功，而不再仅追求个人成功。新干部过去的目标是个人业绩，新目标是团队业绩。围绕这个目标，新干部必须学习新能力，也就是带团队的能力，主要包括系统管理认知、管理思维和管理技巧。与此同时，新干部还要重新认识公司的价值观。新员工对于公司价值观的了解基本上处于认知层面，而新干部必须深入理解，并在工作中捍卫公司的价值观。因为处在管理者的岗位上，一旦你说了一句消极的话，影响就很可能被员工放大。

我们采取的学习形式包括自学、小班授课、实践和师徒带教等。在干部成长的过程中，企业一定是要付出代价的，即试错的成本。

就在我撰写这一章内容的前一天晚上，有一位客户给我发微信说：“老师，我们公司有一个经理主动提出来，他每个月的绩效奖金一分钱都不要。”我问他：“为什么？”他告诉我：“因为对照您所讲的胜任力模型，这位经理觉得自己很惭愧。每个月都给他发奖金，他不敢拿。”

我告诉这位企业家：“作为老板，您自己要反思，您给了他权力，把他从一名优秀的员工提拔成干部，却从来没有教他怎样当干部。他在工作中经常会面对尴尬的局面，内心非常痛苦。”企业如果不注重对新干部的培育，也不教他们如何当干部，就会给管理带来更多隐性成本。所以，企业要教新干部做系统管理的方法，让他们认知自己的新角色，系统地学习管理技巧。

在集训设计的逻辑上，我们还要把集训拆分为若干个阶段，通过考试、竞技、述职、方案展示等各种方式来评估，最终挑选出达到新干部标准的人。

与此同时，我们还要多做一个动作，即把第一名、第二名的标杆经验整理成手册。以行动教育的“大将营”为例，其最终产出的成果是一本“大将营手册”。这本手册其实就是由第一名和第二名的展示方案汇编形成的，它是人才培育的营盘。

未来，行动教育要培育新干部，只需要按照这本手册去培育即可。因此，无论是行动教育的人才培育项目还是入企辅导，我们最终交付的成果都是一本手册，而这本手册只适用于相关的企业做未来可复制的人才培育。

总而言之，奥运赛场式集训本质上就是三句话：一是，集训就是赛场；二是，企业要搭平台比量级；三是，层层选拔出将军。既然是赛场，就必须有竞技，我们组织的集训其实就是搭建了一个平台，目的是让所有被挑选出来的将士来比量级。然后，我们会在学习内容上引导他们，最后让他们用方案来竞技。只有通过层层选拔的那些人，才是我们真正想要的新干部、新将军。在这个过程中，我们再匹配教练式的辅导，以师徒带教的形式让他们进行一些项目方面的尝试，给予他们一些试错的机会，让他们加速成长。

第11章

回归人才项目管理的底层逻辑：从管控到运营

“商学院三宗罪”的根源：人力资源部门的定位偏差

每次入企调研，我们都会有意避开董事长和总经理，深入一线访问基层员工，询问他们对公司的人才培育有什么看法。在某次访谈的过程中，一位年轻人和我的一番对话给我留下了深刻的印象。

年轻人直言：“老师，我知道老板重视学习，但说实话，我觉得我们公司的培训很难开展。”

我好奇地问他：“你为什么会这么判断？”

他回答道：“老板太执着了！”

我很纳闷，反问他说：“老板执着不好吗？”

他说：“好，但我们人力资源部门不专业啊！老板太执着了，人力资源部门就会变本加厉地压迫我们，最后一线员工就跟着遭殃。我跟您说，我给我们商学院定了三宗罪。一是培训内容没有实效，讲的内容和我们的工作一点都不相关。二是培训方式很枯燥，老师端一杯清茶，坐在讲台上干讲，讲得无精打采，我们坐在下面都要睡着了。三是管理不人道，老板说不参加培训者就得交罚款，后来我们干脆投降，每个月从工资中拿出几百元来交培训罚款……”

我哑然失笑，这个小伙子一定是憋太久了，总结出来的三宗罪还挺押韵的。我相信他所总结的三宗罪在这家企业一定是存在的。这三宗罪就像是一个连环套，最终导致员工对培训产生了不信任情绪。就像前文中提到的，这是企业培训最大的隐性成本。员工一旦被伤到了，看见人力资源部门的人就会绕道走。培训做到这种程度，再强行去推动，就没有意义了。

那么，这家企业的问题根源在哪里呢？我们不能浮于症状的表面来做出回答，而必须找到本质问题。这个问题的根源在于一家企业对人力资源部门的定位，即人力资源部门应该为组织创造什么样的价值。这种定位会影响甚至塑造人力资源部门员工的认知和行为。因为人才项目的运营，依靠的是人力资源部门的承接、管理和落实。

通过对一线企业的观察，我得出了这样一个结论：大部分企业都把人力资源部门定位为职能部门，这是一个根本性错误。因为当我们把人力资源部门定位为职能部门时，从人力资源总监到人力专员一条线下来，全都是职能思维，而职能思维一定是以自我为中心的。

所以，他们做事的逻辑是：既然公司有制度，而你没有按照制度办，那么我便要照章办事。就像上面这家企业一样，只会通过罚款等高压方式来强推培训，这就是典型的职能思维。

在给企业做辅导的这几年，我见过太多企业的培训体系是这样操作的：它们沉浸在所谓的“专业”里面，设计大量的表格表单，却忽略了业务部门的需求。它们的“专业”非但没有提升员工的能力，非但不能保证人才始终跟上业务部门的发展需求，反而要求业务部门花很多时间来给人力资源部门“打工”，挤压一线员工做业务的时间，这直接导致了业务部门对人力资源部门的管控心生反感。事实上，真正的人力资源部门应该上接企业的战略需求，中接业务部门的运营需求，下接员工的成长需求。但是，一个以自我为中心的职能部门是看不到这三个维度的。

要想从根本上改变这种状态，人力资源部门就不应该以自我为中心，而应该以客户为中心。作为二线部门，人力资源部门的客户就是内部员工。如果把内部学员当成客户，人力资源部门的职能思维就会自然而然地转换为服务思维。

当用服务思维来重新定义人力资源部门时，我们会发现，我们的思维方式将完全改变。如果我们坚持职能思维，那么我们讲什么，学员就要听什么，所以我们提供给业务部门的都是“自嗨”型产品。传统培训之所以为人诟病，根源就在于供需的错配——培训部门提供的不是业务部门和员工需要的。如果我们秉持为客户服务的思维，关心的不是自己，而是客户需要什么，也就是人才项目的设计、课程的设计都从业务部门的痛点出发，那么这样的人才项目和课程设计便是我们为业务部门的痛点找到的解决方案。

只有这样，过去单向的灌输才会变成双向的解决问题，所有学员都能够“带着问题来，拿着方案走”。如果我们能提供这样的培训，那么学员一定趋之若鹜，因为他们不是去参加培训，而是去寻找解决方案的。慢慢地，人力资源部门的口碑会好起来，大家对培训的信心也会复苏。

因此，真正有效的人力资源部门一定会坚持市场思维，把自己定位为战略支持部门，把业务部门当成自己的甲方客户，根据客户需求来提供最有价值的服务。这样的市场思维需要底层基因变异的加持。如果人力资源部门的基因不改变，视角不改变，那么搭建人才培育系统、引入再多的培育方法和工具都是徒劳的。

我们永远要记住，人力资源部门不是培训的专家，而是帮助业务部门解决问题、创造价值的业务单元。业务部门需要的也不是管控，而是支持和服务。用什么去支持和服务？针对业务部门的痛点，设计精准的人才项目和针对性强的课程体系，这些都是人力资源部门的产品。人力资源部门要保证自己的产品能够为业务部门创造价值。只有产品创造了价值，业务部门才会“复购”。只有遵循这套市场营销的逻辑，人力资源部门才能真正地把人才项目运营起来。

让人力资源经理像产品经理一样思考

回顾过去，我是什么时候意识到人力资源部门的定位有问题的呢？时间可能要拉回到10多年前。那时候，我刚刚从国际品牌酒店离开，以人力资源总监的身份参与了一家民营酒店的筹建。

在招聘员工的时候，我才发现本土酒店由于缺少品牌加持，招人十分困难。更何况我们是刚刚创立的公司，招人难度可想而知。怎么打破这个困局呢？我想了半天，最后去找董事长，告诉他：“我想把部门的名字改掉。”

董事长问我：“为什么？”

我说：“我招不到人。”

董事长诧异地看着我说：“你招不到人，改部门的名字有什么用？难道你改个名字就能招到人了？”

我也没过多解释，只说了一句：“你就让我试一下嘛！”

就这样，我强行把“人力资源部”改成了“人才服务部”。其实，当时我也是被逼无奈，我连人都招不到，哪有什么资源？我改部门名字的目的只有一个，就是要让我团队里面的9个人明白：咱不是吃皇粮的职能部门，而是靠一线买单的服务部门。

那么，我们提供什么服务呢？我们提供人才的招选、培育服务，解决人才的吃喝住问题，因为那时的人力资源部门只有三个功能：招聘、培训和后勤管理。

在把部门名字改掉以后，我发现大家的思维确实有了新的变化：过去，我们秉持职能思维，要求一线部门来配合我们；现在反过来了，一线部门缺什么，我们就提供什么。比如，我们部门当时出台了一个规定：每天早上8：00～10：00，所有人都必须走出办公室，到一线部门去帮忙。对于星级酒店而言，这两个小时属于业务的高峰期，也是一天之中最关键的黄金时间。尽管有时候我们帮不上什么忙，但只要我们站在那里，一线员工的心里就会踏实一些。更重要的是，在每天去一线部门帮忙的过程中，大家都更容易发现一线员工的需求。这对于我们设计培训、设置招聘标准以及提供后勤管理服务都有非常大的参考价值。

就这样运作一年下来，公司对整个人力资源部门的满意度大大提升，这对留住老员工、吸引新员工都起到了非常关键的作用。

我分享这段经历，是想告诉大家什么？对于人才项目的管理，人力资源部门不能头痛医头、脚痛医脚，这解决不了根本问题。我们真正需要颠覆的是人才管理的底层逻辑——从管控走向运营，让每个人力资源经理都能像产品经理一样思考问题。

为什么我改了部门的名字会收到如此效果呢？因为不同词语的背后隐含了不同的立场。当换一个立场来看待人才问题时，我们的视野会不同，决策会不同，行为也会不同，最终结果就会不一样。这个立场的改变，才是真正的跃迁。

如果我们站在服务的立场，把自己当成人才项目的产品经理，当成课程研发的产品经理，那么我们在设计人才项目、研发课程体系之前，首先会问自己客户要什么。当以客户为导向时，你思考的将不再是如何强迫客户来参加你设计好的人才项目或相关课程，而是你将设计什么样的人才项目或课程来吸引客户，你将推出怎样的服务来满足客户需求。

过去，当企业中的培训项目推不动的时候，人力资源部门会用什么办法？发邮件、扣工资、严格考核、全员通报，甚至到老板那里去投诉……这些都是职能思维下常用的管控手段。

管控的弊端在哪里？它就好比你把一个弹簧踩在脚底下，一开始踩下去是有效果的，可是踩到底后，你反而不敢松了。为什么有些人力资源总监和培训部门领导会离开？就是因为管控的弹簧已经被他们踩到底了，管控的空间约等于零。最终，他们没有办法，只能换个地方从头再来。

要从根本上解决这个问题，你就要明白堵不如疏。靠什么去疏导呢？运营思维。

当你接手一个人才项目时，你要把产品研发出来，找到对应的客户，并且在交付的过程中获得客户满意度。这不就是一个工程项目的运营逻辑吗？因此，我们要把每一个人才项目都当成一个工程项目去运营。

管控思维和运营思维最大的不同是什么？管控思维以流程为导向，你只需做完一件事情；而运营思维必须以成果为导向，你和你的团队要全权负责这件事情。所以，你必须像一个项目经理一样，对这个项目负全责，跟踪到底。最终，评估项目运营成果的只有一个公式：收入-成本=利润。运营任何一个人才项目，你都必须有所产出——重要的不是你干了多少事，而是你干成了多少事。

当我们用产品经理的思维去研发课程和人才项目，用项目经理的思维去运营我们的课程和人才项目时，企业的人才培育才开始真正走向正轨。做到了这一点，我们才能真正把人力资源部门的定位给扭转过来。

既然人力资源部门要从管控走向运营，那么接下来的问题是：如何运营一个人才管理项目，才能保证它的产出呢？我们将解析一个中国最成功的人才管理项目案例，洞察它的运营逻辑。

中国最完美的人才项目：中国式考驾照

在我20年的职业生涯中，如果你要问我见过的最成功的人才项目是什么，那么我的答案是：中国式考驾照。我并没有开玩笑，你不妨回顾一下前文中关于人才项目的设计逻辑，思考一下中国式考驾照到底是不是一个标准的人才项目。

这个人才培育项目的目标很明确，即把一个不会开车的小白培育成一个合格的文明司机。下面，我们来分析这个人才培育项目的四个漏斗。

第1关：资格审查

假设我们要考驾照，交管部门要做的第一件事就是对我们进行资格审查。以小型汽车的驾驶执照为例：报考者年龄必须在18周岁以上，70周岁以下；身高必须在1.5米以上；两眼裸视力或矫正视力达到对数视力表4.9以上；无红绿色盲；两耳分别距音叉50厘米，能辨别声源方向；双手拇指健全，每只手其他手指必须有三指健全，肢体和手指运动功能正常；下肢运动功能正常……资格审查的硬性条件还有很多，我就不再一一列举了。当我们报考不同类型的驾照时，资格审查的条件是不同的。

第2关：理论考试

资格审查通过以后，我们就可以考科目一了。科目一是理论考试，这个考试没有人教授相关内容，只是在报考时，驾校会发给报考者一张光盘和一本教材。光盘和教材涉及笔试考查的理论知识，内容涵盖三大模块：交通法规、道路法规和文明驾驶。

接下来，我们需要自学教材，然后反复模拟刷题。在自学和刷题的过程中，我们自然就学会了这些理论知识。这也是交管部门给我们上的第一课，即基础认知并不一定非要上课，通过自学和刷题也可以掌握。

第3关：五项全能

科目一考完了，科目二考什么呢？五项全能，包括倒车入库、坡道定点停车和起步、侧方停车、曲线行驶和直角转弯。不要问我为什么能倒背如流，毕竟我是考过科目二好几次的人。

那么，交管部门为什么要重点考查这五项能力呢？因为这是掌握开车技能的五个关键动作。这五项基本技能是如何获得的？不再是通过自学，而是通过师徒带教——你的驾校教练教给你的。

我相信考过驾照的人基本都没少被教练骂。当年我的驾校教练非常有个性，骂人不带脏字，还能让人记一辈子。当我第一次开车经过斑马线时，教练告诉我："前面有人。"我点头说："知道。"教练来了一句："撞死他！"我大吃一惊，说："我不敢！"教练一句话甩过来："不敢你还不松油门？"这句话足以让我铭记一生。直到今天，即使教练不在我身边，他的这句话也始终在督导、检查和训练我。

第4关：路考+文明驾驶

公安部123号令实施后，科目三考试分为两项内容：路考和安全文明驾驶考试。后者俗称“科目四”，考查的是“车德”。为什么要考查文明驾驶？因为公安部的大数据显示，很多交通事故都源于不文明驾驶行为，比如不文明使用远光灯、开车打电话等。

显然，路考还属于技能的范畴，但文明驾驶考查的并不是技能，而是素养。

在梳理完整个驾考流程后，你不难发现，这个项目本质上是围绕一个驾驶员的人才规划图来进行的——首先挑选资质，紧接着依次考查知识、技能和素养。

对照一下漏斗逻辑，你还会发现，整个驾考的阶段性设计也是非常符合漏斗原理的：先是选料进来，把住资质关；接下来考查理论知识，筛选掉一部分理论基础不扎实的；然后考查技能，淘汰掉实战能力不合格的；最后考查素养，对于素养不合格的人，也不予放行。最终漏下来的人才能拿到驾照。

拿到了驾照并不等于一劳永逸，虽然教练不再教你，但是你会受到扣分机制的管控。一年以内的实习驾驶员，扣完6分就得从头来过。如果你顺利经过了实习期，变成了一个老司机，那么你的驾照一年最多可被扣12分——12分扣完以后，你也得回炉再造。

为什么我说这个项目是中国最完美的人才项目呢？因为整个人才培育过程紧紧围绕着驾驶员的胜任力模型，完全符合漏斗逻辑。更厉害的是，整个驾考项目不是交管部门逼迫你去学的，而是你自己主动要去学的。

人才项目的运营逻辑：“学—练—考—评”的闭环管理

现在我们来分析一下，中国式考驾照项目的运营逻辑是什么，我们是如何一步步地成为一个合格的驾驶员的。

通过对整个流程的抽丝剥茧，我们最后可以找到这个人才项目的运营逻辑：交管部门其实就是在围绕每个阶段需要达到的能力，循环重复学、练、考、评四个动作。

在科目一中，交管部门要求我们根据标准化教材自学。自学完成以后，你会做一个动作——拼命做模拟试卷。在掌握了大部分知识点后，你才会跟教练申请报考科目一，而考试系统会对你的考试成绩做出评价。在你通过科目一后，交管部门会给你打印出一张成绩单，代表你过关了。

紧接着进入科目二，交管部门依然遵循“学—练—考—评”的逻辑。首先，你得跟着教练学技巧；教练讲解完动作和技巧后，便会坐在副驾驶上监督、指导你练习；等到觉得你的技巧已足够娴熟，教练就会给你报考科目二；考试当天，系统会对你的考试成绩做出通过与否的评价。科目三也是同样的逻辑，你要把学、练、考、评再来一遍。

如今，很多企业做的人才培育都没有明显的效果，为什么？因为它们把大部分时间都投入在“学”这个环节了。学完以后，你练了吗？考了吗？评了吗？如果没有后面这三个管理环节，学员根本就没有感觉。如果我们不只聚焦于“学”，而是在每个阶段都要求练、考和评（漏斗有几个层级，这个“学—练—考—评”的闭环就运营几遍），那么一个人才项目怎么可能不成功？

为了帮助大家把“学—练—考—评”的闭环与前面的知识联系起来，我们还可以在这个闭环周围画一个圈，把教学模式和这个闭环联系起来。

回到考驾照的过程，交管部门使用了哪些学习模式？一是自学，二是师徒带教，三是集训（比如，教练会把一起练车的几个人召集在一起，做一个简单的集中培训：教学员如何使用雨刮器开关，如何使用前后灯开关……）。

“练”可以采用哪些教学模式？角色扮演、轮岗、实践等。

“考”除了采用传统考试的方式，也可以灵活采用抽查、通关等形式。

“评”也是一样，除了通过认证的方式来评价，我们也可以采用评级、复盘等方式。

最终，我们就能得到一个如图 11-1 所示的大转盘，这就是人才项目管理的运营闭环。

图 11-1　人才项目的闭环管控路径

现在我请大家思考一下，如果我们把驾驶员这个岗位换成店长，那么我们要如何去运营这个人才项目呢？

运营逻辑还是一样的，只是店长的胜任力模型不同，所要学习和考评的是他们的知识、技能和素养。同时，我们也要根据店长的胜任力模型，梳理出我们的漏斗逻辑。紧接着，按照“学—练—考—评”的闭环逻辑来思考：在每一个漏斗的层级，店长需要学习什么？怎么练习？怎么考试？怎么评价店长的胜任力？或者如何组织比赛，保证最终拿到战果？

那么，在学、练、考、评这四个动作上，时间如何分配呢？

我给大家提供一个标准，以供参考："学"的总时长占比不要超过10%，"练"要占到全部时间的40%，"考"要花总时长30%的时间，"评"要占总时长20%的时间（见图11–2）。

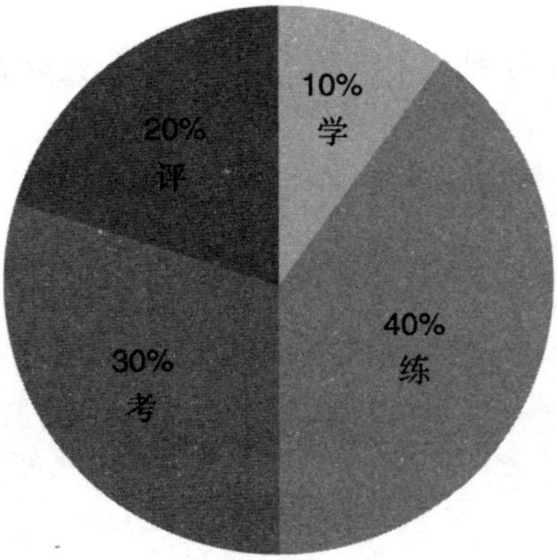

图11–2　学、练、考、评的时间分配

除此之外，你还需要思考：在每个阶段对应的学、练、考、评环节，你将采取什么样的教学模式？你把这些问题想清楚了，整个人才项目管理的基本逻辑也就清晰了，人才项目管理的框架自然就出来了。

这个胜任力模型是我和另外一位专家共同研发出来的，我们取"学""练""考""评"的英文首字母，将该模型命名为LPTC闭环模型。我希望这个原创的模型能够为企业的人才项目管理提供一个可以借鉴的思考框架和设计路径。

最后还有一个问题没有解决：驾考学员为什么会遵循交管部门设计的学习路径和学习流程？或者说吸引他们的"钩子"是什么？驾照，也就是驾驶员的资质。如果你拿不到驾照，那么你驾驶汽车就属违法行为。所以，学员真正感兴趣的不是驾校的流程，而是想要拿到一个司机的任职资格。

同理，在企业中，如何才能使得人才项目的运营管理从逼迫员工参加向员工主动要求参与转变呢？我们就要把培育成果和员工的任职资格挂钩。这意味着人才项目与员工未来的职级挂钩，与员工未来的薪酬挂钩。只有我们把利益与人才项目绑定在一起，人才项目运营的开关才算真正开启，因为当学员主动求学时，他不会觉得受到压迫，而会认为人力资源部门是在协助他拿到这个资格。所以，企业一定要转换自己的运营逻辑。

具体如何来操作呢？我们以服装门店为例：假设企业已经把任职资格与人才培育挂钩了，接下来它就应该按照不同职级画出店长到主管、主管到经理、经理到总监的人才双划图，并规定任何一个人要升职，都必须经过商学院的培育，拿到任职资格。我相信只要有了这样的机制，员工就一定会主动学。如果他还不想学，那么这个人的自驱力明显不足，企业也没有培育他的必要了。

从我们的辅导经验来看，只要企业把人才培育与任职资格挂钩、与员工薪酬挂钩，就会收到立竿见影的效果。

下篇

战果篇

第 12 章

企业商学院的未来

从酒店行业老将到宠物行业新兵

在战术篇，我已经非常清楚地解释了如何围绕靶心能力来设计一个关键人才培育项目。我相信，只要我们成功运营了第一个人才项目，未来就会有第二个、第三个……

如果你的企业已经成功运营了第一个人才项目，那么接下来，你必须思考企业大学的长远规划，回答一个带有哲学意味的终极问题：你的企业大学未来应该走向何方?

在我的职业生涯中，有过那么一段操盘商学院的经历——我们最终把一家企业商学院变成了行业商学院，甚至代表了某个细分领域的职业化教育标准。我相信自己的这段经历，对于大家思考这个问题应该会有所助益。

在职业生涯的前15年，我从未踏足过酒店行业以外的圈子。一个偶然的机会，我从酒店行业转到了宠物行业。在此之前，我更多地充当执行者的角色，而这次转行却让我第一次以一个决策者的身份去运营一家企业大学。

我为什么会转行去宠物行业？这源于一个人，也就是我妻子的同班同学兼我的校友，他毕业以后就进入了宠物行业。不承想十几年后，这个行业会成长为一个千亿级的市场，而且增速迅猛，成了资本家眼中炙手可热的朝阳行业之一。

2012年，这位校友回到武汉邀请我和妻子吃饭，那时候他已创业近10年了。席间，他告诉我，他们公司已经拥有了500家加盟连锁店。我在心里默默地算了一笔账：假设平均每家门店每年能产生100万元的营收，那么他们公司的年营收至少有5亿元。不过，当时我并未向他求证我的猜测。

2014年，我们又见面了。这一次他告诉我，他们公司已经发展了1 700多家加盟店。听到这个数字的时候，我吓了一大跳。按照平均每家门店每年100万元的营收来估算，他们公司的年营收已经接近20亿元。这一次，我直接向他求证我的猜测。

出乎我意料的是，他居然回答我："我们现在一年的产值还没有过亿元！"这家企业已经发展了1 700多家加盟店，年营收居然还没有过亿元？我心中迷雾重重，没有再继续追问。

这次会面以后，这位校友突然高频次地约我吃饭。在聚餐的过程中，他总是向我请教人才培育的问题。在我们第四次见面的时候，他带来了一位海归教授，这位海归教授是他公司的顾问。饭桌上，这位教授直接向我抛出了"橄榄枝"："熊老师，你有没有考虑过离开酒店行业来宠物行业？"我委婉地谢绝了他的好意，因为我内心觉得，转行不太现实，毕竟自己对宠物行业一窍不通！

2014年年底，这位校友一个人飞回武汉，请我妻子吃饭。妻子回家后与我商量："你的合同马上就要到期了，你要不考虑一下，去我同学的企业里做副总？"我的妻子过去从未干涉过我的事业，这次开口劝我，也是由于我们的孩子马上就要上幼儿园了，她希望我们能去一个更大的城市，让孩子享受更好的教育。所以，我决定试试看。

2015年6月，基于校友对我的信任，我正式出任这家企业的运营负责人（先分管运营，后来分管人力资源），主要负责企业商学院的运营。为了运营好商学院，董事长提议我先去业务部门待一段时间。就这样，公司又给我挂了一个运营部总监的职位。接下来的三个月，我们带着助理开一辆商务车去巡店。

为什么我们要去巡店呢？因为我们内心始终有一个疑团：拥有连锁加盟店1 700余家的企业，一年的营收为什么只有几千万元？我们必须找到原因。

最终，我们花三个月时间跑了8个省，走访了26个城市，巡了100多家门店。这一趟跑下来，我们终于知道问题出在哪里了。在我们走访的这100多家门店中，如何提高存活率是困扰它们的最大难题。剩下的大部分加盟店虽然在总部注册加盟，但早就不卖总部的任何产品了。

根据巡店的情况，我们估算在这1 700多家加盟店中，真正能够创造高收入的寥寥无几；企业与大部分加盟店做的可能是一锤子买卖，只赚取一次性的加盟费。因此，这家企业其实也是典型的“连而不锁”：运营经理只是通过电话远程遥控，到了该进货的时间，给加盟商打个电话。总部对于加盟商没有施行足够的管理和扶植，这直接导致了加盟店死亡率比较高。

面对如此被动的局面，我们该如何破局呢？这是我们那段时间一直在思考的问题。

用人才培育的方式破解战略转型的问题

斟酌了许久，我们决定给之前的海归教授顾问打个电话，邀请他来听听我们对巡店结果做的汇报。在汇报会议上，我们提出了第一个建议：停止加盟。

我们的话音未落，有人就拍案而起："你在开玩笑吗？如果停止加盟，我们吃啥喝啥？"

为什么我们会建议停止加盟？因为公司收取加盟费，其实是给加盟商一个承诺，承诺他们可以通过加盟我们的品牌赚到钱。而现在的情况是，能赚钱的加盟店寥寥无几。如果总部不扶持加盟商，最后加盟商都死掉了，那么我们自己也活不了。后来，在教授的支持下，大家达成了共识：把"停止加盟"改成了"暂缓加盟"。

可是，更大的问题还在后面：暂缓加盟以后，我们怎么才能盘活这一盘棋呢？

我们达成了第二个共识：商学院要重新设计"店长班"。

你可能注意到了，我们用的词是"重新设计"，因为商学院过去已经有了店长班。不过，我们认为过去的店长班是有名无实的——总部仅仅对加盟商进行五天四夜的培训。店长作为一个经营性岗位，涉及选址、装修、人员招聘、人员管理、营销拓客……这么多的知识和技能岂是五天四夜就可以学完的？结果可想而知，一个"速成店长"怎么能把门店经营好呢？

为什么我们首先要重点培育店长？因为在我们调研的100多家门店中，高效益门店都有一个共性的特征：由专业店长在做运营和管理。无论是环境、客情关系还是服务项目，都需要专人去维护和运营。而那些奄奄一息的门店，多是由加盟商的父母在照看。当顾客来到店里的时候，老人对于专业问题一问三不知，顾客体验非常差。所以，店长是这家企业的第一个关键岗位。

针对店长这个关键岗位，董事长要求把培育周期延长到10天，同时升级店长班的教学模式——不再是全部在总部授课，而是兼顾“教”和“练”，其中7天在总部学习，3天在门店实习。

通过走访调研，我们还发现了一个关键岗位——宠物美容师。对于门店来说，这是一个非常招财的岗位，因为宠物消费与婴幼儿消费很相似。虽然宠物不会说话，但它们是有需求的，而买单的是它们的主人。当狗狗毛发长长了，它也需要剪毛，需要造型美容……这些都需要专业的宠物美容师。换句话说，如果一家门店没有宠物美容师，那么它可能连狗狗都吸引不来。毕竟，宠物店要吸引顾客，还必须能够满足终端顾客——宠物的需求。

在巡店的过程中，我们发现，拥有专业宠物美容师的门店，其生意显然要好很多。

除此以外，优秀的门店还有一个关键岗位——驯犬师。驯犬师往往是非常喜欢宠物的人，他们对宠物行为心理学有很深的研究。当你替一只站在90厘米高的桌子上的小狗剪毛时，狗狗会害怕到腿发抖，甚至会紧张到尿尿。如果你不懂宠物行为心理学，那么你可能认为这只小狗不听话。宠物行为心理学告诉我们：小狗站在90厘米高的桌子上，相当于一个人站在19层的高楼上。这时候就需要驯犬师来安抚狗狗，让它们很好地配合宠物美容师做造型。试想一下，如果你的门店能够提供类似的专业服务，那么顾客会不会买单呢？

所以，虽然这是一家连锁加盟的企业，但是这家企业的关键岗位却不是经销商和业务员，而是店长、宠物美容师和驯犬师。企业商学院应把主要的精力放在这三类关键人才的培育上。

由于篇幅有限，我不可能全部展开讲解，这里我就以宠物美容师这个岗位为例，来讲解我们做人才培育的思路。

事实上，这家企业的商学院此前也做过相关的人才项目，但大多项目只是零星的培训，没有真正体系化。通过深挖背后的原因，我们发现其关键在于宠物美容师没有详细的任职标准。因此，我们开始对宠物美容师的任职资格进行定级，第一步先培育最基础的C级宠物美容师：能够为宠物梳理毛发，防止打结。

接下来，如何吸引学员报名呢？我们发布了一个政策：学员只要拿到C级宠物美容师认证，就可以入职加盟店，每月工资5 000元。整整半年时间，只聚焦于这一个关键人才项目，我们便向门店输送了大批宠物美容师，一下子解决了加盟店专业人才匮乏的问题。

将C级宠物美容师输入门店以后，我们又进一步挖掘消费者的需求和痛点：很多宠物主人不仅希望宠物美容师能为宠物洗澡、梳理毛发，还希望宠物美容师能在宠物的背上雕花、扎辫子。于是，我们在宠物美容师的培育上也做了升级，从C级升级到B级。B级宠物美容师不仅能为宠物洗澡、梳理毛发，还能在宠物背上雕花，这进一步满足了宠物主人的精神需求。

那么，问题来了：B级宠物美容师交给谁来培育呢？我们打定主意，这件事情要么不干，要干就要整合全球最好的资源。所以，我们从日本、韩国等地请来了世界级行业大师来任教，虽然大师们不是每堂课都亲自操刀，但是他们会在其余课上派出自己的中国弟子来上课。在我们对B级宠物美容师进行通关认证的时候，这些大师亲自担任评审。如此一来，B级宠物美容师的证书含金量就大大提升了。

这个项目刚一推出就火了，马上就有许多C级宠物美容师想要升级为B级宠物美容师。但是，由于B级宠物美容师要求比较高，我们的人才产出量仍比较少，在市场上供不应求。于是，总部又发布了新的政策：只有门店业绩达到一定的标准，公司才会为门店输送B级宠物美容师。这也倒逼门店进一步提升自己的业绩。

有了运营B级宠物美容师项目的经验，紧接着我们又开发了A级宠物美容师项目。A级宠物美容师不仅能够在宠物背上雕花，而且能够为宠物做个性化定制。例如，圣诞节到了，有的客人希望宠物美容师在他的宠物身上设计一棵圣诞树，而能够提供这种服务的宠物美容师，其身价就更高了。

所有能拿到A级认证的宠物美容师，基本都是门店的首席宠物美容师。2016年，我因为职业发展离开了这家企业。

后来，我听说这家企业的宠物美容师还在继续升级，目前已经升级到导师级宠物美容师。拿到导师级宠物美容师认证，你就可以自己开工作室带学生了。

在宠物行业工作的一年半，我感受到了董事长对人才战略的重视，亲自体验了整个宠物行业门店店长、宠物美容师这些人才生产线的设计过程。同时，我深刻认识到，建立人才培育和评估的标准对企业批量复制人才至关重要。

更值得高兴的是，通过宠物行业门店店长、宠物美容师这些人才项目，我们终于解决了向门店输出专业人才难的问题，这也证明了我们当初的选择是对的——聚焦行业人才培育，教育是源头。

后来，欣闻校友企业加盟商数量迅猛增长——截止到2019年，加盟商数量已经突破了5 000家。更重要的是，我们用人才培育的方式帮加盟商解决了人才供应的后顾之忧，加盟商的存活率也大大提升。

换句话说，我们用人才培育的方式，完美地破解了这家企业战略转型的难题。我们再也不希望与加盟商开展一锤子买卖，而希望通过输入人才，帮助他们把加盟店经营好，实现加盟店的可持续发展。

无心插柳：成为宠物行业的“黄埔军校”

董事长开设商学院原本是为了解决加盟商人才匮乏的问题，但没想到，在解决人才问题的过程中，我们的商学院成了行业的“黄埔军校”。我们本无心插柳，却为企业培育出了新的增长点——在此之前，企业主要靠加盟商业务维持运营，后来却在教育板块也有了很大的增值空间。

那么，这一切是怎么发生的呢？我们还是以宠物美容师项目为例来解读。

我们的宠物美容师项目一开始就面向全国招生，一年大约要培育3 000名宠物美容师。由于相关专业院校还没有开设宠物美容类的课程，因此我们每次开班，报名的人数都会爆满。

渐渐地，我们从一个月开一班到一个月开两班，却依然满足不了学员的需求。随着开班越来越多，总部的运营能力跟不上了。为了解决这个新问题，董事长战略性地布局“总校+分校”的模式——除总校外，我们还选择上海、东莞、成都、武汉、沈阳等城市开设分校。这样一来，总校加分校一年培育的宠物美容师超过了1万人。

我们培育的学员最后都去哪里了呢？他们分流到了三个渠道：一部分人被输送至加盟店；一部分人不愿意给别人打工，选择了加盟公司品牌（他们本身是技术型人才，也是最精准的加盟群体）；剩下的一部分优秀学员选择留校任教。如此一来，分校的师资问题也解决了。

未曾料到的是，通过商学院的人才培育，我们不仅成了行业内连锁门店最多的品牌，还成了全国培育宠物美容技术人才最多的组织。当拥有了这两块牌子后，我们在行业内的话语权和影响力大大提升，接下来制定行业标准也就是水到渠成的事情了。

更加没想到的是，我们不仅以宠物作为事业平台，还用教育撬动了整个产业模块。

一开始，董事长让我们用商学院作为切入口，扩大自身在行业内部的影响力，因此我们设计了一个学习项目。这个项目的设计灵感源于我们调研的100多家店。后来我们才发现，原来整个宠物行业都出现了加盟店不赢利的问题。我们仔细调研了行业数据，发现当时整个行业大约有4万家门店，但门店数几年来一直维持在这个水平。这背后隐藏着什么问题呢？有人开店，也有人关店。

基于调研，我们整理出了行业的六大通病：一是门店选址不当，二是宠物美容技术薄弱，三是店长管理能力弱，四是驯犬能力缺失，五是宠物医疗能力弱，六是不懂供应链。针对这六大痛点，我们邀请了6个世界级导师来授课，他们分别来自韩国、日本、美国……最后，由我来主讲客户服务，于是我们形成了“6+1”课程体系。

在这六大模块中，驯犬导师找起来最难，因为当时国内这个领域的专家都比较偏理论，真正懂得动物行为心理学的实战型专家寥寥无几。我们几经波折，终于找到一位从伊拉克战场回来的美籍驯犬师。

令我们更加意外的是，这位驯犬导师不但同意为我们讲课，而且不收费。因为他正好是某国际宠物品牌的代言人，这个国际品牌深耕中国市场，而我们当时有4 000多家门店，所以他愿意为我们免费担任驯犬课程导师。

当我们把这个阵容豪华的高规格项目免费开放给加盟商时，加盟商也感受到了来自总部的温暖。与此同时，我们也鼓励加盟商带自己的朋友一起来听课。很多人在听完课后，都会跑过来问我：“老师，这个课什么时候还有？下次参加有什么条件？”

我告诉他们："你有两个选择，第一个选择是下次付费1.28万元来听课，我们每个季度至少会开两次课；第二个选择是成为我们的加盟商，以后可以免费学。"可想而知，大部分人都会选择后者。

随着商学院的名气越来越响，我们也收到了中国宠物博览会举办方的邀请。举办方邀请我们牵头组织一场培训，他们负责招商，我们负责搭台唱戏。当这个消息传出去以后，整个行业产业链（宠物行业的产业链很长，圈子很大）都闻风而动。有的品牌主动联系我们赞助奖品，有的愿意报销所有老师的食宿费，有的愿意赞助导师讲课费用，有的愿意赞助资金……

那真是一段让我回味的美好时光，商学院也给我留下了诸多美好的回忆。这家宠物商学院也在不断进步，我真心地祝福它能够早日实现成为世界级宠物商学院的梦想！

企业＝学校：内部商学院变身"四大中心"

我之所以给大家分享自己的这段经历，是要引出大家对于企业商学院本质的思考：对于企业而言，商学院未来的蓝图应该是什么？企业商学院应该为企业创造什么样的价值？

我在前文中反复强调，在我的心目中，企业就是学校，就是一所没有围墙的大学。一个成功的企业商学院至少需要承担以下四项功能：

- 人才供应中心；
- 业务变革中心；
- 品牌利润中心；
- 文化传承中心。

人才供应中心：商学院的产品是人才

企业大学的核心业务是什么？生产人才。生产人才靠什么？靠的是教育。人才是企业商学院的产品，教育是商学院的属性。

企业家要创办企业商学院，首先需要解决的第一个问题是什么？人才供应链。

我的校友之所以要引进我这个外行，一开始便是为了解决自身企业的人才供应问题。事实上，如果一家企业的商学院能够等同于人才供应中心，那么老板一定会非常满意。本书的战术篇其实都是围绕解决人才供应的问题而展开的。

业务变革中心：企业商学院 = 试验田

企业商学院除了等同于人才供应中心，也可以成为企业的业务变革中心。比如，在上述案例中，面对加盟商不赚钱的现状，我们用什么方式破解了这个局面？其实是通过教育来撬动的，我们通过商学院完成了战略转型和业务变革。

我服务过很多传统企业，这些传统企业在转型的过程中，也经常会面临新老业务并存的局面。当新机会来临时，企业需要先进行试点，试点成功以后再全盘投入。

那么，这个新业务的试点放在哪里更合适呢？企业商学院就可以成为一块最好的试验田。

此前，我辅导过一家云南的企业。这家企业原先有三支团队，分别负责三个板块的业务，后来它又增添了一个新业务。然而，这个新业务放在哪个团队都不合适。最后，老板决定在企业商学院成立一支新团队。

从组织架构上看，企业商学院的执行校长就是营销负责人，因此由企业商学院来负责新的业务是最合适不过的。一旦这个新业务试验成功，推广出去的风险将降到最低。这样一来，企业商学院就成了名副其实的业务变革中心。

品牌利润中心：从成本中心到利润中心

我所操盘的这家宠物商学院，解决了企业内部的人才供应问题，还通过人才培育破解了战略转型的难题。最终，它其实已经变身为品牌利润中心，真正成为这家企业一个新的业务增长点，甚至是领先竞争对手的战略制高点。

因此，当我们通过人才培育强化和树立了品牌以后，企业商学院成为利润中心便是水到渠成的事情。

几年前，我辅导了国内的一家奢侈品品牌建立企业商学院。在建立企业商学院后，这家企业开发的第一条人才生产线是店长班。在店长的培育过程中，创始人开始向身边的朋友和同行宣传自己的企业商学院。最后，整个行业都知道了这家企业有商学院。

结果，整个行业都蠢蠢欲动。在店长班还没有真正产出成果时，许多竞争对手便纷纷前来这家企业高薪挖人。最开始的时候，创始人看到对手蠢蠢欲动，不免有些紧张，后来他才反应过来：既然整个行业都已经把我们当成行业的“黄埔军校”，那么我们又何必害怕人才流失？只需要开动自己的生产线，稳扎稳打地培育人才就够了。

当创始人和我分享他的想法时，我才猛然发现，其实企业商学院已经成了吸引人才的一个阵地，也成了企业为员工树立梦想的一面旗帜。只要把人才培育的生产线做扎实，它自然而然就会成为品牌利润中心。

文化传承中心：企业商学院=企业的“中央党校”

我们永远不能忘记，企业大学的核心还是做教育。既然企业商学院是通过教育来生产人才的，那么在生产人才的过程中，它便顺理成章地扮演了“中央党校”的角色——无论是企业的战略发布还是企业文化的宣传，都可以通过企业商学院来实现思想统一和文化传承。这是企业商学院的隐性价值。

在所处的行业和市场中，我们要从上述四个维度去构建企业商学院的未来，让企业成为人才供应中心、业务变革中心、品牌利润中心和文化传承中心。如果你的企业商学院已经具备这四项功能，那么它创造的价值将不可限量。

结束即开始：一条可复制的路

2019年5月，我去苏州拜访了一家企业，该企业的母公司是专门做产业职业教育的德国BBW教育集团。众所周知，德国是产业职业化教育的标杆。

在拜访过程中，负责接待我的是中方公司的副总裁。在我与该副总裁交流的过程中，她告诉我：“在德国，车工、钳工是谁培育的？不是大学培育的，而是企业培育的。企业组织成立了行业协会，国家教育部门赋予协会颁发毕业证的权力。事实上，只有这样培育出来的产业职业工人，才能真正满足产业的需要。所以，今天我们所看到的德国技工的严谨，不是源于学校的标准，而是源于企业的标准，源于生产线上的标准。”

巧合的是，2019年5月14日，教育部办公厅发布了一份《教育部办公厅关于全面推进现代学徒制工作的通知》，该通知也释放出了类似的信号。我摘录部分内容如下：

（一）招生招工一体化。校企共同制订和实施招生招工方案，规范招生录取和企业用工程序，推进招生招工同步、先招工后招生、先招生后招工，明确学徒的企业员工和职业学校学生双重身份，保障学徒的合法权益。

（二）标准体系建设。按照专业设置与产业需求对接、课程内容与职业标准对接、教学过程与生产过程对接的要求，校企共同研制高水平的现代学徒制专业教学标准、课程标准、实训条件建设标准等相关标准，做好落地实施工作。在开展现代学徒制的专业率先实施“学历证书+若干职业技能等级证书”制度试点。

（三）双导师团队建设。推广学校教师和企业师傅共同承担教育教学任务的双导师制度，校企分别设立兼职教师岗位和学徒指导岗位，完善双导师选拔、培养、考核、激励等办法，加大学校与企业之间人员互聘共用、双向挂职锻炼、横向联合技术研发和专业建设的力度，打造专兼结合的双导师团队。

（四）教学资源建设。充分利用生产性实习实训基地、技能大师工作室、工程技术研究中心、协同创新中心等，发挥校企双方的场所、设备、人员优势，共同开发一批新型活页式、工作手册式教材并配套信息化资源，及时吸纳新技术、新工艺、新规范和典型生产案例，形成共建共享的教学资源体系。

（五）培养模式改革。坚持德技并修、工学结合、知行合一，按照企业生产和学徒工作生活实际，实施弹性学习时间和学分制管理，育训结合、工学交替、在岗培养，积极探索三天在企业、两天在学校的“3+2”培养模式，着力培养学生的专业精神、职业精神和工匠精神，提升学生的职业道德、职业技能和就业创业能力。

（六）管理机制建设。健全与现代学徒制相适应的教学管理与运行机制。校企协同制订现代学徒制专业人才培养方案，并由学校党委会审定。校企共同分担人才培养成本，完善教学运行与质量监控体系，规范人才培养全过程。

综上所述，从国家政策趋势来看，今天的中国已经在向产业职业化方向改革。这意味着，优秀的企业未来可以为社会承担更多的人才培育和人才输出任务。

我相信，未来越是细分行业，越是要找到自己核心的人才培育项目。只有把这个核心人才培育项目做到最好，企业才能在行业中拥有一席之地。反之，如果你没有输出标准，你就必须遵循别人制定的标准。

这几年在给企业家做辅导的过程中，我越发深刻地感受到，真正能在一个行业中站稳脚跟的人，他的格局通常异于常人——不仅仅为自己培育人才，更想为行业培育人才。比如：我服务的秀丽韩商学院，它真正是想为美容化妆品行业输出人才；我服务的天正大学，它希望能够为电气行业输送人才……

当然，第一批被认证为产教融合型企业和现代学徒制的企业，基本都是中字头的企业，只有极少数的民营企业被选中。这些被选中的民营企业，往往是因为它们在某一个细分领域拥有无可替代的优势。因此，我们不妨思考一下：我们的企业是否有这样的机遇？是否可以朝着这个方向去努力？

站在人才培育的角度，我希望大家能先从自己企业的需求出发，把人才培育的体系搭建起来，把关键的人才项目运营起来，这是一切的源头。只有把企业商学院的1.0版本做好以后，你才可以经常去参加行业论坛，不断地扩大你在行业内部的影响力。就像当年在创建商学院之后，只要有机会，我们就会去行业论坛进行分享。慢慢地，行业内部都知道我们有了商学院。等到赢得了业界的良好口碑后，我们的商学院才可能升级到2.0版本，为行业输出标准、培育人才。

最后，如果有机会，我们的商学院将升级到3.0版本，成为产教融合型企业，对接高等职业技术院校，真正做到招生等于招工，入职等于入学，上岗等于上学。

从我所辅导的客户来看，已经有一些优秀的企业正在向这个方向探索。例如，西贝如何解决自己的厨师用工问题？它不仅有自己的产业大学，而且在全国各地有几十所合作院校。所有中专生进入产业大学学习两年后，就可以到西贝的门店实习，实习津贴每月最多可以达到5 000元。因此，优秀的企业解决人才的问题，靠的不是社会招聘，而是从源头抓起，从学校招生的入口抓起。

所以，在行业出现用工荒的大背景下，西贝从来都不会担心人才供应不足。而且，这些人才从一开始就是按照西贝自己的标准来培育的，这才是优秀企业与众不同的人才培育逻辑。因此，对于劳动密集型行业、连锁加盟型企业，我给出的建议是，大家一定要参考这个逻辑。

如果企业大学只立足于培育内部人才，那么它只能解决近1～3年的问题。如果你希望能在这个行业站得更高、走得更远，那么你不能止步于解决当下的问题，而要顺应国家大势，从源头上打通人才培育与产教融合的路径。就像我们所辅导的许多企业，在刚开始做企业大学时，它们就已经做好了顶层设计和长远规划，将自身定位于搭建行业平台的推手。

顺便提一下，我之所以选择从这家宠物商学院离开，转而投身行动教育，是因为我相信结束即开始，过去我所经历的奇迹一定可以在更多的细分领域复现。

当然，这是一项长期的人才工程，除了要遵循人才培育的规律、洞察人才培育背后的系统逻辑，更重要的是，企业家要在动态中保持战略定力，因为这套系统在企业内部的生长和演化需要时间的积累。但愿你有足够的耐心和决心，静待花开！